Patti Gallagher Mansfield
...wie ein neues Pfingsten

Patti Gallagher Mansfield

# ...wie ein neues Pfingsten

## Der aufsehenerregende Anfang der Charismatischen Erneuerung in der Katholischen Kirche

VIER-TÜRME-VERLAG, MÜNSTERSCHWARZACH

Originaltitel:
As by a New Pentecost. The Dramatic Beginning of the Catholic Charismatic Renewal
erschienen bei:
Franciscan University Press
Franciscan University of Steubenville
Steubenville, Ohio 43952
Aus dem Amerikanischen übertragen von Josef Großerüschkamp
Die Bibelstellen sind der Einheitsübersetzung entnommen.

*WIDMUNG*

*Dieses Buch ist gewidmet*
*Maria, Braut des Heiligen Geistes,*
*Mutter der Kirche, meiner Mutter*

*und*

*Al Mansfield, meinem geliebten Ehemann und Freund,*
*dessen Ermutigung dieses Buch erst möglich gemacht hat.*

Die Deutsche Bibliothek – CIP-Einheitsaufnahme

**Mansfield, Patti Gallagher:**
... wie ein neues Pfingsten : der aufsehenerregende Anfang der Charismatischen Erneuerung in der Katholischen Kirche / Patti Gallagher Mansfield. [Aus dem Amerikan. übertr. von Josef Grosserüschkamp]. – 1. Aufl. – Münsterschwarzach : Vier-Türme-Verl., 1993
Einheitssacht.: As by a new Pentecost <dt.>
ISBN 3-87868-478-9

1. Auflage 1993

Gesamtherstellung: Vier-Türme-Verlag, 97359 Münsterschwarzach Abtei
ISBN 3-87868-478-9

# Anerkennung

Ich danke zutiefst Leon-Joseph Kardinal Suenens, der sein Leben lang bemüht war, das Werk des Heiligen Geistes in der Kirche zu fördern. Für sein Vorwort sage ich: „Merci beaucoup."

Ich danke ebenso Bischof Sam Jacobs, Vorsitzender des Nationalen Dienstkomitees der Katholischen Charismatischen Erneuerung für sein Nachwort.

Mein tiefster Dank geht an zwei Männer Gottes, die zur Förderung der Charismatischen Erneuerung in allen Kirchen beigetragen und mir viel Ermutigung gegeben haben: Rev. Harald Bredesen und Dr. Vinson Synan. Ihre liebenswürdigen Worte ehren mich sehr.

P. Edward O'Connor CSC, P. George Kosicki CSB, P. Kevin Scallon CM, AnnaMariae Schmidt und Karin Sefcik Treiber haben mir durch ihre Kommentare und Hinweise einen großen Dienst erwiesen. Danken möchte ich auch Abt Patrick Regan für seine Hilfe bei Übersetzungen.

Ich möchte dankbar die Hilfe von Dee Vignolles anerkennen, der viele Korrekturen dieses Textes vornahm, und ohne den dieses Buch nicht so schnell erschienen wäre. Vielen Dank auch an das Büro der Charismatischen Erneuerung in New Orleans, besonders an Linda Bateman und Melanie Baglow. Ebenso bin ich dankbar für die vielen Freiwilligen, die dieses Buch für mich tippten, und für George Reppel für die Kopien der Fotos.

Ein besonderes Wort des Dankes an alle, die ihr Zeugnis über das Duquesne-Wochenende und die damit zusammenhängenden historischen Ereignisse beigesteuert haben. Mein Dank geht auch an diejenigen, die es mir erlaubt haben, aus ihren Büchern zu zitieren.

Und schließlich möchte ich mich bei meinem Mann Al und bei unseren vier Kindern, Mark, Peter, Marie-Therese und Patrick bedanken. Sie haben einen großen Teil des Sommers 1991 geopfert, als ich diesem Buch zur Geburt verhalf. Möge der Herr selbst euch belohnen. Ich liebe Euch.

# Anerkennung

# Inhaltsverzeichnis

Vorwort von Leon-Joseph Kardinal Suenens. 11

Stellungnahmen ökumenisch charismatischer Leiter. 13

Einführung. 15

Pfingsthymnus. 20

**Erster Teil** – Komm Heiliger Geist!. 21

**Zweiter Teil** – Wir können unmöglich schweigen über das, was wir gesehen und gehört haben (Apg 4,20). 63

Meine Seele erhebt die Größe meines Herrn
Patti Gallagher Mansfield. 67

Der Friede Christi sei mit Euch
Marybeth Mutmansky. 114

Unser Gott ist verzehrendes Feuer
Paul Gray und Mary Ann Springel. 118

Gott allein die Ehre
Annamarie Nacko Caffardi. 125

Gott war da, zu jeder Zeit, an jeder Wegbiegung
Jerry Caffardi. 133

Ein vertiefender Augenblick
Bill Deigan. 136

Ein Wasserfall des Lichts
Karin Sefcik Treiber. 138

Die Sorge eines Hirten
John Rossmiller. 146

Die Verheißung gilt Dir und Deinen Kindern
Gina Steinmetz Scanlon. 152

Amazing Grace
Elaine Kersting Ransil. 155

Dynamit!
David Mangan ........ 116

**Dritter Teil** – Auch wir haben ihn gesehen ........ 179

Nicht durch Heer oder Kraft, sondern durch meinen Geist
Peter Collins ........ 180

Erfahrung mit dem Heiligen Geist
Dr. Patrick Bourgeois ........ 187

Besuch des Heiligen Geistes
Eileen Karl ........ 191

Mein Ein und Alles
Christine Heller Rossmiller ........ 193

Verschwenderische Gnade
Irene Primeau ........ 198

Lebendiges Wasser
Fr. Jim Spontak ........ 202

Die Schwelle
Jack Flanagan ........ 207

„Sucht mich“ spricht der Herr
Jim Cavnar ........ 214

**Vierter Teil** – Erneuere das Angesicht der Erde ........ 225

Nachwort von Bischof Sam Jacobs ........ 253

Anhang ........ 257

*Sicherlich bezeugt der Eifer und die Fruchtbarkeit der Erneuerung die kraftvolle Gegenwart des Heiligen Geistes, wie er in der Kirche dieser Jahre nach dem Zweiten Vatikanischen Konzil am Werk ist. Natürlich hat der Geist die Kirche zu allen Zeiten geführt und eine große Anzahl von Gaben unter den Gläubigen hervorgebracht. Durch den Geist erhält sich die Kirche eine beständig jugendhafte Vitalität. Die Charismatische Erneuerung ist heute eine ausdrucksvolle Manifestation dieser Lebenskraft, eine mutige Stellungnahme dessen, was „der Geist den Kirchen sagt" (Off 2,7), in einer Zeit da wir dem Ende des zweiten Jahrtausends entgegengehen.*

*Papst Johannes Paul II*
*Ansprache zur Internationalen Leiterkonferenz*
*der Katholischen Charismatischen Erneuerung*
*am 15. Mai 1987*

# Vorwort

Während einer der ersten charismatischen Treffen in den Vereinigten Staaten traf ich eine junge Frau namens Patti Mansfield. Sie erzählte mir über die Ereignisse um den Beginn der Katholisch Charismatischen Erneuerung beim Duquesne-Wochenende, die für die gegenwärtige Kirchengeschichte so bemerkenswert sind.

Ihr Zeugnis verblüffte mich – es war ruhig, klar und ausgewogen –, und noch mehr die Anmerkung, daß am Tage nach diesen Geschehnissen ihr erster Gedanke war, herauszufinden, was die hierarchische Kirche über dieses Phänomen denken könnte. So begann sie, im Lumen Gentium zu lesen, einem Dokument, in dem das 2. Vatikanische Konzil über die Charismen spricht. Das Gelesene bestätigte sie, und sie fühlte sich ganz und gar als eine Tochter der Kirche – offen, den Heiligen Geist und seine Überraschungen willkommen zu heißen.

Auch begann sie zu verstehen – und das ist genauso wichtig –, daß die Gnade dieser geistlichen Erneuerung der gesamten Kirche zugedacht ist. Der Heilige Geist ist nicht das Monopol einer bestimmten Person, und diese pfingstliche Erneuerung unter „spezielle Bewegungen" einzuordnen, würde ihre Bedeutung leugnen.

Die Initiative, die Zeugnisse derer zu veröffentlichen, die dieses berühmte Duquesne-Wochenende erlebt haben, ist eine besonders erfreuliche. Sie präzisiert und hält einen historischen Augenblick fest. In ihrem Zeugnis verbindet sie auch die Taufe im Heiligen Geist mit dem Namen und der geistlichen Mutterschaft Marias, wodurch wir daran erinnert werden, daß Jesus weiterhin mystisch geboren wird „durch den Geist und Maria", und daß wir nicht trennen sollen, was Gott verbunden hat.

Karl Rahner hat die große Tradition wiedergegeben, als er schrieb: „Das charismatische Element gehört zum Wesen der Kirche in einer Weise, die ebenso notwendig und bleibend ist, wie das Amt und die Sakramente."

Dieses Buch wird uns allen helfen, die Apostelgeschichte mit neuen Augen zu lesen. Dann werden wir mit größerer Klarheit sehen, daß die Geschichte von Pfingsten weitergeht, und daß die pfingstliche Erneuerung tatsächlich ist, was Paul VI sagte – „eine Chance für Kirche und Welt".

+ L.J. Kardinal Suenens

## Stellungnahmen ökumenischer charismatischer Leiter

In ihrem Schatten sonnen sich dreihundert Millionen Menschen. Von ihren Früchten ernährt sich fast jede Konfession, selbst solche, die ihr das Recht, zu existieren, absprechen. Ich spreche von der Charismatischen Erneuerung, die – nach David Barrett – die größte und am schnellsten wachsende Bewegung in der Christenheit ist. Welch ein Baum!
Dennoch sind sich viele – selbst jene, die sich in ihrem Schatten ausstrecken oder in ihren Ästen wohnen – nicht ihrer katholischen Wurzeln bewußt. Sie sehen es als einen protestantischen Baum, von dem sich die Katholiken einen Steckling abgenommen haben. Ich muß gestehen, daß ich auch zu diesen vielen gehörte, bis ich die Tatsachen aus Pattis Buch erfuhr.
Als ich damals im Jahre 1967 hörte, daß Duquesne der Geburtsort der Römisch-Katholischen Charismatischen Erneuerung geworden war, habe ich gleich meine Gemeinde in Mount Vernon, New York, verlassen und eilte nach Pittsburgh, um dieses große Ereignis zu sehen. Ich wollte tun, was ich konnte, um es zu ermutigen und zu fördern. Als ich mit Patti und den anderen Studenten sprach, wußte ich, daß weder die Römisch-Katholische Kirche noch ich selber je wieder dieselben sein würden. Ihr Buch zu lesen war eine Möglichkeit für mich, einen der großen Augenblicke der Kirchengeschichte noch einmal zu erleben.

Rev. Harald Bredesen
Gründer der Prince of Peace Stiftung

Patti Mansfields Buch ist ein begeisterter Bericht über den Anfang einer der unglaublichsten religiösen Bewegungen dieses Jahrhunderts. Dies ist die erstaunliche Geschichte darüber, wie Professoren und Studenten der Duquesne Universität 1967 die Katholische Charismatische Erneuerung zur Geburt brachten.
Dieses Buch wird ein „Muß“ werden für jeden, der nach den Wurzeln der Charismatischen Erneuerung in der Katholischen Kirche forscht – einer Bewegung, die das Leben von etwa 75 Millionen Katholiken in den letzten 25 Jahren berührt hat.

Dr. Vinson Synan
Vorsitzender des Dienstkomitees
der Erneuerung in Nord Amerika

# Einführung

*Was von Anfang an war, was wir gehört haben, was wir mit unseren Augen gesehen, was wir geschaut und was unsere Hände angefaßt haben, das verkünden wir: das Wort des Lebens. Denn das Leben wurde offenbart; wir haben gesehen und bezeugen und verkünden euch das ewige Leben, das beim Vater war und uns offenbart wurde. Was wir gesehen und gehört haben, das verkünden wir auch euch, damit auch ihr Gemeinschaft mit uns habt. Wir aber haben Gemeinschaft mit dem Vater und mit seinem Sohn Jesus Christus. Wir schreiben dies, damit unsere Freude vollkommen ist. (1 Joh 1,1-4)*

Johannes konnte diese erhebenden Worte in seinem ersten Brief schreiben, weil er ein Zeuge war. Er kannte Jesus persönlich. Er sprach mit Ihm und und hörte Ihm zu. Er aß mit Jesus, war Zeuge Seiner Wunder, stand unter Seinem Kreuz, nahm Jesu Mutter in sein Heim auf und berührte den Leib des auferstandenen Herrn. Zu Pfingsten wurde Johannes mit dem Heiligen Geist erfüllt, und zwar genau deshalb, damit er seine Aufgabe erfüllen konnte: Ein Zeuge für Jesus Christus zu sein und Seinen heiligen Namen bis an das Ende der Erde zu verkünden!

Ich bin so kühn, dieses Buch mit diesen Worten des Evangelisten Johannes zu beginnen, weil ich selber ein Zeuge bin. Nicht aufgrund eigenen Verdienstes hatte auch ich durch die Kraft Seines Heiligen Geistes engen Kontakt mit dem auferstandenen Herrn Jesus. „Jesus Christus ist derselbe gestern, heute und in Ewigkeit" (Hebr 13,8). Dieser Jesus, den der heilige Johannes kannte und liebte, ist derselbe Jesus, den Sie und ich und jeder heute kennen und lieben können. Die Zeugnisse auf den nächsten Seiten sind nicht die Geschichten von Heiligen. Es sind die Geschichten von ganz gewöhnlichen Leuten, die von einer außergewöhnlichen Ausgießung des lebendigen Geistes Gottes berührt wurden.

In der Zeit des Schreibens habe ich den Herrn so häufig gebeten, einen anderen zu finden. „Ich bin kein Theologe. Ich bin kein Historiker. Ich kann nicht einmal so gut schreiben, daß ich Deinem Werk gerecht werden könnte" – so protestierte ich. Aber der Herr hat mich daran erinnert, wer ich bin. Ich bin ein Zeuge. Ich habe Seine Herrlichkeit gesehen. Und ich habe hier die Zeugnisse anderer zusammengestellt, die ebenfalls bei dem Duquesne[1]-Wochenende vom 17. bis 19. Februar 1967 dabei waren, als die Kraft des Heiligen Geistes fiel wie bei einem neuen Pfingsten.

Ein Wort von Papst Paul VI. in Evangelii Nuntiandi ermutigt mich, diese Zeugnisse mitzuteilen: „Der heutige Mensch hört lieber auf Zeugen als auf Gelehrte, und wenn er auf Gelehrte hört, dann deshalb, weil sie Zeugen sind".[2] Die Autoren der hier erscheinenden Erzählungen bezeugen ein Ereignis, das in der Katholischen Kirche unserer Tage seine Spur hinterlassen hat.

1967 erschien Pastor Don Bashams Buch „Face up with a Miracle" (Mit einem Wunder konfrontiert), in dem er sein eigenes Erlebnis mit der Taufe im Heiligen Geist erzählt. Auf den letzten Seiten des Buches schildert er die Geschichte seines Besuches bei einem Gebetstreffen am 20. Januar 1967 im Hause von Flo Dodge im Stadtteil North Hills von Pittsburgh. Pastor Basham meinte, daß durch solche kleinen Hausgebetstreffen große neue Bewegungen des Heiligen Geistes hervorgebracht werden könnten. Gerade bei diesem Gebetstreffen nahmen zwei Dozenten der Duquesne-Universität teil, und kurz vor Schluß baten diese Männer um die Taufe im Heiligen Geist. Dieses Geschehen führte im nächsten Monat zu dem Duquesne-Wochenende, welches den Anfang der Charismatischen Erneuerung in der Katholischen Kirche kennzeichnet. Don Basham hatte recht! Tatsächlich entstand eine große neue Bewegung des Heiligen Geistes durch ein solches kleines Hausgebetstreffen.

Pastor Basham schloß sein Buch mit der Behauptung, der Heilige Geist habe in diesem Jahr 1967 so schnell gehandelt, daß das geschriebene Zeugnis nicht mit Gottes Wundern habe mithalten können. Er empfahl, daß mehr Zeugnisbücher geschrieben und weitere Apostelgeschichten aus unserer Zeit veröffentlicht werden sollten, damit die Welt erkennen könne, daß Gott lebt. Als Pastor Basham 1967 das letzte Kapitel seines Buches schrieb, begann der Heilige Geist das erste Kapitel eines neuen Buches der Taten Gottes unter Katholiken.

„...wie ein neues Pfingsten" ist ein solches Buch von Zeugnissen. Es schildert im Detail die Ereignisse, die zum Duquesne-Wochenende führten und präsentiert die Erzählungen derer, die vor 25 Jahren

[1] die Aussprache ist in etwa „Dükein"

[2] Apostolisches Schreiben Papst Paul VI, Evangelii Nuntiandi, 41. (Über die Evanglisierung in der Welt von heute)

dabei waren. All meine Freunde von Duquesne weit und breit aufzuspüren war eine süß-saure Erfahrung. Es gab große Freude bei der Erneuerung alter Freundschaften, aber auch Niedergeschlagenheit, wenn wir die Zeichen unserer eigenen Untreue gegenüber der Gnade Gottes über die Jahre hinweg sahen. Ich möchte eines klarstellen: Ich halte weder mich selbst noch irgendeinen von uns vom Duquesne-Wochenende für ein besonderes Beispiel von Heiligkeit. Das Leben der Leute, ob in diesen Seiten erwähnt oder nicht, möge durchaus nicht das sein, was es heute sein könnte.

Aber die souveräne Ausgießung der Gnade Gottes war nicht von unserer Heiligkeit von vor 25 Jahren abhängig, und auch heute hängt sie nicht davon ab. Es war Gottes Entscheidung, uns mit einer frischen Ausgießung des Heiligen Geistes und Seiner Gaben zu besuchen. Trotz unserer persönlichen Unzulänglichkeiten benutzte uns der Herr, einer Bewegung Seines Geistes durch die Charismatische Erneuerung in der Katholischen Kirche den Weg zu bereiten.

Erst kürzlich wurde mir bewußt, wie wichtig es ist, die Geschichte vom Duqusene-Wochenende zu erzählen. Ich sprach zu einer charismatischen Jugendgebetsgruppe in New Orleans. Mir kam zu Bewußtsein, daß all diese jungen Leute, die nach dem zweiten Vatikanum geboren waren, in einer Kirche aufgewachsen sind, in der es normal ist, von Gaben und von Charismatischer Erneuerung zu reden. Meine Freunde schienen überrascht zu zu sein, als sie erfuhren, daß man vor 1967 von Geistesgaben wie dem Sprachengebet, der Auslegung desselben, der Heilung oder der Prophetie in einer durchschnittlichen katholischen Pfarrei nie etwas gehört hatte. Heute, ganze 25 Jahre später, gibt es kaum Orte, die nicht zumindest von diesem Wirken des Heiligen Geistes gehört hatten.

Mein Mann Al war sehr zufrieden, als ich endlich die Notwendigkeit eingesehen hatte, dieses Buch zu schreiben. Jahrelang hat er mich ermutigt, es zu tun. Sein Interesse am Duquesne-Wochenende geht zurück auf den September 1968, als er noch an der Universität von Iowa studierte. Zu dieser Zeit stieß er auf eine Ausgabe des Magazins ACTS, welche einen Artikel über das Wirken des Heiligen Geistes unter Katholiken abdruckte.[3] Jahre später erzählte er mir, er habe über das Erlebnis einer Duquesne-Studentin namens Patti Gallagher

[3] Das ACTS Magazin erschien zweimonatlich bei Acts Publishers in Los Angeles, California. Die Ausgabe über Katholiken erschien in der Sept.-Okt. Ausgabe 1967.

gelesen und zu sich selbst gesagt: „Ich will dieses Mädchen selber treffen und ihr Zeugnis aus ihrem eigenen Mund hören!" Gott hat sicherlich sein Gebet erhört, denn er traf mich nicht nur, sondern heiratete mich! Und über die Jahre hat Al mein Zeugnis hunderte Male von meinen Lippen gehört. Schließlich konnte er mich überzeugen, die ganze Geschichte aufzuschreiben, diesmal mit der Hilfe meiner Freunde von Duquesne.

Obwohl die Ereignisse vom Duquesne-Wochenende auch in anderen Büchern kurz veröffentlicht worden sind, gab es nie einen ausführlichen Augenzeugenbericht, der als eine primäre Quelle für künftige Referenzen dienen könnte. Da der Februar 1992 das Silberjubiläum des Duquesne-Wochenendes markiert, schien es die rechte Zeit zu sein, diese Sammlung zu veröffentlichen.

Dieses Buch hat vier Teile. Teil eins: „Komm, Heiliger Geist!" beschreibt in Kürze jene Ereignisse, die zum Duquesne-Wochenende führten, angefangen mit dem intensiven Gebet um den Heiligen Geist zu Beginn des Jahrhunderts. Teil zwei: „Wir können unmöglich schweigen über das, was wir gesehen und gehört haben" ist eine Sammlung von Augenzeugenberichten derer, die an dem Duquesne-Wochenende teilnahmen. Teil drei: „Auch wir haben ihn gesehen" enthält Zeugnisse von anderen, die an den Ereignissen beteiligt waren, die dem Wochenende unmittelbar vorausgingen oder folgten. Teil vier: „Erneuere das Angesicht der Erde" ist meine eigene Reflektion über die Taufe im Heiligen Geist als einer Gnade für die gesamte Kirche. Zum Abschluß schildere ich einige Lektionen, die mich der Herr gelehrt hat. Sie haben Seine Erwartungen an uns zum Inhalt, in einer Zeit, da wir uns auf eine neue Welle Seines Geistes vorbereiten.

Als ich an diesem Text arbeitete, fand ich mich gedrängt, eine Fürbittnovene zwischen Himmelfahrt und Pfingsten 1991 zu halten. Meine Intention war, daß der Heilige Geist neu auf die fallen möge, die zu diesem Buch beigetragen haben, die es lesen würden und auf die ganze Kirche. Meine Novene bestand aus einer Heiligen Stunde, gewöhnlich vor dem ausgesetzten Allerheiligsten. Als ich Jesus bat, auf uns alle das lebendige Wasser Seines Heiligen Geistes zu senden, um uns zu erfrischen und zu stärken, wurde ich durch ein Wort Jesu ermutigt:

*Wer Durst hat, komme zu mir und trinke.*
*Wer an mich glaubt, von dem sagt die Schrift,*
*daß aus seinem Innern Ströme lebendigen Wassers fließen werden.*
*Damit meinte er den Geist, den alle empfangen sollten, die an ihn glauben.* *(Joh 7,37 - 39)*

Ich hoffe, Sie sind durstig. Ich bin es. Das ist eine Voraussetzung, vom Heiligen Geist mehr empfangen zu können. Der Herr sehnt sich danach, uns Seinen Geist ohne Maß zu geben, wenn wir uns Ihm ohne Maß öffnen. Ich bete:

*„Mir aber gewähre Gott, nach meiner Einsicht zu sprechen und zu denken,*
*wie die empfangenen Gaben es wert sind;*
*denn er ist der Führer der Weisheit und hält die Weisen auf dem rechten Weg.*
*Wir und unsere Worte sind in seiner Hand, auch alle Klugheit...“*
*(Weisheit 7,15f)*

Patti Gallagher Mansfield
am Fest unserer lieben Frau vom Karmel
16. Juli 1991

## Pfingsthymnus

Komm herab, o Heil'ger Geist,
der die finstre Nacht zerreißt,
strahle Licht in diese Welt.

Komm, der alle Armen liebt,
komm, der gute Gaben gibt,
komm, der jedes Herz erhellt.

Höchster Tröster in der Zeit,
Gast der Herz und Sinn erfreut,
köstlich Labsal in der Not.

In der Unrast schenkst du Ruh,
hauchst in Hitze Kühlung zu,
spendest Trost in Leid und Tod.

Komm, o du glückselig Licht,
fülle Herz und Angesicht,
dring bis auf der Seele Grund.

Ohne dein lebendig Wehn
kann im Menschen nichts bestehn,
kann nichts heil sein noch gesund.

Was befleckt ist, wasche rein,
Dürrem gieße Leben ein,
heile du, wo Krankheit quält.

Wärme du, was kalt und hart,
löse, was in sich erstarrt,
lenke, was den Weg verfehlt.

Gib dem Volk, das dir vertraut,
das auf deine Hilfe baut,
deine Gaben zum Geleit.

Laß es in der Zeit bestehn,
deines Heils Vollendung sehn
und der Freuden Ewigkeit.

Amen. Halleluja.

# ERSTER TEIL

# Komm, Heiliger Geist!

*„Erneuere in unserer Zeit*
*Deine Pfingstwunder…“*

Papst Johannes XXIII

# Ich hätte nie gedacht, daß es mein Leben ändern würde

29. April 1967

Lieber Monsieur Iacovantuno,

Ça va?! Vergeben Sie mir bitte, daß ich nicht eher geschrieben habe, aber für mich war dieses Semester ungewöhnlich voll. Ich würde mich wirklich lieber mit Ihnen hinsetzen und die wunderbaren Dinge erzählen, die mir kürzlich widerfahren sind. Wie auch immer, dieser kurze Brief wird reichen müssen.
Ich habe Ihnen gegenüber vielleicht erwähnt, daß ich an der Uni Mitglied einer Bibellesegruppe bin. Vom 17. bis 19. Februar hatten wir ein Studienwochenende. Zur Vorbereitung lasen wir die ersten vier Kapitel der Apostelgeschichte und ein Buch mit dem Titel „Das Kreuz und die Messerhelden" von David Wilkerson. Ich war beeindruckt von der Macht des Heiligen Geistes und der Kraft und dem Mut, mit den die Apostel das Evanglium nach Pfingsten verkünden konnten. Natürlich dachte ich, daß das Wochenende mir schon etwas bringen werde, aber ich muß zugeben, ich hätte nie davon geträumt, daß es mein Leben ändern würde!

Während unserer Diskussionsrunden schnitt einer der Leiter die Tatsache an, daß wir beständig unsere Tauf- und Firmversprechen erneuern und uns für Gottes Geist mehr öffnen müßten. Ich fand es höchst interessant, aber ein wenig schwer zu glauben, als man mir sagte, daß die charismatischen Gaben, die den Aposteln geschenkt worden waren, noch heute vorkommen – es gebe noch immer Zeichen und Wunder – und daß Gott versprochen habe, seinen Geist auf alles Fleisch auszugießen. Wir entschlossen uns, eine Erneuerung unserer Tauf- und Firmversprechen als Teil unseres Abschlußgottesdienstes am Sonntagabend abzulegen. Aber der Herr hatte anderes für uns im Sinn.

Samstagabend sollte eine Geburtstagsfeier für einige der jungen Leute stattfinden, aber irgendwie kam nichts zustande. Einer nach dem anderen wurde in die Kapelle gezogen und empfing das, was das Neue Testament die Taufe im Heiligen Geist nennt. Es geschah an verschiedenen Leuten auf verschiedene Weise. Ich wurde tief angerührt von dem Bewußtsein, daß Gott real ist und uns liebt. Gebete kamen über meine Lippen, die ich nie zuvor laut zu sagen gewagt hätte. Jetzt weiß ich, was Claudel meinte mit *„eine innere Stimme, mehr wir selbst, als wir selbst es sind“*. Es war nicht nur ein gutes Wochenende, sondern eher noch eine das Leben verändernde Erfahrung, die sich fortsetzt und wächst.

Die Gaben des Geistes sind jetzt offensichtlich vorhanden. Ich kann dies bezeugen, denn ich habe gehört, wie Menschen in anderen Sprachen reden, heilen, Geister unterscheiden, mit außerordentlicher Weisheit und immensem Glauben sprechen, prophezeien und interpretieren. Ich erkenne nun, daß wir nichts selber tragen müssen, es gibt kein Gebet, das Gott nicht beantwortet und keine Not, für die Gott nicht reich genug wäre, um sie auszufüllen. Und ich fühle so eine Freiheit in der Abhängigkeit von Ihm, im Lobpreis Gottes. Wir können versuchen, als Christen zu leben und uns selbst und der Sünde zu sterben, aber ohne die Kraft des Geistes ist es eher ein entmutigender Kampf. Nach wie vor gibt es Versuchung und Schwierigkeiten, aber jetzt habe ich Sicherheit und Vertrauen in Gott – jetzt habe ich die Kraft vom Herrn, mich wirklich zu ändern und mit Ihm zu leben. Es ist wahr, wir empfangen den Heiligen Geist in der Firmung, und wir sind seine Tempel, aber wir öffnen uns nicht genug für Seine Gaben und Seine Kraft in unserem Leben. Es ist wahr, der Geist ist ein Lehrer, denn ich habe so viel in so kurzer Zeit von Ihm gelernt! *Die Bibel lebt! Ich bin sicher, ich könnte ohne sie nie an so viel Wissen gelangen*, trotz guter Absicht und viel Mühe.

Deshalb habe ich den Flug nach Europa im Sommer abgesagt. Ich bin ziemlich sicher, daß ich einmal Französisch lehren werde, und auch Frankreich werde ich besuchen. Aber im Moment habe ich das Interesse daran verloren. Der Herr scheint mir gegenwärtig bestimmte Gaben gegeben zu haben, die ich benutzen muß, um andere näher zu Ihm zu bringen. Ich habe mit Leuten über Christus gesprochen und kann schon Resultate sehen. Ich hätte mir vorher nie zugetraut, solche Dinge zu tun, aber nun ist es mir unmöglich, es nicht zu tun. Mit den Aposteln nach Pfingsten kann ich jetzt sagen: „Wir können unmöglich schweigen über das, was wir gesehen und gehört haben“.

Das Tollste daran ist das vollkommene Fehlen von Angst. Nie zuvor war ich so unsicher über die Zukunft, und doch war ich nie so ohne Angst und froh. Wenn Sie die Möglichkeit bekommen, müssen Sie das Buch lesen, das ich Ihnen eben vorgeschlagen habe. Und auch ein anderes, von John Sherrill: „Sie sprechen in anderen Zungen". Ich wäre gespannt, von Ihnen zu hören und zu erfahren, was Sie denken. Alles Gute!

In Liebe und im Gebet verbunden
Patti

## Das Duquesne-Wochenende

Diese enthusiastische Beschreibung des Duquesne-Wochenendes schrieb ich nur zwei Monate, nachdem es stattgefunden hatte. Herr Val Iacovantuno war mein Französischlehrer an der Hochschule. Ich wußte, er war Katholik, aber nie zuvor hatten wir über Religion gesprochen. Da er mich inspiriert hatte, in Französisch meinen Abschluß zu machen und er mir bei meiner Routenplanung für einen Sommer in Frankreich half, schrieb ich ihm, um meine Absage zu erklären. Gottes Gegenwart war durch die Taufe im Heiligen Geist in mein Leben eingebrochen. Ich wußte, daß mein Leben nicht länger mein eigenes war. Zu meinem Erstaunen antwortete mir Herr Iacovantuno, ich solle doch alles andere beiseite legen und dem Herrn Jesus bedingungslos folgen. Er schien tatsächlich einer der wenigen Menschen zu sein, denen ich mein Zeugnis erzählte und der wirklich zu verstehen schien, was geschehen war.

Die Einkehrtage vom 17. bis 19. Februar 1967, die ich in meinem Brief beschreibe, sind in der Welt unter dem Namen Duquesne-Wochenende bekannt geworden. Sie werden allgemein als der Beginn der Charismatischen Erneuerung in der Katholischen Kirche gesehen. Es war das erste Mal, daß eine Gruppe von Katholiken die Taufe im Heiligen Geist und charismatische Gaben erlebte. Obwohl es wahrscheinlich viele Katholiken gab, die im Heiligen Geist getauft waren, begann mit diesen stillen Tagen die Bewegung der Katholischen Charismatische Erneuerung, die sich in den Vereinigten Staaten und rund um die ganze Welt ausgebreitet hat.

Ich war nicht der einzige Katholik, der 1967 ein überschwengliches Zeugnis von der neuen Ausgießung des Heiligen Geistes und Seiner Gaben gab. Durch Briefe, Telefonanrufe und Besuche breitete sich die Nachricht über die pfingstliche Erfahrung wie ein Lauffeuer aus. Einer der Professoren und Leiter des Duquesne-Wochenendes berichtete seinen Freunden an der Universität Notre Dame: „An ein Pfingsten brauche ich nicht zu glauben, ich habe es gesehen!“

## Das Gebet des Papstes

Viele Leute, die die Anfänge der Katholischen Charismatischen Erneuerung 1967 betrachten, erinnern sich an das Gebet von Papst

Johannes XXIII zu Beginn des Zweiten Vatikanischen Konzils. Sie sehen die Charismatische Erneuerung als eine Erhörung des Gebets des Heiligen Vaters um ein neues Pfingsten:
„Erneuere in unserer Zeit Deine Pfingstwunder. Gewähre der heiligen Kirche, daß sie mit Maria, der Mutter Jesu, einmütig und inständig im Gebet ausharre und unter der Führung des Heiligen Petrus das Reich des göttlichen Erlösers ausbreite, das Reich der Wahrheit und der Gerechtigkeit, das Reich der Liebe und des Friedens. Amen."[1]
Was hatte Papst Johannes nur im Sinn, als er um ein neues Pfingsten betete? Wonach hat er sich gesehnt? Und wo kam dieses Sehnen her? Seit diesem ersten Pfingsten, an dem die Kirche geboren wurde, war der Heilige Geist beständig am Werk. In allen Jahrhunderten hat der Herr große Heilige erstehen lassen, Männer und Frauen, die vom Heiligen Geist erfüllt waren und außerordentliche charismatische Gaben besaßen. Es gab auch in der Vergangenheit Gemeinschaften katholischer Gläubiger, die die Gegenwart des Heiligen Geistes in ihrer Mitte erfuhren, so wie in der frühen Kirche. Papst Johannes XXIII war sich dessen durchaus bewußt, als er den Heiligen Geist anflehte, Seine Zeichen und Wunder in unseren Tagen wieder sichtbar zu machen. Er wußte, daß eine lebendige Erfahrung von Pfingsten möglich ist. Er hatte es selbst miterlebt.

## Ein geisterfülltes Dorf

Als er noch Bischof Angelo Roncalli hieß, besuchte Johannes XXIII regelmäßig ein kleines tschechoslowakisches Dorf von etwa 300 Einwohnern. Dort lebte eine meiner guten Freundinnen, Frau Anna-Mariae Schmidt.[2] Über viele Jahrhunderte hatten alle Katholiken dieses Dorfes das ganze Spektrum der Gnadengaben erfahren, so wie sie im ersten Korintherbrief verzeichnet sind. Sie waren Teil ihres normalen christlichen Lebens... Pfingsten war tägliche Realität.

[1] Gebet Papst Johannes' XXIII zum Heiligen Geist um den Erfolg des Ökumenischen Konzils. Der letzte Absatz dieses Gebetes ist auch in der Apostolischen Konstitution Humanae Salutis zu finden, in der Papst Johannes XXIII das Zweite Vatikanische Konzil ausgerufen hat (25. Dezember 1961).

[2] Persönliche Gespräche der Autorin mit Frau Anna-Mariae Schmidt bei Milo, Maine. Anna-Mariaes Zeugnis erschien in der „The New Covenant", Ausgabe vom November 1985, S. 20-22

Anna-Mariae hat mir die Umstände um das erste Auftreten charismatischer Gaben im elften Jahrhundert geschildert. Als die Dorfbewohner in Gefahr standen zu verhungern, weil ein starker Frost das Korn auf dem Feld vernichtet hatte, baten sie um Gottes Hilfe. Eine wunderschöne Frau, die sich selbst nicht vorstellte, erschien auf dem Berg und lehrte sie, wie sie den Heiligen Geist anrufen könnten. Als sie ihren Instruktionen folgten, wurden sie alle vom Heiligen Geist erfüllt und empfingen charismatische Gaben wie die Unterscheidung der Geister, Prophetie und die Sprachengabe. Sie erfuhren auch ein Wachstum in den Gaben des Geistes, die unserer Heiligung dienen, besonders in der Liebe. Das Brot, das sie in diesem Winter buken, war gesegnet, und der Vorrat reichte wunderbar bis zur nächsten Ernte.

Jede folgende Generation gebrauchte offensichtlich die Gaben des Heiligen Geistes. Da ihr Dorf sehr isoliert lag, erkannten sie wohl nicht, daß ihr charismatisches Erleben einzigartig war. Anna-Mariae schilderte, die Kraft des Gebetes sei so stark gewesen, daß sie weder Gefängnisse noch Hospitäler brauchten. Wenn jemand krank war, kam das gesamte Dorf zusammen und erwartete Gottes Heilung. Kinder wurden in den Familien willkommen geheißen; es gab keine Scheidungen. Friede und Liebe regierten. Die Sonntagsmesse war eine herrliche Feier für Jesus in ihrer Mitte, gefolgt vom gemeinsamen Essen und Austausch. In den Häusern las man die Heilige Schrift und die Kinder wurden angeleitet, in der Kraft des Heiligen Geistes zu leben. In diese charismatische Umgebung kam während der dreißiger Jahre Bischof Roncalli zu Besuch. Freudig wurde er als ein geistiger Vater empfangen. Anna-Mariae, die damals ein Kind war, erinnert sich an ihn als einen Priester, der mit Gottes Liebe durchtränkt war. Sie liebte es, zu seinen Füßen zu sitzen und ihn über Jesus erzählen zu hören. Er schien vollkommen damit vertraut zu sein, als Gaben des Geistes ausgeübt wurden, während er mit ihrer Familie und den anderen Dorfbewohnern betete.

Als ich Anna-Mariae fragte, ob sie glaube, das Gebet Papst Johannes XXIII um ein neues Pfingsten sei durch seine Besuche in ihrem Dorf inspiriert worden, sagte sie, es wäre überheblich, wenn man eine solche Verbindung ziehe. Anna-Mariae glaubt, daß dieser Wunsch nach einem neuen Pfingsten lange vor seinen Besuchen in seinem Herzen gewachsen war. Es erschien ihr, als wisse er sehr gut, was möglich ist, wenn sich Menschen mit umkehrbereitem und demüti-

gem Herzen an Gott wenden und den Heiligen Geist bitten, in ihrer Mitte zu handeln.
Anna-Mariaes Beschreibung Bischof Roncallis ist von vielen bestätigt worden. Weithin wird Papst Johannes XXIII als eine der begnadetsten Gestalten dieses Jahrhunderts angesehen. Kardinal Suenens nannte ihn einen „dem Heiligen Geist völlig fügsamen Mann, der ganz frei von sich selbst dem Weg des Heiligen Geistes folgt".[3]
Es gab eine Prophetie in den dreißiger Jahren, die besagte, daß eine schwere Prüfung über Anna-Mariaes Dorf kommen werde, um es zu entvölkern, aber daß Freude sein werde, wenn die Dorfbewohner Festigkeit bewahren. Diese Prophetie erfüllte sich, als 1938 Nazitruppen einfielen und fast alle Dorfbewohner töteten. Die Kraft des Heiligen Geistes stärkte sie, und nicht einer widerrief seinen Glauben. Ich danke Gott, daß er das Leben von Anna-Mariae Schmidt verschont hat. Sie hat sowohl nationalsozialistische wie russische Konzentrationslager überlebt. Sie hat mir erlaubt, diesen Teil ihrer erstaunlichen Geschichte mitzuteilen.

## Apostel des Heiligen Geistes

Die erste Person, die Papst Johannes XXIII selig sprach, war Schwester Elena Guerra. Val Gaudet[4] hat aufgezeigt, daß Papst Johannes XXIII vom Wirken Sr. Elena Guerras durchaus beeinflußt worden sein könnte, für ein neues Pfingsten zu beten. Er nannte sie „den Apostel des Heiligen Geistes". Die selige Schwester Guerra lebte um die Jahrhundertwende, einer auch für die Geschichte der Pfingstbewegung sehr bedeutenden Zeit, wie wir noch sehen werden.
Schwester Elena Guerra war Gründerin der „Oblatenschwestern des Heiligen Geistes" in Lucca, Italien. Als sie fünfzig Jahre alt war, fühlte sie sich inspiriert, Papst Leo XIII zu schreiben. Sie bat ihn, die Kirche durch eine Rückkehr zum Heiligen Geist zu erneuern. Aber sie gab dieser Eingebung lange nicht nach, bis viele Jahre später der Herr einer frommen Küchenhilfe offenbarte, was Elena tun sollte. Mit der Ermutigung ihres geistigen Begleiters schrieb Schwester

[3] Kardinal Leon-Joseph Suenens nach einem Bericht in „The Catholic Messenger" (Davenport, Iova) vom 7.Mai 1964
[4] Fr. Val Gaudet, „A Woman and the Pope," New Covenant, Oktober 1973, S. 4-6

Elena zwischen 1895 bis 1903 zwölf vertrauliche Briefe an den Heiligen Vater, in denen sie zu neuer Predigt über den Heiligen Geist aufrief, „welcher der ist, der die Heiligen formt".

Papst Leo XIII hörte den Ruf des Herrn durch Sr. Elena, und er antwortete mit der Veröffentlichung von Provida Matris Caritate, in der er die gesamte Kirche bat, zwischen den Festen Christi Himmelfahrt und Pfingsten eine feierliche Novene zum Heiligen Geist zu beten. Schwester Elena selbst begann mit der Gründung von Gebetskreisen, die sie „Permanentes Coenaculum" (Obergemach) nannte. Schwester Elena sprach dem Papst gegenüber ihren Wunsch aus, die gesamte Kirche im beständigen Gebet vereint zu sehen, so wie Maria und die Apostel im Obergemach vereint waren, als sie auf das Kommen des Heiligen Geistes warteten. Sie drückte das so aus: „O, wenn doch das Gebet 'Komm, Heiliger Geist', welches die Kirche vor Pfingsten und danach nie zu beten aufgehört hat, nur so beliebt werden würde wie das 'Gegrüßt seist du, Maria'!"

Schwester Elena hatte die prophetische Mission, die Kirche aufzurufen, ein permanentes Coenaculum des Gebets zu sein. 1897 kehrte ihr geistlicher Ratgeber, Bischof Volpi, aus Rom zurück. Er brachte ihr das Versprechen des Papstes, daß er alles in seiner Macht Stehende tun werde, um den Heiligen Geist zu ehren. Der Heilige Vater veröffentlichte daraufhin die Enzyklika über den Heiligen Geist, Divinum Illud Munus. Schwester Elena war zufrieden, doch war sie von der geringen Resonanz in der Kirche enttäuscht, besonders unter den Hirten.

## Und sie wurden erfüllt vom Heiligen Geist

Auf Schwester Elenas Vorschlag rief Papst Leo XIII am 1. Januar 1901 den Heiligen Geist an. Dies war der erste Tag des zwanzigsten Jahrhunderts. Er sang im Namen der ganzen Kirche den Hymnus „Veni Creator Spiritus" (Komm, Heiliger Geist). Am selben Tag gab es ein Ereignis in Topeka, Texas, das den Anfang einer großen Erweckung in der Kraft und mit den Gaben des Heiligen Geistes markierte. Das Ereignis sollte eine Wirkung im ganzen Land und in der ganzen Welt haben. In Topeka stand an der Ecke 17. Straße/Stone Avenue ein großes, dreistöckiges Herrenhaus mit dreißig Räumen. (Jetzt befindet sich dort eine katholische Kirche, die dem reinsten Herzen Mariens geweiht ist.) Das Haus wurde „Stones Dummheit" genannt, da sein Erbauer, Erastus Stone, nach Fertigstellung entdeckte, daß er es sich nicht leisten konnte, darin zu leben. Das Haus wurde dann im September 1900 die Heimat des Bethel College und Bibelschule. Pastor Charles Fox Parham und seine Schüler widmeten sich dem Gebet und dem Studium des Wortes Gottes, insbesondere bezüglich auf die Taufe im Heiligen Geist. Der höchste der drei Türme im Herrenhaus wurde zum Gebetsturm bestimmt, und eine Gebetswache rund um die Uhr organisiert. Vierundzwanzig Stunden am Tag, sieben Tage in der Woche baten diese jungen Leute Gott, einen oder alle von ihnen im Heiligen Geist zu taufen.[5] Nun, das ist ein andauerndes Coenaculum – genau das, was die selige Elena Guerra gewollt hatte.

Am Abend des 1. Januar 1901 um etwa 11 Uhr bat eine der Schülerinnen namens Agnes Ozman Pastor Parham, seine Hände auf ihren Kopf zu legen und um den Heiligen Geist zu beten. Und genau das geschah dann auch. Agnes begann, in Sprachen zu beten, und andere an der Schule, einschließlich Pastor Parham hatten das gleiche Erlebnis in den folgenden Tagen. Gemeinhin wird dieses Ereignis als der Anfang der Pfingstbewegung gewertet.

Gott beantwortete das innige Gebet derer, die zu ihm bei Tag und Nacht riefen. Trotz der geringen Reaktion unter Katholiken, auf den Aufruf Papst Leos XIII zu beständigem Gebet um den Heiligen Geist, gab es Gläubige anderer Konfessionen, die die Ausgießung des Heiligen Geistes zu Beginn dieses Jahrhunderts demütig suchten und dankbar empfingen.

1906 gab es eine fortgesetzte Ausgießung des Heiligen Geistes in Los Angeles, die gemeinhin die „Azusa Street Erweckung“ genannt wird. Diejenigen, die diese pfingstlichen Erfahrungen hatten, wurden zumeist aus den etablierten Kirchen verdrängt. Sie fanden in neuen Kirchen und Konfessionen zusammen, die heute „Pfingstkirchen“ genannt werden. Viele Historiker bezeichnen die Pfingstbewegung neben dem Protestantismus und dem Katholizismus als stark wachsende „dritte Kraft“ in der christlichen Welt.[6]

[5] John W. Ripley, „Erastus Stone's Dream Castle – Birthplace of Pentecostalism,“ (“Erastus Stones Traumschloß – Geburtsort der Pfingstbewegung“) zu finden in Topeca at the Turn of the Century, Shawnee Country Historical Cociety, Bulletin No. 52, S. 42-53

[6] Edward D. O'Connor, CSC, The Pentecostal Movement in the Catholic Church, Notre Dame, Indiana: Ave Maria Press 1971, S. 23

Als dann in den fünfziger Jahren die Geistesgaben von Mitgliedern etablierter Kirchen empfangen wurden, die sich weigerten, aus ihren angestammten Konfessionen auszutreten, kam es zur sogenannten „Neupfingstlichen Bewegung". Die Erfahrung der Taufe im Heiligen Geist gab es unter Lutheranern, Presbyterianern, Episkopalen und anderen, die in ihren Kirchen blieben und auf eine Erneuerung von innen hofften. So ist es auch nicht weiter überraschend, daß auch die katholische Kirche in der Mitte der sechziger Jahre eine charismatische Erneuerung in ihren Reihen erfuhr. Was aber Beobachter erstaunte, war die Geschwindigkeit, mit der sich die Taufe im Heiligen Geist unter Katholiken verbreitete, und auch die Offenheit, mit der die Amtsinhaber der Katholischen Kirche der Charismatischen Erneuerung begegneten.

## Vor dem Duquesne-Wochenende

Mitte der sechziger Jahre entstand ein Netzwerk von Freundschaften unter Leuten der Duquesne Universität in Pittsburgh, Pennsylvania, und der Universität Notre Dame in South Bend, Indiana. Mehrere Mitglieder der Duquesne-Fakultät hatten ihre Studien in Notre Dame abgeschlossen, unter ihnen Patrick Bourgeois aus New Orleans, Louisiana. Dann gab es einige Absolventen von Notre Dame, die ihre Vorstudien in Duquesne gemacht hatten. Zu nennen wären hier Dorothy Garrity Ranaghan und Bert Ghezzi, die beide aus Pittsburgh stammen. Dorothy und Bert pflegten mit einigen Mitgliedern der Fakultät von Duquesne persönliche Beziehungen.

Zusätzlich zu diesem Netzwerk von Freundschaften gab es auch eine geistliche Vorbereitung auf die Charismatische Erneuerung. Schon lange vor dem März 1967 hatte es in Notre Dame und den Gemeinden von South Bend Gebetstreffen gegeben. Pater Edward O'Connor CSC, einer der Leiter der Katholischen Charismatischen Erneuerung der ersten Tage, beschreibt es auf folgende Weise:

In den frühen Sechzigern war eine Welle des Enthusiasmus, Bibelabende und Gebetstreffen abzuhalten, durch das Land gegangen. An der Notre Dame Universität scheinen solche Aktivitäten besonders 1963 und '64 aufgeblüht zu sein. Wöchentlich gab es Gebetstreffen von Studenten. Einige von diesen sollten später eine große Rolle in der pfingstlichen Bewegung spielen. Diese frühen Treffen beinhalteten

Schriftlesungen, spontanes Gebet, Gesang und Gespräch. Das Gebet war jedoch weniger spontan und das Gespräch war wichtiger und mehr humanistisch geprägt als in den späteren pfingstlichen Treffen. An jedem Sonntagmorgen wurde auch eine besondere Messe für die Studenten gefeiert, an denen viele sehr aktiv teilnahmen, was für damalige Verhältnisse bemerkenswert war. Es folgte das Frühstück, welches eine wirkliche Agapefeier war. Einige der Studenten beteten auch täglich gemeinsam die Vesper.
In dem selben Jahr kam der Cursillo nach South Bend, weitgehend aufgrund der Initiative eines Studenten namens Steve Clark. Über die nächsten Jahre hin hatte dieser einen starken geistlichen Einfluß auf einige hundert Menschen in der Stadt und an der Universität. Eine zeitlang trafen sich diese Cursillistas, an einem Abend in der Woche, zur Messe in der Pangborn Kapelle an der Universität von Notre Dame. Dem Cursillo entsprang das Antioch-Wochenende, das den Zweck hatte, junge Studenten mit der Frage zu konfrontieren, was es bedeuten kann, Christ zu sein. Sowohl der Cursillo wie auch das Antioch-Wochenende betonten die Notwendigkeit der Weiterführung, die überwiegend in den wöchentlichen Gruppentreffen erfolgte. Diese bestanden aus Diskussion, Reflexion, gegenseitiger Ermutigung und Gebet. Eine weitere Gruppe startete im selben Jahr im Moreau Seminar, in dem verschiedene Studenten zweiwöchentlich Treffen abhielten, um geistliches Wachstum zu fördern, inspiriert durch das Vorbild und die Fürsprache Mariens.
So wurde also das pfingstliche Feuer, das sich im Frühjahr 1967 ausbreitete, durch den Sauerteig der Gespräche, des Gebetes und apostolischer Aktivität vorbereitet... Die meisten dieser Aktivitäten gingen nach ein oder zwei Jahren wieder ein, gefolgt von anderen Bemühungen mit ähnlich kurzer Lebensdauer... Trotzdem waren sie wichtig für die Vorbereitung auf die pfingstliche Bewegung, erstens durch die Schulung der einzelnen, ein Leben des Gebets und des Apostolats zu führen, und zweitens durch die Entstehung von Freundschaften, die für die Leitung dienlich sein würden, wenn der Geist von Pfingsten gekommen sein würde.[7]

[7] ebd., S. 44-47. Als P. O'Connor dieses Buch schrieb, wurde noch die Bezeichnung „Pfingstbewegung in der Katholischen Kirche“ benutzt. Wenn er „pfingstliche Treffen“ beschreibt, meint er Gebetstreffen der Katholischen Charismatischen Erneuerung. Das Antioch-Wochenende wurde ursprünglich Studienwochenende genannt und wird noch an anderer Stelle dieses Buches erwähnt.

## Die Cursillo-Verbindung

Es ist wichtig, zu erwähnen, welch großen Einfluß die Cursillo-Bewegung auf Leute in Notre Dame und Duquesne gehabt hatte, die dann später Leiter der Charismatischen Erneuerung wurden. Ein Artikel im New Covenant vom Februar 1973 beschreibt die Männer, die im Cursillo von Notre Dame aktiv waren:
Die Männer, die sich in der Mitte der sechziger Jahre in der Cursillo-Bewegung in Notre Dame sammelten, waren unterschiedlicher Herkunft. Einiges hatten sie jedoch gemeinsam: Es waren alles gut ausgebildete Intellektuelle, die bemerkenswerte akademische Auszeichnungen erhalten hatten. Die meisten bekannten sich zu einem Katholizismus traditioneller Prägung. Sie bemühten sich um eine liturgische und um persönliche, geistliche Erneuerung, wobei einige, die in progressiver Theologie ausgebildet waren, sich in Sozialarbeit und Menschenrechtsbewegungen engagierten...
Es gab ein paar Ausnahmen. Eine war Ralph Martin, ein brillanter Student der Philosophie und ein kämpferischer Redakteur an der Universität. Ihm war die Kirche egal. Anfang 1964 fühlte er sich endlich frei von den Repressalien seiner katholischen Erziehung. Er hatte den Ruf, ein argumentgewaltiger Atheist zu sein. Als Martin zum ersten Mal auf Steve Clark traf, kam es in einem Restaurant nahe der Universität gleich zu einem heftigen Streit über das Christentum. Ralph Martins Bekehrung erfolgte plötzlich und dramatisch während des zweiten Cursillo in Notre Dame. Sie war so dramatisch, daß Bert Ghezzi, der dabei war, zunächst seine Echtheit anzweifelte. „Ich habe in meinem Leben noch nie eine so komplette 180° Drehung gesehen. Ich hatte nicht geglaubt, daß solche Dinge möglich sein könnten."[8]
Ralph Martin sagt selbst darüber, er sei beim Cursillo dem auferstandenen Herrn begegnet und fühlte sich erfüllt „mit der Kraft aus der Höhe", und er habe ausgerufen „Ich möchte Dein Zeuge sein!"[9]
Männer wie Ralph Martin und Steve Clark erkannten, daß das, was die Gründer der Cursillo Bewegung vorhergesehen hatten, im we-

[8] Jim Manney in „Before Duquesne: Sources of Renewal", erschienen im „New Covenant" Magazin vom Februar 1973, S. 13

[9] In einem persönlichen Gespräch der Autorin mit Ralph Martin.

sentlichen ein neues Pfingsten war. Eduardo Bonnin, einer der Gründer, sagte es ausdrücklich:

Das Christentum, später wie am Anfang, ist im Wesentlichen eine Ausgießung des Heiligen Geistes. Es ist im Wesentlichen das Wunder von Pfingsten. Und wo du die Ausgießung des Geistes nicht sehen kannst, da ist der „Tröster“ nicht vorbeigekommen. Dort kannst du vielleicht Leute finden, die an den Vater glauben, und aufgrund einer scharfsinnigen Egozentrik sind sie von einer Praxis der Christenheit überzeugt, wenn sie zum Vater gehen und Gaben von Ihm erbitten. Du kannst auch Menschen finden, die an das „Wort“ glauben und an den Sinn all der Dinge, die in Ihm offenbart worden sind. Durch ihre neue Idee über Ihn inspiriert, versuchen diese Menschen mit mühsamer Treue ihr Leben an Ihm auszurichten. Es sind arbeitsame Leute von moralischer Rechtschaffenheit. Aber es sind keine Menschen des Heiligen Geistes der überfließenden Liebe. Es sind keine Menschen mit glänzenden Augen. Für diese ist Pfingsten noch nicht gekommen.[10]

Aber für viele der Cursillistas in Notre Dame war Pfingsten wirklich gekommen. Tatsächlich gab es 1965 bei einem Gebetstreffen in Phil O'Maras Appartement einen Fall von Glossolalie (Sprachengebet). Es wurde von dem Leiter der Gruppe unterbrochen, der es nicht verstand. Nach der dramatischen Umkehr von Phil O'Maras Zimmerkamerad, Ralph Martin, sprach auch dieser einen Monat später in Zungen, aber er erkannte zu dieser Zeit nicht, was es war. „Wundersame Ereignisse, Heilung, Unterscheidung der Geister, und beantwortetes Gebet begleiteten die Cursillos in der Gegend von Notre Dame. Die meisten der Leiter hatten persönliche Begegnungen mit Jesus, die mindestens genauso intensiv waren, wie ihre späteren Erfahrungen mit der Taufe im Heiligen Geist. George Martin nannte die Ereignisse zusammenfassend, unglaublich gnadenreiche Zeiten‘.“[11]

Während der Weihnachtsfeiertage 1965 trafen sich Ralph Martin und Steve Clark in Martins Zuhause in New Jersey und beschlossen, den Sommer betend im Mount Savior Kloster in Elmira, New York, zu verbringen. Bei ihrem Aufenthalt in dem Kloster hatten sie den Eindruck, der Herr leite sie dahingehend, die Graduiertenschule zu

[10] Jim Manney, wie oben, S. 15

[11] Wie oben, S. 17

verlassen, um sich mehr für christliche Dienste zur Verfügung zu halten. (Clark war an der Notre Dame Universität geblieben, während Martin in Princeton war.) Als die Entscheidung gefallen war, wurden sie eingeladen, die Eröffnungs- und Schlußansprachen des nationalen Cursillotreffens in Kansas City zu halten. Sie schlossen sich als Mitarbeiter der St. Johannes Studentengemeinde an der Michigan State Universität an und dienten im Nationalen Sekretariat von Cursillo. Zwischen 1965 und 1970 führten Ralph und Steve in den ganzen Vereinigten Staaten Dutzende von Cursillo-Workshops durch.[12] Die Kontakte vom Cursillo waren später sehr nützlich für die Ausbreitung der Nachricht über die Taufe im Heiligen Geist.

### Zwei Bücher, die man nicht leicht zur Seite legt

Es gab zwei Bücher die Ralph, Steve und ihr Freundeskreis von Notre Dame, Duquesne und vom Cursillo in die Erfahrung mit dem Heiligen Geist führen sollte. Das eine ist „Das Kreuz und die Messerhelden" von David Wilkerson mit John und Elizabeth Sherrill, das 1963 veröffentlicht wurde. Das andere ist „Sie sprechen in anderen Zungen" von John Sherrill, das 1964 herausgegeben wurde. Beide Bücher sind eine erstklassige Lektüre. Man legt sie ungern zur Seite. In „Sie sprechen in anderen Zungen" schildert John Sherrill seine Suche nach dem ungewöhnlichen Phänomen des Sprechens in anderen Zungen oder Sprachen (Anm. beide Übersetzungen des griechischen glossolalia sind möglich) „wie der Geist es eingibt". In den Jahren der Suche wurde Sherrill selber im Heiligen Geist getauft und beschreibt das Erlebnis zunächst als Beobachter, dann als Teilnehmer. Dieses Buch wird als ein neupfingstlicher Klassiker angesehen. „Das Kreuz und die Messerhelden" ist die dramatische Geschichte eines kleinstädtischen Pfingstpredigers, David Wilkerson, der vom Heiligen Geist unter die Straßenbanden des Bedford-Stuyvesant Viertels von New York City geführt wird. Es ist ein schönes Zeugnis für Wilkersons dynamischen Glauben und eine fesselnde Beschreibung der Kraft, die in der Taufe im Heiligen Geist frei wird. Wilkerson beschreibt die verschiedenen Weisen, in denen der Heilige Geist göttliche Führung und charismatische Gaben schenkt.

[12] Wie oben, S. 17

Die Geschichte des Einzugs diese Bücher in katholischen Kreisen ist recht interessant und zeigt noch einmal mehr, wie sehr wir Katholiken unseren protestantischen und pfingstlichen Brüdern und Schwestern zu Dank verpflichtet sind. Peter Collins, der 1966 in Notre Dame seine Studien abschloß, verbrachte einige Wochen in Toronto, Kanada, als er beim Besuch einer Pfingstkirche auf „Sie sprechen in anderen Zungen" stieß. Peter beschreibt später in diesem Buch im Detail, wie es dazu kam. Es genügt, zu erwähnen, daß Peter Sherrills Buch im Juni 1966 an Steve Clark weitergab, als er Steve und Ralph bei einer Ausbildung für Laienmitarbeiter in San Antonio traf.
Steve hatte „Das Kreuz und die Messerhelden" schon von einem „Campus für Christus"-Mitarbeiter an der Michigan State Universität erhalten. Er war beeindruckt von den Auswirkungen der Taufe im Heiligen Geist auf die jungen Drogensüchtigen. Er und Ralph überlegten sogar, Wilkerson in New York zu besuchen, taten es aber nie. Steve gab Ralph ein Exemplar des Buches.
Aufgrund dieses Austausches von Büchern im Juni 1966, begannen einige andere Studenten von Notre Dame mit der Lektüre der Bücher und stellten sich Fragen über diese „Taufe im Heiligen Geist". Jim Cavnar und Gerry Rauch, Studenten in Notre Dame, verbrachten den Sommer in East Lansing gemeinsam mit Ralph und Steve. Jim erzählt in seinem Zeugnis später in diesem Buch, daß er die Ereignisse, die in jenen Büchern beschrieben waren, für sehr wahrscheinlich hielt. Doch hielt er es für ausreichend, wenn sich andere damit befaßten. Und so geschah es dann auch.

## Geistlicher Hunger in Duquesne

Wenige Monate vor dem eben beschriebenen Austausch der Bücher, im Frühjahr 1966 also, waren zwei Dozenten der Duquesne Universität in eine Periode intensiven Gebetes und Gesprächs über die Lebendigkeit ihres Glaubens getreten. Der eine war Professor für Geschichte, der andere Dozent für Theologie. Sie spürten das Bedürfnis nach einer größeren inneren Dynamik, einer neuen Kraft, um als Christen leben und von Christus Zeugnis geben zu können. Beide Männer hatten sich schon mehrere Jahre vorher für ein Leben mit dem Herrn entschieden. Beide waren „Cursillistas". Der Professor für Geschichte war sogar derjenige, durch den der Cursillo nach

Pittsburgh kam. Eilene Karls Zeugnis – später in diesem Buch – beschreibt mehr Details darüber. Beide waren auch Moderatoren der Chi Rho Vereinigung[13] an der Duquesne Universität, die einer von ihnen vor Jahren gegründet hatte, um das Gebet, die Teilnahme am Gottesdienst, christliches Zeugnis und soziale Dienste zu fördern. Und doch wollten sie noch „etwas anderes". Sie waren sich nicht ganz sicher, was das hätte sein können, aber sie schlossen einen Pakt, füreinander zu beten.
Vom Frühjahr 1966 an beteten sie täglich, der Heilige Geist möge in ihnen die Gnaden ihrer Taufe und Firmung erneuern, und in ihnen das mit menschlicher Anstrengung nicht zu füllende Vakuum mit der Kraft und der Liebe Jesu Christi auffüllen.[14] Täglich beteten diese Männer die schöne und berühmte Sequenz, die die Kirche in der Pfingstliturgie betet. (Sie können sie am Anfang des Buches nachlesen.)

## Eine neue Entdeckung

Das Nationale Cursillotreffen im August 1966 sollte für die beiden Professoren der Duquesne Universität ein sehr wichtiges Treffen werden. Sie trafen dort ihre Freunde Ralph Martin und Steve Clark. Sie erhielten die zwei Bücher über die pfingstlichen Erfahrungen und wurden gedrängt, sie zu lesen. Das taten sie auch. Gott hatte sie bereits auf eine neue Dimension des Lebens vorbereitet, indem er in ihnen einen großen geistlichen Hunger weckte, der sie zu gemeinsamem Gebet führte.
Der Heilige Geist wirkte. Bei der Lektüre von „Das Kreuz und die Messerhelden" begann einer der Männer von Duquesne, die Schriftstellen über das Wirken des Heiligen Geistes nachzuschlagen. Zugleich versuchte er herauszufinden, wie man die Taufe im Heiligen Geist empfangen kann. Er stieß auf das Lukasevangelium und die Apostelgeschichte. Später schreibt er darüber: „Dann begann ich, vier volle Stunden lang wie verrückt durch die Bibel zu blättern, besonders durch das Neue Testament, und mußte feststellen, daß sich mir die ganze Bibel in einer Weise neu öffnete, wie sie es nie

13 Aussprache: Chi wie in China, Rho wie in Rosen
14 Kevin und Dorothy Ranaghan in „Catholic Pentecostals", erschienen 1969 bei Paulist Press in Paranus, New Jersey, S. 8

zuvor getan hatte. Ich glaube, ich bin nicht ein einziges Mal von meinem Stuhl aufgestanden.“[15]

Klarer als je zuvor sahen sie die Rolle des Heiligen Geistes im Leben des Gläubigen. Er ist der Lehrer, der befähigt und führt. „Es schien so klar, so zwingend notwendig, so überwältigend. Es war fast wie die Entdeckung des Christseins selbst.“[16]

## Und nun?

Die Professoren waren mit verschiedenen Möglichkeiten konfrontiert. Sie konnten für sich allein mit dem Gebet und dem Austausch über dieses tiefere Leben im Heiligen Geist fortfahren. Aber das schien nicht sehr vielversprechend zu sein. Sie hatten schon eine ganze Zeitlang gebetet und geredet. Vielleicht sollten wir einander die Hände auflegen und um die Freisetzung des Heiligen Geistes beten, dachten sie. Doch waren sie auch nicht überzeugt, daß dies die beste Lösung sei. Eine andere Möglichkeit war, eine Pfingstkirche zu besuchen, doch da zögerten sie. Am Ende schien es die beste Alternative, einige Neupfingstler zu finden – solche, die nach ihrer Taufe im Heiligen Geist in ihren angestammten Konfessionen geblieben waren. Es war ein kühner Schritt, aber sie entschieden sich, ihn zu gehen.[17]

Es gab einen Priester der Episkopalkirche (eine protestantische Kirche mit bischöflicher Verfassung), der schon einmal zu einer Vorlesung nach Duquesne gekommen war. Sie riefen diesen – es war Pfarrer William Lewis von der Christuskirche in North Hills bei Pittsburgh – an und fragten ihn, ob er die Bücher von Wilkerson und Sherrill kenne. Ja, er kannte sie, und obwohl er nicht selber im Heiligen Geist getauft war, bot er sich an, sie mit einer seiner Pfarreimitglieder bekannt zu machen, die es war. Pastor Lewis beschrieb sie als eine feine Frau mit sehr gutem Ruf in seiner Pfarrei, Mutter eines episkopalen Priesters und Mitglied eines überkonfessionellen Gebetskreises, der sich in einem Haus genau gegenüber seiner Kirche trifft.[18]

[15] Wie oben, S. 8
[16] Wie oben S. 10
[17] Wie oben S. 11–12
[18] Wie oben, S. 12

Weil ein Treffen während der Weihnachtsfeiertage nicht angebracht gewesen wäre, entschieden sie sich, bis zum Freitag, dem 6. Januar 1967 zu warten. Das Datum war für die Männer von Duquesne von Bedeutung, weil am 6. Januar das Fest Epiphanie (Erscheinung des Herrn) gefeiert wird – die Offenbarung Jesu Christi als dem Sohn Gottes, als demjenigen, der im Heiligen Geist getauft wurde und der mit dem Heiligen Geist tauft. Die beiden Männer von Duquesne wurden in Pastor Lewis' Büro dieser geisterfüllten Frau aus der Gemeinde vorgestellt. Ihr Zeugnis war einfach, gerade heraus und biblisch. Sie waren beeindruckt. Als das Treffen endete, wurden sie zum nächsten charismatischen Gebetstreffen am kommenden Freitag eingeladen.[19]

## Wo zwei oder drei in meinem Namen versammelt sind

Ich habe Flo Dodge sehr zu danken, daß sie mir die folgenden Hintergrundinformationen über ihre Gebetsgruppe, die eine so kraftvolle Bewegung des Heiligen Geistes unter Katholiken hervorbrachte, zur Verfügung gestellt hat. Wir beziehen uns im folgenden auf diese Gebetsgruppe, wenn wir von der Chapel Hill Gebetsgruppe sprechen.

Flo, eine Presbyterianerin, war 1962 souverän im Heiligen Geist getauft worden.[20] Sie war in einem guten, christlichen Haus aufgewachsen, das oft der Treffpunkt für ausländische Missionare und der Ort verschiedenster christlicher Aktivitäten war. Besonders für Flos Mutter war es bedeutungsvoll, daß ihr Heim, diesmal in Chapel Hill, wieder für eine mächtige Tat Gottes benutzt wurde.

Zweieinhalb bis drei Jahre vor dem bedeutsamen Besuch der Dozenten von Duquesne hatte Flo sich geführt gesehen, eine Gebetsgruppe zu gründen. Zu dieser Zeit hatte sie eine verantwortungsvolle Position als Ausbildungsdirektorin eines großen Einkaufszentrums in Pittsburgh. Auch war sie in ihrer Kirche aktiv. Einen nach dem anderen aus verschiedenen Konfessionen brachte der Herr zu dem Gebetstreffen in ihre Wohnung. Es gab eine Leiterrunde von sieben

[19] Wie oben, S. 13

[20] Aus einem persönlichen Gespräch der Autorin mit Flo Dodge am 10. Juni 1991. Diese Gebetsgruppe existiert nicht mehr. Flo Dodge ist Gründerin der Lydia Gemeinschaft und war auch aktiv in Women's Aglow.

Frauen, die die Taufe im Heiligen Geist erfahren hatten, und das Treffen hatte in manchen Zeiten bis zu dreißig Besucher.
Flo sagte, der Herr habe die Leiterrunde in Fürbitte unterwiesen und unter eine strikte Disziplin gestellt. Sie erfuhren eine tiefe Einheit im Heiligen Geist, als Er in ihrer Mitte wirkte. Im Gebet und Fasten wurden die Frauen gelehrt, dem Heiligen Geist gegenüber gehorsam und verfügbar zu sein.
Im Oktober 1966 veranlaßte der Herr Flo im Gebet dazu, Jesaja 48 zu lesen. Es war ihr, als beinhalte dieser Abschnitt eine bedeutsame Botschaft für die Gebetsgruppe. In dieser Stelle ruft der Herr aus:

*Was früher war, hatte ich schon längst im voraus verkündet,*
*es kam aus meinem Mund, ich ließ es hören;*
*plötzlich habe ich gehandelt, und es traf ein.*
*Weil ich wußte, daß du halsstarrig bist,*
*daß dein Nacken eiserne Sehnen hat und deine Stirn aus Bronze ist,*
*hatte ich es dir schon längst im voraus verkündet;*
*ich ließ es dich hören, bevor es geschah, damit du nicht sagst:*
*Mein Götterbild hat das vollbracht, mein geschnitztes und gegossenes Bild hat es befohlen.*
*Du hast es gehört. Betrachte nun alles! Willst du es nicht andern verkünden?*
*Von jetzt an lasse ich dich etwas Neues hören, etwas Verborgenes, von dem du nichts weißt.*
*Eben erst kam es zustande, nicht schon vor langer Zeit.*
*Zuvor hast du nichts erfahren davon, damit du nicht sagst: Das habe ich längst schon gewußt.*
*Du hast davon nichts gehört und gewußt, dein Ohr war bisher nicht offen...*
*Ich habe dich geläutert, doch nicht wie Silber: Im Schmelzofen des Elends prüfte ich dich.*
*Nur um meinetwillen handle ich jetzt, denn sonst würde mein Name entweiht;*
*ich überlasse die Ehre, die mir gebührt, keinem andern.*

(Jes 48,3-11)

Flo dachte, daß der Herr durch diese Stelle vier Dinge betonen wollte, und sie lehrte in dem Gebetstreffen darüber. Erstens würde Gott etwas Neues tun. Zweitens dürften sie nicht sagen: „Mein

Götze hat es getan". Drittens würde ein Läuterungsprozeß stattfinden, und viertens dürfte niemand Gottes Herrlichkeit nahe kommen, indem er aus dem „Fleisch" handelt, statt aus dem Geist. In der Rückschau erkannte sie, wie der Herr diese Chapel Hill Gebetsgruppe auf ihre Rolle vorbereitete, die sie spielen sollte, wenn Er den Katholiken die Taufe im Heiligen Geist bringen würde. Gott hatte einen klaren Plan für sie, obwohl sie selbst diesen noch nicht erkannte. Die Stelle in Eph 2,10 war für Flo besonders bedeutungsvoll: „Seine Geschöpfe sind wir, in Jesus Christus dazu geschaffen, in unserem Leben die guten Werke zu tun, die Gott für uns im voraus bereitet hat."

Kurz vor dem Treffen am 13. Januar 1967 bekam Flo einen Telefonanruf von jener Frau aus der Episkopalkirche, die die Leute von Duquesne getroffen hatten. Diese Schwester in Christus war sehr aufgeregt und wollte für den Besuch der Katholiken etwas besonderes vorbereiten. Flo dagegen dachte, daß man für die Gruppe beten und wie üblich vorgehen müsse. Aber als sie den Hörer auflegte, fragte sie den Herrn, was da geschehe, und ob sie die Leiterrunde informieren solle. Sie erinnert sich, daß der Herr zu sagen schien: „Bitte sie, zu beten und zu fasten, und sei dem Heiligen Geist gehorsam, dann wird Geschichte gemacht werden."

Am Abend des 13. Januar 1967 erreichten vier Besucher von Duquesne Flos Haus in der Chapel Drive in den North Hills. Es waren die schon erwähnten Dozenten, eine der Ehefrauen und ein weiterer Theologiedozent, Patrick Bourgeois. Flo erinnert sich, daß ihre Mutter den Gästen die Tür öffnete, eine tiefe Liebe für sie empfand, und sie wie Söhne empfing. Mit einer herzlichen Umarmung begrüßten sie einander. Der Herr gab Flos Mutter ein Gefühl der Einheit im Geist, die Er herbeiführen wollte. Die Liebe des Herrn kam über die ganze Gruppe und blieb den ganzen Abend.

Flo war sehr von dem geistlichen Hunger der Männer berührt, die für eine Erneuerung im Heiligen Geist gefastet und gebetet hatten. Der Theologiedozent bemerkte gegenüber einer Freundin von Flo, daß er erstaunt über das Verständnis sei, mit dem die Laien dieses Treffens über die Heilige Schrift sprechen konnten. Der Abend verlief wie immer mit Gesang, spontanem Gebet, kurzen Zeugnissen, Austausch über die Schrift und Sprachengebet.

Es war üblich, am Ende der Gebetsstunde einen Stuhl zu holen und für jene in die Mitte des Raumes zu stellen, die um Gebet für ein besonderes Anliegen baten. Aber an diesem Abend hatte Flo den Eindruck, als bitte sie der Herr, diese Gewohnheit auszulassen. Sie erinnerte sich an die Stelle aus Jesaja: „Denn ich will meine Ehre keinem andern lassen". Flo wollte dieser Eingebung des Herrn folgen und an diesem Abend niemandem die Hände auflegen. Es war wichtig, daß keiner der Gebetsgruppenmitglieder es sich sozusagen als Verdienst anrechnen würde, wenn sie den katholischen Besuchern zum Empfang der Taufe im Heiligen Geist die Hände aufgelegt hätte. Aber als sie versuchte, das Treffen zu einem Ende zu bringen, sprang der Geschichtsprofessor auf. Flo Dodge erinnert sich lebhaft, daß er mit seinen Händen ausholte und ihr abwinkte, als wollte er sie stoppen, und dabei sagte: „O nein, das werden Sie nicht tun! Ich habe auf diesen Moment eine lange Zeit gewartet. Ich bin gekommen, die Taufe im Heiligen Geist zu empfangen, und ich werde nicht eher gehen, bis ich sie habe!"

Flo bat dann Jim Prophater, einen Werbegrafiker, der an diesem Abend zufällig mit seiner Frau anwesend war, sich mit diesem Professor zusammenzusetzen um sicherzustellen, daß er tatsächlich für die Taufe im Heiligen Geist bereit war. Wie Flo berichtet, bat Jim ihn, zu erklären, was er über Jesus Christus glaube. Der Professor antwortete, daß er den Herrn mit ganzem Herzen liebe und er unbedingt mehr von seinem Heiligen Geist empfangen wolle.

Alle Anwesenden bildeten einen Kreis, nahmen sich bei der Hand, und Jim Prophater sprach ein einfaches Gebet, in dem er den Heiligen Geist bat zu kommen. Flo meint, daß Jim folgendes betete: „Herr, Du kennst sein Herz und sein Verlangen. Fülle ihn jetzt mit deinem Geist, daß er überfließt." Sie sagt, sie habe spüren können, wie der Heilige Geist auf diesen Professor fiel, doch betete er nicht in Sprachen, und keiner legte ihm die Hände auf. Aber es war eine solche Kraft im Raum, daß jeder an diesem Abend mehr von Gott empfangen hat. In einer Stimmung des Jubels standen alle auf und dankten dem Herrn für das, was er getan hatte. Einer der Theologiedozenten sang noch ein Lied, und so endete das Treffen.

Für die vier Katholiken, die an dem Treffen teilnahmen, war es bedeutsam, daß es am 13. Januar stattfand, am achten Tag nach dem Epiphaniefest, an dem in der katholischen Liturgie die Taufe Jesu im Jordan gefeiert wird.[21]

[21] Kevin und Dorothy Ranaghan, obiges Werk, S. 13

## Eine andere Beschreibung

Es ist manchmal recht interessant, wie verschiedene Menschen das gleiche Ereignis beschreiben. Wir besitzen glücklicherweise auch eine Schilderung von einem jener vier Katholiken, die das Gebetstreffen in Flos Haus besuchten. Sie wurde von jenem Theologiedozenten geschrieben, der sich verpflichtet hatte, für eine Erneuerung im Heiligen Geist zu beten:

Meine Frau, zwei Kollegen und ich traten vorsichtig in das saubere Vorstadthaus und waren von der Wärme der Leute dort überrascht. Es war wie eine Familienzusammenkunft, und wir gehörten dazu. Ich kann mich daran erinnern: Sie sangen vier oder fünf altbekannte protestantische Lieder aus der Sonntagsschule, um das Treffen zu eröffnen. Eine längere spontane Gebetszeit folgte. Eine Person fing jeweils an, und obwohl es sicherlich kein Plappern war, so gab es doch einen Unterton von Stimmen und ein wenig Beten in Sprachen. Dies geschah ebenfalls sehr sanft und unaufdringlich. Dann begannen sie, einander in bemerkenswerter Weise Bibelstellen mitzuteilen. Sie erzählten, was sie in der letzten Woche gelesen hatten und bezogen es auf eine Vielzahl von Erfahrungen sowohl aus der Vergangenheit wie der Gegenwart. Was uns erstaunte, war die exzellente Theologie über das christliche Leben, die zum Ausdruck kam. Es war eine auferstehungsorientierte Gnadentheologie, wie man sie gewöhnlich im Cursillo und guten theologischen Lehrbüchern findet. Und doch war sie weder ausgeklügelt, noch lehrbuchmäßig. Die angewandte Theologie der Gruppe war positiv, natürlich und freudig, zumal sie in den Briefen von Paulus gründete. Ich zuckte ein oder zweimal zusammen, als jemand den Verstand erwähnte, und wie „gefährlich es sei..." Ich war fast dabei, mit meinen Zähnen zu knirschen, als jemand sagte: „Ach weißt du, ich glaube, der Herr möchte auch diesen gebrauchen...", und so begann eine sehr positive Diskussion. Mein einziger weiterer Vorbehalt bezog sich auf die Art, wie sie die Schrift benutzten. Fundamentalistisch ist nicht das richtige Wort. Vielmehr schienen sie die Schrift ähnlich zu lesen wie die Kirchenväter es taten, in einer sehr allegorischen Weise. Es hat mich für eine Weile aus dem Konzept gebracht. Aber selbst darin konnte ich ein echtes Zeugnis sehen von einer Empfindung der Gegenwart Gottes. Vielleicht war es mir deshalb unbequem. Ich fürchtete die

„super direkte Pipeline zu Gott“-Mentalität. Vielleicht ist es aber auch so, wie es einer meiner Freunde nach dem Treffen sagte: Möglicherweise betonen wir die sekundäre Kausalität so sehr, daß wir nie den Eindruck gewinnen, daß Gott irgendwo selbst am Werk ist. Insgesamt war es kein außergewöhnliches Treffen. Trotzdem brachte es uns zum Nachdenken und Beten. Es blieb der Eindruck, daß es da ein Handeln Gottes gibt.[22]

Von mehreren, an diesem Abend anwesenden Personen wurde mir gesagt, daß dieser Professor nach dem Treffen Flos Haus verließ, um eine Weile für sich allein zu sein, während die anderen noch miteinander sprachen. Er hatte das Gebetstreffen insgesamt als positiv erfahren. Aber gewisse Elemente verursachten genug emotionale Unruhe, daß er die Notwendigkeit sah, allein zu sein und über sie nachzudenken.

## Der Wunsch nach mehr

Am folgenden Freitag, den 20. Januar 1967 kamen zwei der vier Katholiken zurück zu Flos Haus in Chapel Hill. Der Theologiedozent schildert seine Eindrücke von diesem Treffen in einem Brief an seine Freunde:

Von uns vieren, die dieses erste Treffen besucht hatten, schafften es aus verschiedenen Gründen nur Patrick Bourgois, ein Kollege aus der Theologischen Fakultät, und ich, zu dem nächsten Treffen zu kommen. Dieses Mal kreisten Gebet und Diskussion um den Brief an die Römer. Ich kann unsere Gefühle über die Diskussion nur so beschreiben, daß sie nicht ausschließlich mit Themen der Reformation verhangen war. Sie sagten nicht ein Wort, das ich als ein Problem empfand. Es war ein überraschend unkonfessionelles Treffen. Es endete, als Pat und ich darum baten, mit uns um die Taufe im Heiligen Geist zu beten. Sie teilten das Treffen in mehrere Gruppen auf, denn es gab mehrere, die für sich beten lassen wollten. Dann baten sie mich einfach, einen Glaubensakt zu tun, damit die Kraft des Heiligen Geistes in mir wirke. Ich sprach ziemlich schnell in Sprachen. Es war

[22] Wie oben S. 15–16.

keineswegs eine besonders erhebende oder spektakuläre Sache. Ich fühlte einen gewissen Frieden – und auch ein bißchen Frommigkeit – und war eigentlich echt gespannt, wohin dies alles führen sollte. Anschließend gab es noch eine kleine Party. Ich erinnere mich noch an meinen Kommentar an diesem Abend: „Seht ihr, was ihr tut, wenn ihr Katholiken hier habt? Ihr veranstaltet Riten und Feiern." Sie hatten das nie zuvor getan. Sonst waren sie immer gleich nach Hause aufgebrochen. An diesem Abend aber gab es eine Art Fest.
Für mich war das Gebet in Sprachen eher ein untergeordneter Aspekt, ein Begleitumstand, der natürlicherweise dazugehört. Ich war hauptsächlich daran interessiert, weil ich dachte, mein Glaube bräuchte ein wenig „Belebung". Das war das Wichtigste für mich. In Sprachen zu reden stellte nicht wirklich ein intellektuelles Problem dar, denn ich wußte aus der Geschichte, daß es ein weithin akzeptiertes Phänomen am Anfang der Kirche gewesen war. Und aus der Kirchengeschichte wußte ich, daß dieses Phänomen keinesfalls auf die Zeit des Neuen Testamentes beschränkt war. Meine Schwierigkeit war genau umgekehrt: Ich konnte nicht verstehen, warum dieses charismatische Phänomen nicht häufiger auftrat als man erwarten könnte. Dies hier schien jedoch eher dem Bild zu entsprechen, das ich vom Christentum des Neuen Testamentes hatte.[23]

## Bittet, und ihr werdet empfangen

In der folgenden Woche betete der Professor, dessen Bericht Sie gerade gelesen haben, mit seiner Frau und dem Geschichtsprofessor und legte ihnen die Hände auf. Sie empfingen ebenfalls die Taufe im Heiligen Geist. Einer von ihnen beschrieb es so:

Sprechen wir über diese Taufe, so war es mir, als sei ich gerade in einen großen See mit Wasser getaucht worden – nur, daß das Wasser Gott war, daß das Wasser der Heilige Geist war... Insgesamt ist es kein neues Erlebnis. Es ist kein revolutionäres Erlebnis, denn es bestätigte all die Dinge, an denen ich jahrelang festgehalten und die zu stärken ich immer versucht habe: meine Wertschätzung der Schrift, mein Verständnis der Eucharistie, meine Freude daran, mit

[23] Wie oben, S. 16–17

anderen zu beten und zu arbeiten. Der Unterschied ist, daß alles viel einfacher und spontaner zu gehen scheint, und daß es von innen her kommt. Nicht, daß ich so sehr versuche, mit Leuten zu arbeiten, oder daß ich versuche, auf Gott hinzuweisen oder aufmerksam auf Ihn zu sein, Ihn zum Wichtigsten in meinem Leben zu machen. Dies scheint nun vielmehr ein viel spontaneres Überfließen dieses Wollens und dieser inneren Kraft zu sein. Das soll nicht heißen, daß ich alle meine Schwierigkeiten überwunden habe – das wäre ein hoffnungsloses Unterfangen, nur gibt es da mehr Innerlichkeit und Spontanität. Kurz gesagt: Es ist mehr Kraft vorhanden als jemals zuvor.

Und dies blieb bestehen. Es kann durch zu geringen Glauben abgeschwächt werden, denn ich bin sicher, Gott wirkt nicht gegen unseren Willen. Wir müssen mit Ihm kooperieren und Ihn handeln lassen, Ihn seinen eigenen Weg gehen lassen, denn es gibt dabei nichts Automatisches, nichts Mechanisches, nichts Magisches und keinen Zauber. Es ist nach wie vor das alte, christliche Leben, das mir als Kind beigebracht worden war, und doch hat es eine gewisse neue Dimension, eine neue Stärke und Innerlichkeit, die es vorher nicht gegeben hatte und für die ich Ihm von ganzem Herzen danke.[24]

## Ein weiterer Augenzeuge

Ich bin dankbar, daß ich noch eine zweite Beschreibung von einem dieser vier Katholiken besitze, die das bemerkenswerte Chapel Hill Gebetstreffen in Flo Dodges Haus besucht hatten. Es ist das Zeugnis von Dr. Patrick L. Bourgeois, der aus New Orleans stammt und gegenwärtig einen Lehrstuhl für Philosophie an der Loyola University of the South inne hat. Pat hatte an der Universität Notre Dame während des Sommers 1966 einige Studien gemacht. Danach studierte er in Duquesne noch Philosophie, während er vollzeitig Theologie dozierte. Deshalb hatte er viele der gleichen Freunde und Bekannte, auf die wir uns zuvor bezogen haben. Pat wurde von seinen Kollegen zu dem Gebetstreffen am 13. Januar 1967 eingeladen und er fühlte sich gedrängt hinzugehen. Er war sogar einer der beiden, die wiederkamen und für die in der darauffolgenden Woche gebetet wurde. Wir

[24] Wie oben, S. 16–17.

werden Pats Geschichte später noch in diesem Buch lesen können. Sie ist nicht nur ein Augenzeugenbericht von dem Geschehen in Flo Dodges Haus, sondern auch eine Beurteilung aus der Sicht eines Professors für Theologie und Philosophie.

Erinnern Sie sich an Flos Beschreibung? Einer der vier aus Duquesne hatte beim ersten Gebetstreffen um die Taufe im Heiligen Geist gebeten. Pats eigenes inneres und intensives Eingehen auf den Heiligen Geist fand statt, als er und sein Kollege in der darauffolgenden Woche zum Gebetstreffen wiederkamen und um die Taufe im Heiligen Geiste unter Handauflegung baten. Ein interessanter Nebenaspekt betrifft Pastor Don Basham und seine Frau Alice, die zu dieser Zeit in Sharon, Pennsylvania lebten. (Anm. Don Basham ist als ein Vertreter des neupfingstlichen Aufbruchs bekannt geworden) Wenn es keine besonderen Aktivitäten in Pastor Bashams Kirche gab, besuchte er gelegentlich die Chapel Hill Gebetsgruppe. „Zufällig" waren er und Alice gerade am 20. Januar anwesend, als die Katholiken das zweite Mal teilnahmen. Pastor Basham erwähnte dieses Treffen in seinem Buch „Face up with a Miracle" (Mit einem Wunder konfrontiert). Er schrieb: „Ich mußte Gott dafür preisen, daß Er angenommen hatte, was mit einem einfachen Gebet des Glaubens für zwei ernsthaft suchende junge Männer begonnen hatte, und es schien, als würde Gott dies für eine geistliche Renaissance für viele künftige Leiter in der Katholischen Kirche gebrauchen."[25] Frau Basham erzählte mir, daß sie und Don gespürt hätten, daß an jenem Abend im Januar 1967 Geschichte geschrieben wurde, und sie fühlten sich privilegiert, ein Teil davon sein zu dürfen.[26]

## Wir können unmöglich schweigen über das, was wir gesehen und gehört haben

In den darauffolgenden Wochen gab es eine Reihe von Ereignissen. Der Theologiedozent, der auch Berater von Chi Rho war, kam dienstlich nach South Bend. Dort erzählte er einigen Freunden an der Universität Notre Dame von seiner Erfahrung mit der Taufe im

[25] Don Basham in „Face up with a Miracle", erschienen 1967 bei Whittaker Books in Monroeville, Pennsylvania, S. 184

[26] Alice Basham, in einem persönlichen Brief an die Autorin vom 25. Juni 1991

Heiligen Geist. Kevin und Dorothy Ranaghan beschreiben ihr Treffen mit ihm wie folgt:

Das leise Feuer, das in ihm brannte, war für uns beide offenkundig. Er war eine neue Person – ein Mann, der auf Christus ausgerichtet war. Zwei Tage lang sprachen wir über die Pfingstbewegung und was dies alles bedeuten könnte. Bis in die Nächte hinein erhoben wir über vielen Tassen Kaffee jedes intellektuelle, ästhetische oder psychologische Argument, das wir finden konnten, um diesen Eindringling in unsere religiöse Behaglichkeit abzuwehren. Wir waren neugierig, aber auch ganz froh, daß wir von alledem ziemlich weit entfernt waren. Trotzdem hatten wir jetzt selbst einen Mann erlebt, der vom Heiligen Geist verändert worden war.[27]

Pater Edward O'Connor CSC traf diesen Professor aus Duquesne während seines Besuches in South Bend eher durch Zufall. Er kannte ihn aus dessen Zeit als Student in Notre Dame. Pater O'Connor berichtet über diese Begegnung: „Er verlor kein Wort über diese pfingstlichen Ereignisse. Aber sonderbar war das freudige Licht in seinen Augen, das ich nie zuvor gesehen hatte. In dem Moment fiel es mir nicht sofort auf, aber irgendwie verfolgte es mich nachher eine ganze Weile. Als ich später die Charismatische Erneuerung kennenlernte, erkannte ich, was dahinter lag."[28]

## Eine Woche vor dem Duquesne-Wochenende

Neben diesem Besuch in South Bend schrieb dieser Dozent für Theologie auch einen Brief an einen Freund, in dem er sein Erlebnis mit der Taufe im Heiligen Geist und der charismatischen Gebetsgruppe beschreibt. Der Brief ist datiert auf den 11. Februar 1967, genau eine Woche vor dem Duquesne-Wochenende. Die theologischen und pastoralen Gedanken sind sehr interessant, da sie von einem Mann kommen, der sich selbst als einen gerade erst „flügge gewordenen Theologen" bezeichnete, und der gerade die Taufe im Heiligen Geist empfangen hatte.

[27] Kevin und Dorothy Ranaghan, wie oben, S. 39
[28] Fr. Edward O'Connor in einem persönlichen Brief an die Autorin vom 3. Juni 1991

„Ich denke, daß Du an einigen Eindrücken über Kontakte mit einer geisterfüllen Gebetsgruppe interessiert bist."
Im Grunde war es eine Entdeckung all dessen, was wir schon über Christus und das christliche Leben wußten. Ich hoffe, das hört sich jetzt nicht zu rätselhaft an, aber die ganze Erfahrung war eigentlich eher so, als seien all unsere Spekulationen über die Wahrheit des Christentums plötzlich bestätigt worden – als hätten wir eine neue Tiefe darüber gewonnen, wer Christus ist, und was es heißt, ein Christ zu sein.
Ein großes Bedürfnis nach Gebet und nach den Sakramenten, eine Freude und Sicherheit im Zeugnisgeben, eine echte Konfrontation mit meiner eigenen Sündhaftigkeit waren das, was ich bei mir selbst entdeckte. Es wurden mir einige der Charismen gegeben: Sprachengebet, Unterscheidung der Geister und die Kraft, Geister auszutreiben. Ich erwähne dies, weil ich Deiner Verschwiegenheit vertraue, und weil ich glaube, daß Du es verdienst, die ganze Story zu erfahren. Mein Eindruck vom Beten in einer anderen Sprache ist, daß Er etwas tief in mir tut – da, wo ich selbst nicht hinkomme. Wenn ich in dieser Weise bete, macht es irgendwie mein Fürbittgebet wirksamer. Gewöhnliches Gebet und Sprachengebet ergänzen, unterstützen und bereichern einander. Die anderen Gaben waren hilfreich. Ich nehme sie dankbar an, und bete, daß ich sie zu Gottes Ehre benutze. Ich habe keine Ahnung, ob sie permanente oder nur vorübergehende Zeichen sind. Es ist meine Überzeugung, daß dies alles Gaben zum Gebrauch sind und nicht nur zum darüber Reden.
Meine Frau begann in Sprachen zu reden, als ich ihr die Hände auflegte und mit ihr betete, nur zwei Tage nachdem mir das gleiche bei einem Gebetstreffen passiert war. Es geschah bei uns auf folgende Art und Weise: Ein paar Silben kamen uns in den Sinn, und als wir sie aussprachen, kamen neue. Es entwickelte sich bei häufigem Gebrauch, etwa wie wenn ein Baby das Sprechen lernt.
Was mir am meisten bei ihr aufgefallen ist, ist ein recht bemerkenswertes Interesse an der Heiligen Schrift, ein Drang nach geistlicher Lesung und Gebet und auch geistliche Weisheit, die ich auch für mich ziemlich hilfreich finde.
Das Erlebnis hat mir viel Freude und Sicherheit gebracht. Aber ich würde nicht sagen, daß es um bloße Heiterkeit ging (in einem überschäumend emotionalen Sinn). Im ganzen war es friedlich, still und manchmal schmerzhaft...

Wie ich das alles mit meinem Katholischsein in Verbindung bringe, sollte nach dem, was ich oben gesagt habe, offensichtlich sein. Was noch zu sagen wäre, läßt sich am besten so zusammenfassen: Ich finde Thomas von Aquin, die Römische Liturgie und das Leben der Heiligen, hilfreich und relevant.

Vielleicht sind einige meiner Beobachtungen als flügge gewordener Theologe hilfreich:

Erstens: Der Gebetskreis ist super-orthodox. Ihr Verständnis der Dreieinigkeit, von Christus, vom Leben in der Gnade, der Beziehung zwischen Natur und Gnade, von Berufung, von der menschlichen Freiheit vor Gott ist ein katholisches Verständnis dieser Realitäten.

Zweitens würde ich die Taufe im Heiligen Geist folgendermaßen auf die Firmung beziehen: Unser Sakrament der Firmung ist mit der Taufe im Heiligen Geist im Neuen Testament identisch. Daß wir keine oder nur minimale Effekte sehen, ist in vielen Fällen nicht auf ein Versagen des Sakraments zurückzuführen, sondern auf unser Versagen, die Gaben zu suchen oder auf sie zu reagieren, auf die uns das Sakrament ein Anrecht gibt (also dieses ganze scholastische Stück über die Kooperation mit der Gnade der Sakramente). Wenn ein gefirmter Katholik später in einem Umfeld, wie wir es erlebt haben, verändert wird, ist das einfach eine Wiederbelebung der Gnade des Sakraments (wieder eine traditionell scholastische Bezeichnung). Die Handauflegung (Anm. bei der Taufe im Heiligen Geist) ist keine Ablehnung der Firmung, genausowenig wie der Aspergessegen eine Ablehnung der Taufe ist. Wenn wir nicht bloße Ritualisten sind, dann sollte uns klar sein, daß Sakramentalien von Gott als Mittel gebraucht werden können, um das zu aktivieren, was er bereits durch die Sakramente getan hat.

Drittens, in ökumenischer Perspektive: Dies könnte der Weg des Geistes sein, uns in Einheit miteinander zu führen. Alle Leute, die wir dort trafen, waren in ihren eigenen Kirchen aktiv. Wir haben dort keinen sektiererischen Geist gefunden, keine Abweisung der größeren institutionellen Kirche. Wir lernen voneinander im tiefsten Sinne, und im tiefsten Sinne brauchen wir einander. Gleichzeitig erlebe ich drei Stunden in der Woche, in denen alle Spaltungen zwischen den Kirchen verschwunden sind, und finde mich mehr und mehr der Katholischen Kirche verpflichtet.

Schließlich eine pastorale Sorge: Die Leute werden dahin gehen, wo etwas los ist. Diejenigen Katholiken, deren Verbindung zur Kirche lose oder erschüttert ist und mit solchen authentischen Christen zusammenkommen, können sehr wohl dieser Verbindung ein Ende machen – zu ihrem und unserem Verlust – wenn es keinen gibt, der ihnen den Weg zeigt. Wir sollten uns vor Augen halten, daß wir für viele Pfingstler und Evangelikale bestenfalls eine tote Institution darstellen, im schlimmsten Fall den Antichristen. Wenn sie keine echten Katholiken kennen und respektieren, werden sie auch keine abständigen Katholiken in ihre Kirche zurückschicken. In ihrer Kirche beheimatete Katholiken werden ihren Glauben durch Kontakte mit solchen Gruppen bereichert sehen. Und sie werden auch ihrer Kirche dienen, indem sie ein Klima des Verstehens und der Liebe schaffen und Abspenstige wiedergewinnen.
Am Ende finde ich gar nicht die Worte, um Dir zu sagen, wieviel Freude es mir bereitet, Dir dies mitzuteilen. Schließlich bist Du dafür verantwortlich, daß ich mit diesem Weg angefangen habe. Unsere Gebete sind mit Dir.[29]

## Die Chi Rho Vereinigung

Eine weitere wichtige Entwicklung stand in Zusammenhang mit der Planung von Stillen Tagen für Studenten von Duquesne vom 17. bis 19. Februar. Wie bereits erwähnt wurde, waren die beiden Professoren auch Berater von Chi Rho. Der Name stammt von den ersten beiden Buchstaben des griechischen Wortes für Christus. Bert Ghezzi war der erste Präsident dieser Organisation gewesen, als er noch an der Duquesne-Universität studierte. Ebenso war Dorothy Garrity Ranaghan ein Mitglied.
An einer Uni, wo unzählige andere Organisationen sehr stark waren, bot Chi Rho eine Alternative zu Studentenverbindungen. Die Studenten schlossen sich Chi Rho an, weil sie christliche Gemeinschaft erfahren wollten. Viele Mitglieder trafen sich am Morgen oder Nachmittag in der Abteilung für Geschichte, um eine verkürzte Form des Stundengebets zu beten oder gemeinsam die Heilige Schrift zu betrachten. Pfarrer Robert Moselener aus Greenburg, Penn-

[29] Persönlicher Brief vom 11. Februar 1967

sylvania, war 1967 ein Mitglied von Chi Rho. Er erinnert sich, daß es damals eine starke Betonung auf soziale Aktivitäten gab. Einer der Chi Rho Leute ging in die Türkei, um in einem Friedenskorps zu dienen. Andere waren in der Menschenrechtsbewegung aktiv und reisten 1965 zu dem historischen Marsch nach Selma, Alabama. Gina Steinmetz Scanlon beschreibt später in ihrem Zeugnis, wie sie und andere von Chi Rho auch in einer anderen Organisation von Duquesne aktiv waren, dem Rat für interkulturelle Freundschaft (Council of interracial Friendship, COIF). Doch im Januar 1967 waren die Mitglieder von Chi Rho in verschiedene Richtungen auseinandergedriftet, und die Organisation hatte Schwierigkeiten mit ihrer Identität.

## Ein neues Thema

Die beiden Professoren hatten eine so tiefgehende Erfahrung mit dem Heiligen Geist gemacht, daß sie eine Änderung im Thema des studentischen Einkehrtages vorschlugen. Statt „Die Bergpredigt" sollte es „Die Apostelgeschichte" heißen. Mehrere Studenten waren Teil der Vorbereitungsgruppe, die das Wochenende planen sollte: Bill Deigan, der Vorsitzende von Chi Rho, Karin Sefcik, die Sekretärin, Marybeth Mutmansky, Pat Bourgeois, Annamarie Nacko, Paul Gray und Mary Ann Springel. Marybeth erinnert sich, daß die beiden Professoren während der zwei Planungstreffen nichts bestimmtes über die Taufe im Geist erwähnten. Dennoch vermittelten sie ein tiefes Gefühl von Erwartung und Freude. Andere hatten sich schon gewundert, was denn überhaupt an diesem Wochenende geschehen würde. Pat Bourgeois erinnert sich, daß die anderen beiden Professoren hofften und beteten, daß der Heilige Geist etwas Besonderes tun würde – wobei sie noch keinen genaueren Plan für das Wochenende hatten.

Am Freitag, den 17. Februar 1967 brachen etwa fünfundzwanzig Studenten zusammen mit ihrem Studentenpfarrer, einem Heilig-Geist Priester, den zwei Dozenten und einer der Ehefrauen zu dem Einkehrtag auf. Ihr Ziel war „The Ark and the Dove"[30], ein schönes Exerzitienhaus in einer waldreichen Gegend, nur fünfzehn Meilen

[30] übersetzt: „Die Arche und die Taube"

nördlich von Pittsburgh. Ein Landhaus mit dreiundzwanzig Zimmern in drei Stockwerken diente als Haupthaus, während unmittelbar daneben ein kleines Häuschen weitere Studenten beherbergte. Die Diözese Pittsburgh hatte es ursprünglich 1964 von einer Telefongesellschaft gekauft, und es sollte als Exerzitienhaus dienen. Zur damaligen Zeit wurde es von einem Frauenorden betreut, während 1979 die Diözese Pittsburgh selbst die Verwaltung übernahm und den Namen nach ihrem Kardinal John Wright umbenannte. Es wird auch heute noch genutzt.[31]

## Veni Creator Spiritus

Zu Beginn der Stillen Tage teilte man den Studenten mit, daß die beiden Männer, die die Einkehrtage im letzten Jahr gehalten hatten, auch heute für sie beteten. Es waren Ralph Martin und Steve Clark. Nach den Tagen fanden die Studenten heraus, daß auch die Mitglieder des Chapel Hill Gebetskreises für sie fürbittend eingetreten waren. Flo erinnert sich, mit wieviel Freude die Frauen in der Leiterrunde dabei waren. In den Worten von Flo: „Sie wußten, daß Gott handeln und einen Durchbruch Seiner Kraft schenken würde.“[32]
Die Professoren lehrten der Gruppe einen alten Hymnus zum Heiligen Geist: „Veni Creator Spiritus“. Man verwendete die alte gregorianische Melodie, der Text war in Englisch. Einer von ihnen erkärte, es sei mehr als ein Lied – es sei ein Gebet. Sie baten die Teilnehmer, es zu Beginn jeder Einheit zu wiederholen, und den Heiligen Geist um sein Kommen zu bitten. Einige der Studenten erinnern sich, daß ihnen gesagt worden sei, sie sollten aufpassen, um was sie bitten, denn Gott beantworte Gebete immer.

## Eine mächtige Ausgießung des Heiligen Geistes

Nähere Einzelheiten über das Duquesne-Wochenende und der mächtigen Ausgießung des Heiligen Geistes werden in den Augenzeugen-

[31] Die Adresse des Cardinal Wright Vocation and Prayer Center lautet: Babcock Blvd., Gibsonia, PA 15044. Tel: (412) 443–1341.

[32] In einem persönlichen Gespräch der Autorin mit Flo Dodge am 10. Juni 1991

berichten in diesem Buch noch mehrmals berichtet. Hier noch ein kurzer Überblick über die geplanten täglichen Aktivitäten: Die Vorträge konzentrierten sich auf die ersten vier Kapitel der Apostelgeschichte. Nach einem Eröffnungsvortrag gab es am Freitagabend einen Bußgottesdienst. Am Samstagmorgen sprach Paul Gray über das erste Kapitel der Apostelgeschichte. Dann wurde die Messe gefeiert und anschließend leiteten Marybeth Mutmansky und Karin Sefcik (Treiber) eine Meditation über Frauen in der Bibel. Dann gab es einen Vortrag über Apg 2, gefolgt von Gesprächsgruppen.

Viele der Zeugnissse erwähnen dieses Referat über Apg 2, denn es war der Dreh- und Angelpunkt des Wochenendes. Die Dozenten hatten jene geisterfüllte Frau aus der Episkopalkirche, die auch der Chapel Hill Gebetsgruppe angehörte, eingeladen und sie gebeten, diesen Vortrag zu übernehmen. In ihrem Vortrag ging es über die Herrschaft Jesu Christi und die Taufe im Heiligen Geist. Vielleicht hatte sie nicht genau diese Ausdrucksweise gebraucht, doch war dies das Thema.

Im anschließenden Gespräch darüber machte David Mangan den Vorschlag, daß die Teilnehmer beim Abschlußgottesdienst ihre Firmung erneuern könnten. Durch ein Problem mit dem Wasser drohte der vorzeitige Abbruch der Einkehrtage, doch dieses wurde gelöst. Später an dem Abend war eine Geburtstagsparty für mehrere Leute geplant, und da begann der Heilige Geist sein souveränes Wirken. Viele der jungen Leute (aber nicht alle), einer nach dem anderen, fühlten sich in die Kapelle gezogen und erfuhren, für jeden offen ersichtlich, die Taufe im Heiligen Geist.

## Zu gute Nachrichten, um sie für sich zu behalten

Kurz nach dem Wochenende schrieb einer der Dozenten und Berater des Chi Rho einen Brief an seine Freunde, in dem er ihnen das Neueste über „einige wunderbare Dinge“ schrieb. Er entschuldigte sich für den Gebrauch von Durchschlagkopien, doch wolle er es sehr vielen Leuten sehr schnell mitteilen. Er erklärte, er habe zu gute Nachrichten, als daß er sie für sich behalten könne. Hier ein Auszug aus seinem Brief:

„...Plötzlich befanden wir uns auf einer Reise des christlichen Lebens, die in allen Lehrbüchern als normal angesehen, in der Praxis und der Erwartung aber geleugnet wird. Unser Glaube wurde lebendig, er war plötzlich eine Art von Wissen. Auf einmal war die übernatürliche Welt natürlicher als die natürliche. Kurz gesagt, Jesus ist für uns jetzt eine reale Person, eine wirkliche, lebende Person. Er ist unser Herr und aktiv in unseren Leben. (Vergleiche das mit dem Neuen Testament und lies dort, als ob heute jedes einzelne Wort buchstäblich wahr ist, jede Zeile). Anstelle von Praktiken, die wir selbst als „gut für uns" eingestuft hatten sind Gebet und Sakramente wirklich unser tägliches Brot geworden. Die Liebe zur Schriftlesung, eine Liebe zur Kirche, wie ich sie mir nie hätte vorstellen können, eine Verwandlung unserer Beziehungen zu anderen Menschen, ein Bedürfnis nach, aber auch die Kraft zum Zeugnis über alle Erwartungen hinaus – dies alles ist Teil unseres Lebens geworden. Diese ursprüngliche Erfahrung der „Taufe im Geist" war überhaupt nicht emotional, aber das Leben wurde mit Ruhe, Sicherheit, Freude und Friede erfüllt...

Eines der erstaunlichsten Auswirkungen war ein Wochenende, das wir für etwa fünfundzwanzig Studenten abhielten. Es war einer der typischen Einkehrtage mit Vorträgen und Gesprächen. Aber eines machten wir anders: Wir konzentrierten uns auf die ersten vier Kapitel der Apostelgeschichte und erwarteten das Kommen des Heiligen Geistes. Vor jeder Zusammenkunft sangen wir „Veni Creator Spiritus", und wir meinten es auch so. Wir wurden nicht enttäuscht. Was in Apostelgeschichte zwei geschah, trat auch dort ein. Zufälligerweise waren dies gerade Studenten, die drei Monate zuvor ihre Zweifel an der Existenz Gottes gehabt hatten, die vom Gebet nichts hören wollten, etc., etc. An der Uni konnten sie bereits Resultate sehen...
Ich wurde ebenfalls mit Charismen überschüttet (siehe wiederum 1 Kor 12-14).(Siehe auch Rahners theologisches Wörterbuch, Stichwort Charisma.)
Dies bringt uns auch am besten in eine ökumenische Atmosphäre. Am Freitagabend gehen wir meistens zu einem Gebetstreffen mit Anglikanern, Presbyterianern, Methodisten, Lutheranern und Pfingstlern. Und für drei Stunden sind alle Unterschiede in den Konfessionen abgeschafft, ohne daß wir auch nur einen Zentimeter von unserer katholischen Position abrücken müßten... Nie zuvor habe ich jemanden mit solcher Inbrunst für die Kirche von Rom

beten hören, als in diesem Gebetskreis. Und mit so viel Liebe. Zwei pfingstliche Leute, ein Laie und sein Pfarrer, waren für uns bei der geistlichen Begleitung der Studenten sehr hilfreich. Es sind wirklich besondere Leute. Und das ganze Gerede über Emotionalismus etc. ist großer Unsinn, jedenfalls soweit es die „Assembly of God Kirche" betrifft.
Ich könnte immer weiter schreiben, aber das würde ein ganzes Buch füllen. Deshalb fasse ich zusammen: Eine kleine Gruppe von Pfingstlern hat uns gezeigt, was es eigentlich heißt, Katholik zu sein. Und noch mehr: Der Geist Gottes ist hier mächtig am Werk.
Solltest Du Dir die Bücher beschaffen können, die ich erwähnt habe (Du solltest sie in jedem guten protestantischen Buchladen erhalten können), wird Dir auffallen, daß die Taufe im Heiligen Geist oft durch Handauflegung gegeben wird. Ich denke nicht, daß dies für Katholiken einen Ersatz der Firmung bedeutet. Vielmehr ist es eine Sakramentalie, welche die Firmung aktiviert – so wie jede Sakramentalie eine Aktivierung dessen sein sollte, was bereits vorhanden ist.
Auch sehe ich das Ganze nicht als den neuen Knüller an. Ich betrachte diese ganze Erfahrung als etwas, was immer und überall gegenwärtig sein sollte, und was wir durch unseren Unglauben verschleiert haben. Glauben wir wirklich der Aussage, „der Geist des Herrn erfüllt das All"?[34]

## Schnelle Nachricht

Ein Historiker der pfingstlichen Holiness Kirche, Dr. Vince Synan, kommentiert: „Die Auswirkungen eines Treffens sind nie genau abschätzbar, wenn der Geist des Herrn handelt. Ich glaube, daß das Duquesne-Wochenende in die Geschichte eingehen wird als eines der wichtigsten Gebetstreffen, die je stattgefunden haben..."[35]
Unter Neupfingstlern verbreitete sich sehr schnell die Nachricht vom neuen Wirken des Heiligen Geistes in der Katholischen Kirche. Anfang März erhielt Pastor Don Basham einen Brief, der von guten Nachrichten überfloß. Er kam von Jim Prophater, dem Werbegrafiker,

[34] New Covenant, Ausgabe Februar 1973, S. 1
[35] Dr. Vince Synan in einem persönlichen Brief an die Autorin vom 27. Februar 1991

der an dem ersten Abend anwesend war, als die Katholiken zu Flo Dodges Treffen gekommen waren. Hier ein Auszug daraus:

Es gab ein so außerordentliches Wirken des Heiligen Geistes hier in Pittsburgh, daß unsere Köpfe schon rauchen – wir sind nämlich mitten drin. Erinnern Sie sich noch an die zwei Theologiedozenten aus Duquesne, die den Heiligen Geist empfingen, als Sie das letzte Mal hier bei Flo waren? Nun, als der größere der beiden an dem Abend heim ging, war er so voll des Heiligen Geistes, daß er es nicht für sich behalten konnte. Er erzählte es seiner Frau – vermutlich bis in die Nacht hinein – betete dann mit ihr und sie empfing ebenfalls... Dann nahmen sie dreißig Studenten mit zu Stillen Tagen, um mit ihnen die vier ersten Kapitel der Apostelgeschichte zu studieren. Sie machten eine Erfahrung wie im Obergemach, und zwanzig oder auch mehr empfingen den Heiligen Geist. Zurück an der Universität beteten diese für Mitstudenten, und auch diese empfingen... Sie riefen sogar Bischof Wright an und informierten ihn darüber, was geschehen war...
Sie erkennen die Notwendigkeit der Unterweisung, und wir haben ihnen geholfen. Letzten Freitag fuhren wir abends hin, um ein paar Zeugnisse von den Studenten zu hören... Nichts ist unmöglich für Gott! Manchmal rüttelt Er uns auf, wenn Er so schnell und mit so viel Macht handelt.[36]

Wie der Brief von Jim Prophater andeutet, besuchten die Studenten nach dem Wochenende zumindest für einige Wochen den Gebetskreis in Flo Dodges Haus. Dort erhielten sie einen Geschmack von christlicher Einheit und dem Wirken des Heiligen Geistes. Es gab auch geisterfüllte Pastoren, die durch Pittsburg kamen und sich mit den Studenten trafen. Der wichtigste unter ihnen war Harald Bredesen, ein Pionier der neupfingstlichen Bewegung. Eine Gruppe von Duquesne verbrachte sogar den Sommer zusammen mit Pfarrer Bredesen in Mount Vernon, Bundesstaat New York, bei einem ökumenischen Einsatz zu Gemeinschaft und Dienst.

[36] Don Basham, wie oben, S. 183.

## Von Universität zu Universität

Wie schon zuvor erwähnt, hatten beide Dozenten enge Beziehungen mit der Notre Dame Universität. Am 4. März 1967 kam einer der Professoren dienstlich nach South Bend und traf sich mit etwa dreißig Studenten und Freunden im Hause von Kevin und Dorothy Ranaghan. Er bezeugte klar und freudig das Wunder von Pfingsten, das sich in unseren Tagen ereignete. Am nächsten Abend trafen sich wieder neun Leute mit ihm, darunter die Ranaghans, Bert und Mary Lou Ghezzi, Gerry Rauch und Jim Cavnar. Alle Anwesenden baten um das Gebet für die Taufe im Heiligen Geist, und obwohl an diesem Abend keine Charismen auftraten, gab es einen sicheren Durchbruch der Liebe Christi in ihrem Leben. Einer von ihnen drückte es so aus: „Wir haben den Herrn gesehen."[37]

Am Montag, den 13. März ging eine Gruppe zu einem Gebetstreffen im Hause von Ray Bullard. Sie bestand überwiegend aus Leuten, die bereits eine Woche zuvor die Taufe im Heiligen Geist empfangen hatten. Doch auch einige Neue waren da. Ray war Präsident der örtlichen Geschäftsleute des vollen Evangeliums. Es ist schon gesagt worden, daß ein Treffen mit Menschen von so verschiedener Herkunft nur aufgrund der Gnade Gottes hat stattfinden können. Ray hatte einige pfingstliche Geistliche eingeladen, sich mit diesen Katholiken zu treffen. Bevor das Treffen zu Ende war, hatten die meisten der Katholiken in Sprachen gebetet. Als sie danach gefragt wurden, bestätigten sie alle die Absicht, in der Katholischen Kirche zu bleiben. Später begannen katholische, charismatische Gebetstreffen an der Universität Notre Dame, und es verbreitete sich die Nachricht vom neuen pfingstlichen Feuer, das an der Universität brannte.[38]

Genau am nächsten Tag, den 14. März, kamen vier Besucher nach Pittsburgh. Jim Cavnar und Garry Rauch waren per Anhalter von Notre Dame gekommen, um sich mit Ralph Martin und Steve Clarke zu treffen, die von East Lansing eingetroffen waren. Die Professoren von Duquesne hatten im privaten unter Handauflegung mit Steve und Ralph gebetet. Ralph sagte, es sei offensichtlich gewesen, daß der Herr etwas mit der Gruppe in Duquesne getan hatte. Er konnte etwas

[37] Kevin und Dorothy Ranaghan, wie oben, S. 40.

[38] Wie oben, S. 41–42

von dem erkennen, was die Schrift als „Kraft aus der Höhe" beschreibt. Die Leute strahlten etwas vom Heiligen Geist aus, eine „pfingstliche Atmosphäre" war spürbar. Alle vier Besucher trafen auch bei einem Gebetstreffen an der Universität mit Studenten zusammen. Für jeden war die Ausübung von Geistesgaben noch recht neu. Jim Cavnar erzählt, daß er gehört hatte, einer der Dozenten habe die Gabe des „Wortes der Erkenntnis". Wie diese Gabe wirkte, wußte Jim nicht, und so achtete er in der Gegenwart dieses Mannes sehr auf seine Gedanken. Er hatte Angst, daß dieser Professor seine Gedanken lesen könne. Natürlich geschah nichts dergleichen.
Ralph erinnert sich, daß er bei einem Treffen in Duquesne noch von seinen persönlichen Erfahrungen berichtet hat. Der Besuch hat ihm dahingehend Hoffnung gegeben, daß ein Umfeld entstehen könnte, das einem gemeinsamen Leben im Geist förderlich sei. Die vier jungen Männer kehrten nach Notre Dame bzw. Michigan State University zurück, und die Pfingstbewegung in der Katholischen Kirche – wie es damals genannt wurde – begann sich auszubreiten.

## Der Wind weht, wo er will

Interessant ist, daß sich die Chapel Hill Gebetsgruppe in Flo Dodges Haus etwa sechs Wochen nach dem Duquesne-Wochenende aufgelöst hat. Flo sagte, sie hatte den Eindruck, der Kreis habe seinen Zweck erfüllt und der Herr habe sie danach zu anderem gerufen. Zur gleichen Zeit nahmen die Chi Rho Treffen an der Duquesne-Universität mehr einen charismatischen Charakter an. Dies störte einige der Mitglieder, die die Taufe im Heiligen Geist nicht erfahren hatten, und es dauerte nicht lange, bis der Studentenpfarrer darum bat, die Gebetstreffen außerhalb des Universitätsgeländes zu veranstalten. Die Gruppe zog in das Haus eines der Dozenten, und dann in Pat Bourgeois Appartement.
Zur Bestürzung der gerade flügge gewordenen Gebetsgruppe in Pittsburgh gingen in diesem Sommer beide Professoren, die zuvor so maßgeblich das Werk des Heiligen Geistes gefördert hatten, an andere Orte. Katholiken aus aller Welt, die in diesen fünfundzwanzig Jahren im Heiligen Geist getauft worden sind, schulden diesen beiden Professoren und den vielen anderen, deren Zeugnisse in diesem Buch erscheinen, großen Dank. Sie wagten es, um ein neues

Pfingsten zu beten, daran zu glauben, es zu empfangen und es weiterzusagen!

# ZWEITER TEIL

# Wir können unmöglich schweigen über das, was wir gesehen und gehört haben

(Apg 4,20)

*„Und seht, ich werde die Gabe,*
*die mein Vater verheißen hat,*
*zu euch herabsenden. Bleibt in der Stadt,*
*bis ihr mit der Kraft aus der Höhe*
*erfüllt werdet.“*

Lk 24, 49

Anfang Januar 1991 begann ich mit allen Teilnehmern des Duquesne-Wochenendes Kontakt aufzunehmen. Sie waren in alle Himmelsrichtungen verstreut. Ich bat sie, ihre Erinnerungen über diese Einkehrtage so detailliert wie möglich zu beschreiben. Die nun folgenden Seiten enthalten zwölf Augenzeugenberichte über das Duquesne-Wochenende. Man kann erkennen, daß es unter uns eine große Bandbreite von Reaktionen auf das Geschehen an dem Wochenende gab. Zwei von denen, die ich erreichte, hatten freundlicherweise geantwortet, doch wollten sie kein Zeugnis geben, weil das Duquesne-Wochenende kein entscheidendes religiöses Ereignis in ihrem Leben gewesen sei. Es gab auch noch einige, die ich nicht erreichen konnte. Mein eigenes Zeugnis, das in der Sammlung am Anfang steht, ist bei weitem das längste und detaillierteste. Ich besitze noch immer – sicherlich durch Gottes Fürsorge – das Notizbuch, das man uns für das Wochenende gegeben hatte und in dem ich alles notierte, was in dieser Zeit zu mir durchgedrungen ist. Ich führte dieses Buch als ein geistliches Tagebuch weiter. Daher habe ich Aufzeichnungen von den Schlüsselereignissen, den Gnaden und Kämpfen dieser frühen Wochen und Monate. Mein Zeugnis erstreckt sich auf die Ereignisse des ersten Jahres nach Empfang der Taufe im Heiligen Geist.
Nach der Lektüre meines eigenen Notizbuches und dem Austausch mit meinen Freunden von Duquesne über jene Ereignisse, wurde eines besonders deutlich: Gott hatte sicherlich großen Sinn für Humor, als er sich entschied, seinen Heiligen Geist auf eine so bunte Schar von Leuten zu senden. Die meisten von uns an der Universität waren jung, emotional und geistlich unreif. Wenn ich zurückschaue, scheint mir das Wunder nicht darin zu bestehen, daß Gott kraftvoll handelte, um in seiner Kirche die charismatischen Gaben zu erneuern. Das eigentliche Wunder war, daß seine Gnade über das Duquesne-Wochenende hinauskam. Ich meine: Wenn man unseren Mangel an Reife und Weisheit in Betracht zieht, ist es ein Wunder, daß Gott uns gebrauchen konnte, „Seine wunderbaren Taten zu verkünden". Aber auf der anderen Seite ist das ja gerade das Evangelium, oder?

„Seht doch auf eure Berufung, Brüder! Da sind nicht viele Weise im irdischen Sinn, nicht viele Mächtige, nicht viele Vornehme, sondern das Törichte in der Welt hat Gott erwählt, um die Weisen zuschanden zu machen, und das Schwache in der Welt hat Gott erwählt, um das Starke zuschanden zu machen. Und das Niedrige in der Welt und das

Verachtete hat Gott erwählt, das, was nichts ist, um das, was etwas ist, zu vernichten, damit kein Mensch sich rühmen kann vor Gott. Von ihm her seid ihr in Christus Jesus, den Gott für uns zur Weisheit gemacht hat, zur Gerechtigkeit, Heiligung und Erlösung. Wer sich also rühmen will, der rühme sich des Herrn." (1 Kor 1,26-31)

Erlauben Sie uns, daß wir uns des Herrn rühmen! Wir waren weder „weise, mächtig noch von edler Herkunft". Die meisten von uns waren einfache Collegestudenten, die ein paar Stille Tage machten. Gott überraschte uns. Er griff souverän ein. Wir beschreiben Sein Kommen als einen Wasserfall des Lichtes, als Feuer, Flamme, Hitze, blendende Ausstrahlung, als Dynamit. Es folgen persönliche Erzählungen, wie der Heilige Geist uns an dem Duquesne Wochenende besuchte, wie in einem neuen Pfingsten.

## Meine Seele erhebt die Größe meines Herrn

### Ein Zeugnis von Patti Gallagher Mansfield

*Patti Gallagher schloß 1968 ihre Studien an der Duquesne Universität als Französischlehrerin ab.*

Ich möchte mein Zeugnis mit den Worten Mariens beginnen: „Denn der Mächtige hat Großes an mir getan, und sein Name ist heilig“[1]. In meinem ganzen Leben ist der Herr immer sehr gnädig zu mir gewesen. Ich kenne die Liebe der Familie und Freunde, den Segen einer guten Gesundheit und eines schönen Heimes und die Gabe meines katholischen Glaubens. Weil ich eine große Schule in Irvington, im Bundesstaat New Jersey, besuchte, wurde ich auch mit anderen Glaubensüberzeugungen konfrontiert. Die meisten meiner engsten Freunde waren jüdisch. Ich begann, mir die Frage zu stellen, wie sich das Christentum unterschied. Daß ein Christ an Jesus Christus glaubte, wußte und tat ich. Aber als ich von der Schule ging, empfand ich den wachsenden Wunsch, mein Verständnis des Katholizismus zu vertiefen. Daher entschloß ich mich, ein katholisches College zu wählen, wo ich Theologie studieren und Beziehungen zu anderen jungen Katholiken entwickeln konnte.

Ich entschied mich für das Boston College, doch ein Vollstipendium für die Duquesne Universität in Pittsburgh lockte mich dorthin. Der volle Titel dieser Universität lautet: „Duquesne Universität des Heiligen Geistes“, und das Motto auf dem Emblem heißt: „Spiritus Est Qui Vivicat“ oder „Der Geist ist es, der lebendig macht“. Diese Ausbildungsstätte wird von den Heilig-Geist-Vätern geführt, einem Missionsorden. Erst später verstand ich, wie zutreffend sich diese Verbindung zwischen Duquesne und dem Heiligen Geist erweisen würde.

Obwohl ich es hilfreich fand, in Duquesne Theologie zu studieren, erkannte ich doch bald, daß mir die Theologie allein nicht den Hunger nach Gott stillen konnte. Was ich mir wirklich wünschte, war nicht, mehr über Gott zu wissen, sondern Gott zu kennen – Ihn in einer tieferen, persönlichen Weise zu kennen.

[1] vgl. Lk 1,49

In meinem zweiten Studienjahr begann mich meine Freundin Mary Ellen Belfoire zu den Treffen von Chi Rho einzuladen. Ich erfand zahlreiche und einfallsreiche Gründe, warum ich nicht teilnehmen konnte. Eigentlich hielt ich sie nur hin. Ich wollte Gott gern näher kennenlernen, aber ich hatte solche Angst, Angst vor dem, was er fordern könnte. Was ist, wenn seine Pläne für mein Leben zu meinen eigenen im Widerspruch stehen? Was ist, wenn er will, daß ich eine Nonne werde? Was, wenn man mich als zu religiös einstufen würde? Welche Auswirkungen könnte das auf mein Beziehungen zu anderen haben? Schließlich willigte ich ein, zu Christi Himmelfahrt 1966 an einem Picknick teilzunehmen. Ich war von der Freundlichkeit und Güte der Jugendlichen in Chi Rho sehr beeindruckt, und so faßte ich den Entschluß, mich ihnen im nächsten Studienjahr anzuschließen.
Ich werde mein erstes Chi Rho Treffen im September 1966 niemals vergessen. Die Gruppe diskutierte über einige Abschnitte der Bibel und ich saß da in der Hoffnung, daß niemand mich aufforderte, eine Meinung dazu mitzuteilen. Ich kannte die Bibel überhaupt nicht, und zog es vor, diese Unkenntnis für mich zu behalten. Bevor wir wieder aufbrachen, sangen wir eine verkürzte Version des Stundengebets. Als wir den gregorianischen Gesang anstimmten, kam in mir etwas zum Klingen. „Da ist etwas so Richtiges dran", dachte ich bei mir. „Dies ist, wofür ich geschaffen bin." Ich fühlte mich eher wie eine Novizin bei Chi Rho, doch wurde ich sehr freundlich aufgenommen und fand schnell wunderbare Freunde.

## Fertig werden

Ich wurde nervös, als man die Pläne für die Chi Rho Einkehrtage vom 17.-19. Februar bekanntgab. Sie mögen es glauben oder nicht: Als Mädchen auf einer öffentlichen Schule war ich noch nie in meinem Leben zu Einkehrtagen gefahren. Ich kämpfte mit widerstreitenden Emotionen. Auf der einen Seite fühlte ich mich gedrängt, zu gehen und Gottes Gegenwart zu erfahren. Andererseits hatte ich Angst, daß etwas geschehen könnte, das mein Leben verändern würde.
Als ich zur Vorbereitung in der Apostelgeschichte die Kapitel eins bis vier und „Das Kreuz und die Messerhelden" las, war ich sehr beeindruckt. Doch übersah ich in David Wilkersons Buch sämtliche Hinweise auf die Taufe im Heiligen Geist, die Geistesgaben und das

Sprachengebet. Was meine Aufmerksamkeit fesselte, war die Tatsache, daß es da einen Mann in unserer Zeit gab, der wirklich Gottes Willen erkennen konnte. Es erstaunte mich sehr, daß Gott im Gebet tatsächlich zu David Wilkerson sprechen konnte und ihn durch verschiedenste Zeichen führte. Als ich das las, wuchs in mir zunehmend der Wunsch, selbst vom Herrn geführt zu werden. Ich dachte: „Wäre es nicht toll, wenn eine ganz normale Person wie ich wirklich Gottes Führung in ihrem Leben erfahren könnte?“ Diese Art von Führung mußte für besondere Leute reserviert sein, Leute mit einer Aufgabe – wie Priester, Schwestern und Pastoren – so dachte ich. Doch als ich das Buch beendet hatte, war genug Glaube in mir, mich im Gebet nach Gott auszustrecken. Ich war allein in meinem Schlafsaal, und so kniete ich mich an mein Bett und sagte: „Herr, ich glaube, daß ich Deinen Geist schon in Taufe und Firmung empfangen habe, aber wenn Dein Geist mehr in meinem Leben tun kann, als es bisher der Fall war, dann will ich es!“ Nach diesem Gebet öffnete ich erwartungsvoll meine Augen und schaute im Schlafsaal umher. Da war keine Vision, kein Engel, keine Stimme – ich war enttäuscht. Nachdem ich „Das Kreuz und die Messerhelden“ gelesen hatte, waren meine Erwartungen groß. Also dachte ich bei mir: „Niemals werde ich auch nur einer Seele erzählen, daß ich dieses Gebet gesprochen habe. Ich glaube, es hat nicht funktioniert.“ Weil ich nichts Dramatisches erlebt hatte, schloß ich fehlerhafterweise daraus, daß Gott mein Gebet nicht gehört hatte. Aber er hatte es gehört. Und er antwortete auch. Er antwortete eigentlich in größerer Fülle, als ich es mir je hätte träumen lassen.

## „Veni Creator Spiritus“

Wenige Tage später brachen etwa fünfundzwanzig Studenten von Chi Rho zum Exerzitienhaus „The Ark and the Dove“[2] auf. Mein Zimmer war im kleineren Haus „The Dove“. Als ich mein Gepäck auspackte, wurde ich ärgerlich, weil ich mein Makeup vergessen hatte. Und hier sollten auch Männer teilnehmen! Dann erinnerte ich mich aber daran, daß ich hier war, um Gott zu suchen, und nicht meinen neuen Freund.

[2] Deutsch: Die Arche und die Taube

Vor jedem Vortrag sangen wir das schöne „Veni Creator Spiritus" in Englisch mit der gregorianischen Melodie. Einer unserer Professoren erzählte uns am Freitagabend, daß dies mehr als ein Lied sei. Es sei ein Gebet. Wir sollten es wiederholt als eine Einladung zum Heiligen Geist singen. Es war, als wollte er sagen, „Wir werden dieses Gebet so lange beten, bis der Heiligen Geist kommt."

## Maria, die Braut des Heiligen Geistes

In der Kapelle zeigte uns einer der beiden Universitätsdozenten am Freitagabend eine Statue, die Maria darstellte, ihre Hände im Gebet erhoben. Er beschrieb Maria als eine Frau des Glaubens und des Gebets. Als er sprach, war ich erstaunt über die Veränderungen in ihm. Als ich noch in seiner Klasse war, schien dieser Theologe immer so nervös und zart besaitet. Als er an dem Abend über die Jungfrau Maria sprach, strahlte sein Gesicht neuen Frieden und Freude aus. Ich dachte: „Er sieht so aus und hört sich an, als sei er mit dem Heiligen Geist erfüllt." Ich hatte dieses Wort „erfüllt mit dem Heiligen Geist" nie vorher gebraucht, aber es schien das zu treffen, was ich in ihm sah. Natürlich erkannte niemand von uns, daß beide Professoren tatsächlich erst vor wenigen Wochen mit dem Heiligen Geist erfüllt worden waren.
Ich glaube, es war wichtig, daß unsere Aufmerksamkeit zu Beginn der Einkehrtage auf Maria gelenkt worden ist. Sie war bei der Verkündigung dabei, daß das Wort Fleisch werden solle. Sie war gegenwärtig bei der Geburt und brachte Jesus zur Welt. Sie war anwesend unter dem Kreuz, als unsere Erlösung gewonnen wurde. Sie war da zu Pfingsten, als die Kirche geboren wurde. In Gottes Plan war es notwendig, daß Maria ausdrücklich bei uns war, als wir an diesem Wochenende das souveräne Handeln des Heiligen Geistes erleben sollten. Die Kirchenväter nannten Maria die „Braut des Heiligen Geistes." Wie kann sie fehlen, wenn der Heilige Geist am Werk ist?

## Er wird die Welt von Sünde überführen

Nach dieser Meditation über Maria nahm ich an meinem ersten Bußgottesdienst teil, und ich war ziemlich bewegt. Im Johannesevangelium wird uns gesagt, daß der Heilige Geist die Welt von der Sünde überführt. Obwohl die Chi Rho Mitglieder wunderbare Leute waren, hatte die Gruppe dennoch viel Umkehr nötig. Wir hatten unseren Anteil an Uneinigkeit, Verurteilung und Murren. Der Heilige Geist war in diesem Bußgottesdienst sichtbar am Werk, denn er überführte uns alle von Sünde. Als ich zuhörte, wie meine Freunde beteten und ihre Sündhaftigkeit bekannten, sah ich, wie ähnlich wir uns alle sind in unserem Bedürfnis nach Gottes Erbarmen. Zum ersten Mal in meinem Leben betete ich ein Gebet laut, und sogleich weinte ich Tränen der Verlegenheit. Dann ohrfeigte ich mich innerlich wegen dieses Gefühlsausbruchs. Ich wollte, daß etwas Tiefes und Dauerhaftes in mir vorging, und nicht etwas Emotionsgeladenes.

## Jesus, sei real für mich!

Ich muß zugeben, daß ich skeptisch war, als ich am Samstag hörte, daß der Vortrag über Apostelgeschichte zwei von einer Frau aus der Episkopalkirche gehalten werden sollte. Meine Skepsis wuchs, als sie mit den Worten begann: „Ich weiß nicht, was Sie sagen werden, aber ich habe den Heiligen Geist gebeten, mich zu leiten.“ Aufgebracht dachte ich: „Warum besitzt sie nicht die Höflichkeit, etwas vorzubereiten?“ Und doch, als diese wunderbare Frau sprach, tat Gott etwas. Es war wirklich bewegend. Zuerst dachte ich, das könne sie nicht wirklich gemeint haben, als sie darüber sprach, daß man Jesus Christus persönlich kennen könne. Sie sagte, daß die Kraft des Geistes in unserem täglichen Leben erfahren werden könne. „Das kann nicht so einfach sein“, überlegte ich, „sie sieht eigentlich alt genug aus, um zu wissen, daß das Leben nicht so einfach ist.“
Doch bevor sie endete, sehnte ich mich danach, das zu haben, was sie hatte. Ich schrieb in mein Buch: „Jesus, sei real für mich!“
Ich besitze noch immer das Notizbuch, das ich während des Wochenendes führte. Hier sind meine Aufzeichnungen über ihren Vortrag zu Apostelgeschichte zwei:

Die Apostel trafen sich in Einheit. Christus ist mit uns. Wir brauchen die Kraft. Um die Kraft zu bekommen, müssen wir darum bitten. Christus möchte, daß ein jeder von uns Seine Kraft erhält.
Du mußt kooperieren, gewillt sein, dein Leben und jeden Aspekt

davon an Gott auszuliefern. Die Freude, den Herrn zu empfangen ist, wie wenn du dein Leben zurück erhältst,... nur hundertfach erweitert.
Jesus, sei real für mich!
Was passiert, wenn du den Heiligen Geist empfängst? In der Schrift sehen wir Wärme, Feuer, die Gabe des Sprachengebets. Die Gaben sind nicht für uns selbst, sondern für den Herrn.
Wenn du sie nicht benutzt, wirst du sie verlieren. Wenn du zu glauben wagst, wage auch zu empfangen.
Freu dich in deiner Unsicherheit.
Anschließend bist du nicht heilig, aber du hast die Kraft.

Nach dem Vortrag teilten wir uns in kleine Gesprächsgruppen auf. Die Leute, mit denen ich zusammen war, fragten, warum so viel von „Jesus empfangen" und „den Heiligen Geist empfangen" die Rede war. Hatten wir Jesus nicht schon in der Taufe empfangen, und den Heiligen Geist in der Firmung? Einer der Dozenten war zufällig in unserer Gruppe und er beantwortete unsere Fragen so: Obwohl wir Jesus und den Geist in den Sakramenten empfangen haben, waren dies Momente der Entscheidung, die wir aufgrund unserer Jugend nicht in der ganzen Bedeutung erfaßt hatten. Als junge Erwachsene müßten wir ratifizieren und aktivieren, was uns schon gegeben ist.

## Und was sagst du, wer ich bin?

Der Professor erzählte noch etwas anderes, was mich mit voller Wucht traf. Er sagte, er habe einmal einen jungen Mann gebeten, ihm zu beschreiben, wer Jesus Christus in seinem Leben sei. Dieser antwortete, „Jesus ist wie ein dickes Tau, das um mich herum liegt und mich zusammenhält. Wenn Jesus nicht da wäre, würde ich auseinanderfallen." Ich war wie elektrisiert von diesen Worten: Ich sah mich mit der großen Frage konfrontiert, der alles entscheidenden Frage: „Wer ist Jesus in deinem Leben?" Ich war wie vom Blitz getroffen. Es war, als ob Jesus zu mir sagte, „Und du, Patti, wer denkst du, bin ich?
Ich mußte zugeben, daß ich Jesus kannte und liebte, aber er war nicht wirklich im Zentrum meines Lebens. Ich erfuhr ihn nicht als den, der mich zusammenhielt, als den einen, um den sich alle anderen Leute,

Interessen und Pläne drehten. Ganz klar, ich war immer noch diejenige, die alles selbst in der Hand hatte, zumindest dachte ich so. Meine Beziehung zu Jesus war da, weil sie mir gerade angenehm war – mir! Sie konnte charakterisiert werden durch das Gebet: „Herr, segne meine Pläne. Tue doch bitte meinen Willen! Aber natürlich nach meinem Terminplan, und das heißt genau jetzt. Amen." Schnell, mitten in unserem Gespräch erkannte ich, daß ich umkehren mußte. Ich mußte die Kontrolle über mein Leben Jesus Christus geben, um Ihn Herr und Meister über allem sein zu lassen.

## Firmerneuerung?

Hier sind meine Notizen, die ich während unseres Gesprächs aufschrieb. Sie zeigen einige unserer Überlegungen an diesem wichtigen Punkt des Wochenendes.

Unseren freien Willen an Ihn zu geben ist das größte Geschenk, das wir Ihm geben können.
Nimm mich, so wie ich bin. Er sandte sie zu je zweien aus.
Apostelgeschichte vier: Ein Minipfingsten: „Das Haus bebte."
Wir haben den Babys und Kindern die „Entscheidungssakramente" gespendet. Jetzt versuchen wir, unsere Taufspiritualität zu aktivieren.
2 Kor. 3,17: „Der Herr aber ist der Geist, und wo der Geist des Herrn wirkt, da ist Freiheit."
Vorschlag von David: Eine Erneuerung unserer Firmung als Teil unserer Sonntagsgebete.
Frage unseres Leiters: Bist du bereit für das, was der Heilige Geist an dir tun möchte?
Meine Antwort: Ich habe Angst!!!
Bist du bereit, ein Narr zu sein?

Wir beendeten unsere Diskussion mit der Frage an uns: „Bist du bereit, ein Narr zu sein?" Kein Wunder, daß wir Angst hatten. Wie sie aus den Notizen entnehmen können, machte David Mangan den Vorschlag, wir Jugendliche sollten den Heiligen Geist einladen, der bereits seit der Firmung in uns war, so daß er freigesetzt würde. Er meinte, wir sollten mal den Priester fragen, ob wir nicht unsere

Einkehrtage mit einer Zeremonie beenden könnten, in der wir unsere Firmung erneuern würden, so ähnlich wie bei der Erneuerung der Taufversprechen in der Osternacht. Ich hatte die Aufgabe, vor der gesamten Gruppe aus unserer Gesprächsgruppe zu berichten. Als ich Davids Vorschlag erwähnte, war die Reaktion nicht sehr enthusiastisch. Einer der Professoren fragte, „Seid ihr bereit für das, was der Heilige Geist für euch tun kann?“ Ich wußte nicht genau, was das bedeuten würde, aber ich wußte, daß ich mehr wollte. Ich hatte Angst, aber ich war auch bereit.
Nach den Berichten aus den verschiedenen Gesprächsgruppen machten David und ich einen Spaziergang an der frischen Luft. Unsere Gedanken gingen dem nach, was vorher gesprochen worden war, und wir kamen überein, daß, selbst wenn keiner der anderen ihre Firmung erneuern wollten, wir es wollten. Und wir würden es tun!
Als wir zum Haus zurückkamen, sahen wir den Geschichtsprofessor, der auch in unserer Gruppe gewesen war, und wir erzählten ihm von unserer Entscheidung. „Das ist gut,“ sagte er. „Gott sandte seine Leute je zu zweien aus.“

## Ich will ein Wunder sehen!

Mit hohen Erwartungen schrieb ich auf ein Blatt Papier: „Ich will ein Wunder sehen!“ und hängte es auf, damit jeder es sehen könnte. Ich wußte nicht genau, was das für ein Wunder sein könnte. Ich wollte nur, daß Gott mit Macht handeln würde. Später entdeckte ich, daß ein anderer Teilnehmer der Stillen Tage „ich auch“ darunter geschrieben hatte.
Es ist merkwürdig, daß der Heilige Geist später am Samstagabend auf David Mangan und in sehr schneller Folge und auf sehr ähnliche Weise dann auf mich „fiel“. Wir waren die beiden, die sich geeinigt hatten, unsere Firmung zu erneuern und eine Freisetzung des Heiligen Geistes zu suchen, selbst wenn kein anderer es tat. Der Herr wartete nicht auf die Abschlußveranstaltung am Sonntag, um unser Gebet zu beantworten.
Für Samstagabend war eine Geburtstagsparty zu Ehren einiger der Studenten geplant. Aber die Party kam irgendwie nie zustande. Es gab eine gewisse Teilnahmslosigkeit in der Gruppe. Die Leute lungerten irgendwo herum. Wir hatten genau vor der Party auch noch

ein Problem mit dem Wasser. Ein Wasserrohr war gebrochen, und es wurde uns gesagt, daß die Gruppe eventuell vorzeitig abreisen müsse. Aber einige Studenten gingen in die Kapelle und beteten, daß die Wasserversorgung wieder hergestellt würde. Nach dem Gebet öffneten sie den Wasserhahn, und das Wasser kam mit voller Kraft. Ob das nun ein wunderbarer Eingriff war oder das Können eines Klempners, weiß ich nicht. Ich war nicht in der Gruppe, die zum Beten in die Kapelle gegangen war. Aber ich kann schon sagen, welche Wirkung es auf die gesamte Gruppe hatte. Wir hatten das Gefühl, daß es Gottes Wille für uns war, zu bleiben. Er hatte es uns ermöglicht.
Ich habe oft darüber nachgedacht, daß das Wasser ein biblisches Bild für den Heiligen Geist ist. Jesus sagte: „Wer Durst hat, komme zu mir und trinke. Wer an mich glaubt, von dem sagt die Schrift, daß aus seinem Innern Ströme lebendigen Wassers fließen werden. Damit meinte er den Geist, den alle empfangen sollten, die an ihn glauben."[3]
Einige Leute sagen vielleicht von der heutigen Kirche: „Das Wasser ist fort. Es ist alles ausgetrocknet. Da ist kein Leben." Aber in Jesu Namen gibt es noch immer einen frischen Strom vom lebendigen Wasser des Geistes unter uns! Das Duquesne-Wochenende ist ein dramatisches Beispiel für diese frische Ausgießung des Heiligen Geistes in der heutigen Kirche.

## Im Obergemach

Weil diese Geburtstagsparty nicht richtig beginnen wollte, beschloß ich, durchs Haus zu gehen, um alle Studenten für die Feier zu versammeln. Obwohl ich ein Neuling in Chi Rho war, hatte ich Erfahrung in der Gruppenleitung und der Organisation von Aktivitäten. Ich dachte, wenn wir alle an einem Ort zusammenkommen würden, könnte die Party vielleicht von selber losgehen. Mit diesen Gedanken war ich gerade auf dem Weg zur Kapelle. Ich ging nicht hinein, um zu beten – ich wollte nur den Kommilitonen dort sagen, sie sollten zur Party herunterkommen. Als ich in die Kapelle eintrat, sah ich einige auf dem Boden sitzen und beten. Ich kniete ebenfalls in der Gegenwart des Herrn Jesus im heiligen Sakrament nieder. Dann geschah etwas, was ich nicht erwartet hatte.

[3] vgl. Joh 7,37-39

Durch die Gabe des Glaubens habe ich immer an die reale Gegenwart Jesu in der Eucharistie geglaubt, aber ich hatte nie zuvor Seine Herrlichkeit erfahren. Als ich an jenem Abend dort kniete, zitterte mein Körper förmlich vor Seiner Größe und Heiligkeit. Ehrfurcht erfüllte mich in Seiner Gegenwart. Er war da, der König der Könige, der Herr der Herren, der große Gott des Universums! Ich bekam wirkliche Angst und sagte zu mir selber, „Hau schnell ab von hier, denn irgendetwas wird mit dir passieren, wenn du in der Gegenwart des Herrn bleibst.“ Und dennoch, diese Furcht wurde von meiner Sehnsucht überdeckt, vor dem Herrn zu bleiben.
Dann kam Bill Deigan, der Präsident von Chi Rho, und kniete neben mir nieder. Ich beschrieb ihm, was ich erlebte. Er sagte: „Ich habe gerade mit ein paar anderen gesprochen. Irgend etwas scheint hier vor sich zu gehen. Etwas, was wir nicht geplant haben. Bleib nur hier und bete, bis du fühlst, daß du gehen solltest.“
Als ich dort vor dem Herrn Jesus Christus im Allerheiligsten kniete, betete ich zum ersten Mal in meinem Leben ein Gebet, das ich ein „Gebet der bedingungslosen Hingabe“ nennen würde. In der Stille meines Herzens sagte ich: „Vater, ich gebe Dir mein Leben, und was Du auch immer von mir wünschst, das ist es, was ich wähle. Wenn es Leiden bedeutet, dann nehme ich das an. Lehre mich nur, Deinem Sohn Jesus zu folgen und so zu lieben, wie Er.“

Dieses Gebet sprach ich kniend vor dem Altar. Im nächsten Moment fand ich mich flach ausgestreckt, auf dem Gesicht liegend vor dem Tabernakel wieder. Niemand hatte mir die Hände aufgelegt. Ich hatte so etwas nie zuvor gesehen. Ich wußte nicht genau, wie das geschehen konnte, aber in diesem Prozeß kamen meine Schuhe von meinen Füßen. Später erinnerte ich mich, daß ich mich wie Mose vor dem brennenden Dornbusch auf heiligem Grund befand. Als ich so lag, wurde ich von meinen Fingerspitzen bis zu meinen Zehen mit einem tiefen Gefühl von Gottes persönlicher Liebe zu mir überflutet, von seiner erbarmenden Liebe. Ich war besonders erstaunt über die Torheit der Liebe Gottes. Sie ist so vollkommen unverdient, wird so verschwenderisch gegeben. Es gibt nichts, was du jemals tun könntest, um die Liebe Gottes verdienen oder beanspruchen zu können. Sie wird frei gegeben und reichlich, aus der Überfülle Seiner Barmherzigkeit. Unser Gott ist ein Gott der Liebe. Er hat uns aus Liebe geschaffen und für die Liebe ausersehen. Wir sind Sein Volk. Wir

gehören zu Ihm. Seine Liebe ist für uns, ganz egal was wir getan haben und wer wir sind.
Wenn ich noch einmal über mein Erlebnis an diesem Abend in der Kapelle nachdenke, kommen mir die Worte des Hl. Augustinus in den Sinn, der so treffend beschrieben hatte, was ich in diesem Augenblick fühlte: „Du hast uns für Dich selbst geschaffen, o Herr, und unser Herz ist ruhelos, bis daß es ruht in Dir." In mir wiederholte sich die flehentliche Bitte: „Bleibe! Bleibe! Bleibe!" Ich fühlte, daß ich gern sterben wollte, damit ich bei Gott im Himmel sein könnte. Doch wußte ich: Weil ich niemand Besonderes war und doch die Liebe und Barmherzigkeit, die Zärtlichkeit und das Mitgefühl Gottes in solch einer Weise erleben durfte, mußte es für jeden – wirklich jeden – ebenfalls möglich sein, Gott zu erfahren. Obwohl ich gern bleiben und mich in der Gegenwart Gottes ausstrecken wollte, wußte ich, daß ich von dieser Erfahrung anderen mitteilen mußte. Wie die Apostel nach Pfingsten wollte ich „Seine machtvollen Taten verkünden", um für den lebendigen Gott Zeugnis abzulegen.
Ich stand auf und sagte den anderen in der Kapelle: „Ich bete, daß dies auch euch geschehen wird." Diese kurze Begegnung hatte mich mehr gelehrt als es jahrelanges Studium je hätte tun können. Ich fühlte mich von der Schönheit und Güte des lebendigen Gottes verzaubert. Das Erbarmen und die Liebe Gottes hatten mich überwältigt.

## Wem soll ich es erzählen?

Sogleich erzählte ich mein Erlebnis dem Studentenpfarrer, und er sagte mir, daß David Mangan etwa eine Stunde zuvor in der Kapelle war. Er hatte ein fast identisches Erlebnis. Auch er war überwältigt, als der Heilige Geist auf ihn kam, und er fiel zu Boden. Einige Leute in der Charismatischen Erneuerung benutzen heute den Begriff „Ruhen im Geist" für das Phänomen, daß jemand unter der Salbung des Heiligen Geistes zu Boden fällt. Ich ziehe es vor, zu sagen: Die Liebe Gottes zog die Füße unter mir weg." Weder David noch mir wurden von irgendwem Hände aufgelegt. Es geschah einfach. Und das war das einzige Mal in meinem Leben, daß ich ein solches Erlebnis hatte.
„Wem kann ich es erzählen?" fragte ich unseren Studentenpfarrer. Seine Antwort ist mir in diesen fünfundzwanzig Jahren immer

wieder in den Sinn gekommen: „Der Herr wird es dir zeigen." Dann fragte ich ihn, wie der Herr jemanden, der so unbedeutend sei wie ich, in seinem Werk gebrauchen könne. Der Geistliche erinnerte mich daran, daß Jesus auf einem Esel in Jerusalem einritt. Er kann gebrauchen, wen oder was immer er ausersehen hat!
Gleich danach sprachen mich zwei Mädchen vom La Roche College an, die neu zu unseren Einkehrtagen dazugekommen waren. Sie sagten: „Was ist denn mit dir passiert? Dein Gesicht sieht so anders aus." In der Schrift lesen wir vom leuchtenden Angesicht des Mose, als er aus der Gegenwart vor dem Herrn zurückkam. Paulus schreibt: „Wir alle spiegeln mit enthülltem Angesicht die Herrlichkeit des Herrn wider und werden so in sein eigenes Bild verwandelt, von Herrlichkeit zu Herrlichkeit, durch den Geist des Herrn."[4] Ich hatte nicht gemerkt, daß ich anders aussah; aber offenbar sahen diese Mädchen in meinem Gesicht eine Spiegelung dessen, was Gott in meinem Herzen getan hatte.
Da unser Studentenpfarrer mir gerade gesagt hatte, der Herr würde mich im Zeugnisgeben führen, holte ich aus: „Ich habe gerade all das erfahren, worüber wir an diesem Wochenende geredet haben." Für ein Mädchen, das ängstlich gewesen war, von Jesus zu reden, wurde ich plötzlich ziemlich kühn. Ich nahm beide an der Hand und nickte ihnen zu: „Kommt mit mir in die Kapelle!"
Wir drei knieten uns vor das Allerheiligste und ich begann, laut zu beten. Ich hatte nicht die richtigen Worte, ich betete nur, was in meinem Herzen war. „Herr, was du eben an mir getan hast, tue es auch an ihnen!" Ich bat den Herrn, sie im Heiligen Geist zu taufen, ohne daß ich selber verstand. Es war wahrscheinlich das kürzeste Leben im Geist-Seminar, das je gehalten wurde.

### Ein mächtiges Handeln des Heiligen Geistes

Obwohl ich nicht glaube, daß irgendjemand die Geburtstagsfeier unten beendet hatte, befanden sich innerhalb einer Stunde viele der Studenten in der Kapelle. Der Geist hatte sie zur eigentlichen Geburtstagsparty gezogen, die im Obergemach stattfand. So wie die Kirche im Abendmahlsaal geboren wurde, so wurde auch die Charis-

[4] vgl. 2. Kor 3,18

matische Erneuerung in einem Obergemach geboren. Gott handelte souverän.
Eine Reihe von Dingen geschah, als wir dort knieten. Einige Leute weinten. Später sagten sie, daß sie Gottes Liebe so intensiv fühlten, daß sie nichts anderes tun konnten, als zu weinen. Andere fingen aus purer Freude zu kichern und zu lachen an. Einige Leute, so wie ich, fühlten ein starkes Brennen, das wie Feuer durch ihre Hände und Arme ging. Andere fühlten ein Klicken in ihren Kehlen oder ein Kribbeln auf ihrer Zunge. Wir wußten nicht viel über charismatische Gaben. Ich denke, wir hätten sofort in Sprachen beten können, wenn wir gewußt hätten, wie man diese Gabe zuläßt.
Einer der Professoren kam in die Kapelle und meinte: „Was wird der Bischof sagen, wenn er herausfindet, daß all diese Jugendlichen im Heiligen Geist getauft sind?“ Der Bischof von Pittsburgh war der spätere Kardinal John Wright. Ich hörte, wie dieser Professor den Ausdruck „getauft im Heiligen Geist“ gebrauchte, fragte mich aber, was er bedeute. Wir erkannten noch immer nicht völlig, was mit uns geschah, und wir hätten uns nie träumen lassen, daß das, was sich ereignete, Folgen für die gesamte Kirche haben würde.

Aber selbst inmitten dieses mächtigen Handelns Gottes war der Feind am Werk. Eine junge Frau erzählte uns später, daß sie in der Zeit, in der die anderen von uns beteten, von einem Gefühl des Hasses erfüllt war und sich genötigt sah, das Exerzitienhaus zu verlassen. Einsam lief sie eine Straße entlang, bis jemand nach ihr schaute und sie zurückbrachte. Auch am nächsten Tag war sie nicht im Frieden. Als wir im Begriff waren, das Zentrum zu verlassen, entdeckte ich sie zusammengekauert auf dem Boden sitzen. Dann kam der Theologiedozent und holte mich. „Komm, Patti, wir müssen zu ihr und den bösen Geist austreiben.“ Ich war schockiert. Ich wußte nicht einmal, ob ich an böse Geister glaubte, und noch viel weniger an ein Austreiben. Aber er schien zu wissen, was er tat, und so vertraute ich ihm. Als wir zu ihr kamen, sagte er zu mir, „Befehle in Jesu Namen, daß dieser böse Geist weichen soll.“ Ich tat, was er sagte, und sofort entspannte sich das Mädchen. Sie war befreit, aber verlegen. Dann erzählte sie uns, daß sie am Abend vorher, als sich jeder in der Kapelle freute, einen fürchterlichen Haß auf alles gefühlt habe, was dort geschah. „Obwohl ich alle in diesem Raum haßte, war mein Haß auf Patti am größten.“ Wir kannten uns kaum. Ich war dem Herrn dankbar, daß Er mich an diesem Gebet hatte teilnehmen lassen, welches ihr wieder Frieden gebracht hat.

## Magnifikat

Irgendwann in den frühen Morgenstunden wurden diejenigen, die noch in der Kapelle waren, ins Bett geschickt. Wenn man uns nicht gesagt hätte, wir sollten gehen – ich glaube, wir wären noch die ganze Nacht geblieben. Als ich auf meinem Zimmer war, konnte ich nicht schlafen, und so nahm ich unser Liederbuch und öffnete es irgendwo. Meine Augen fielen auf das Magnifikat, Marias Lobgesang. Von dem Augenblick an ist ihr Lied mein Lied geworden. Ich habe in diesen fünfundzwanzig Jahren nie mein Zeugnis gegeben, ohne einen Teil dieses wunderschönen Textes zu benutzen. Maria sagte:

*„Meine Seele preist die Größe meines Herrn*
*und mein Geist jubelt über Gott, meinen Retter.*
*Denn auf die Niedrigkeit seiner Magd hat er geschaut.*
*Siehe, von nun an preisen mich selig alle Geschlechter.*
*Denn der Mächtige hat Großes an mir getan, und sein Name ist heilig.*
*Er erbarmt sich von Geschlecht zu Geschlecht über alle, die ihn fürchten.*
*Er vollbringt mit seinem Arm machtvolle Taten:*
*Er zerstreut, die im Herzen voll Hochmut sind;*
*er stürzt die Mächtigen vom Thron und erhöht die Niedrigen.*
*Die Hungernden beschenkt er mit seinen Gaben*
*und läßt die Reichen leer ausgehen.*
*Er nimmt sich seines Knechtes Israel an und denkt an sein Erbarmen,*
*das er unsern Vätern verheißen hat,*
*Abraham und seinen Nachkommen auf ewig.“* *Lk 1,46-55*

Ich sprudelte über vor Erstaunen und Bewunderung über das, was Gott in mir und meinen Freunden getan hatte. Wir waren die „Hungrigen, die mit guten Gaben beschenkt“ worden waren. Ich nahm meinen Stift und unterstrich diese Worte. „Er erbarmt sich von Geschlecht zu Geschlecht über alle, die ihn fürchten.“ Seine Gnade gilt auch dieser Generation, und dies wurde sichtbar in dieser dramatischen Ausgießung des Heiligen Geistes.

## Ein persönliches Pfingsten

Noch immer unfähig zu schlafen notierte ich in meinem Notizbuch alles, was in meinem Herzen war. Hier ist eine sehr persönliche Beschreibung der Taufe im Heiligen Geist – nur Stunden nach meinem Erlebnis in der Kapelle.
Ich denke, es muß schon nach zwei oder vielleicht drei Uhr in der Frühe sein, ich habe das Zeitgefühl verloren.

DANKE, HERR!
Ich habe Dich um ein Wunder gebeten, und Du hast es mir gegeben. Du bist gekommen, und nun weiß ich, daß du real bist! Du hast mich gefangen genommen, Herr. Du hast mich in der Wiege hin und her geschaukelt. Du hast mich verrückt gemacht vor Freude – DEIN LICHT!
Warum gerade ich? Ich habe doch eigentlich nicht geglaubt, ich habe doch nie gedacht, Wunder könnten wirklich geschehen! JETZT, HIER – als letzter von allen auch MIR.
Vielleicht bist du deshalb gekommen – damit andere glauben würden. Denn wenn Du zu mir kommen kannst, selbstsüchtig und sündig wie ich bin, kannst Du zu allen kommen. Hilf uns zu bitten, von Dir die Sehnsüchte unseres Herzens zu erflehen. Fülle uns. Laß uns von dieser „Torheit“ gründlich überfließen. Benutze uns als Zeichen. Mache uns zu heiligen Gefäßen Deines Geistes. Hilf uns, unsere Gaben für dich allein zu gebrauchen. Damit wir unsere Nichtigkeit vor dir erkennen, o Gott!
Mit Dir ist es so friedvoll. Bleibe, bleibe, bleibe, bleibe. Ich verdiene dies nicht, aber ich danke Dir. Jetzt schmecke ich Deine Güte.
Ich falle nieder vor Deiner Gegenwart, meine Hände brennen, mein Herz klopft. Ich prahle und phantasiere. Ich glaube, ich bin verrückt. Ich bin es, Herr, mir ist schwindelig von Deiner Liebe.
Hilf, daß ALLE ANDEREN ÜBERALL Dich kennenlernen werden, Du Gott der Götter, Flamme, Feuer.
ALLELUJA!

Es ist eine neue Kraft in mir. Ich spreche mit einer neuen Stimme aus meinem Innersten, das ist ein neues Ich – Dein Geist. Mögen andere mich hören, wie ich über Dich rede, und denken, ich bin ein Narr – Ich bin es! Ich bin ein Narr für Dich, denn Deine Liebe ist närrisch.

Wer sonst könnte uns mit all unseren Fehlern, unseren Schwächen, unserer Nachlässigkeit annehmen?
Es ist so einfach zu beten. Es fließt einfach über. Es schüttet. Es ist Dein Geist der Liebe, der Euch vereint, Jesus Christus mit dem Vater. Ehre sei dem Vater und dem Sohn und dem Heiligen Geist, jetzt und für immer. Amen.
Ich weiß, ich bin noch immer schwach, und ich werde in Zukunft mit vielen Schwierigkeiten konfrontiert werden – viele trockene Punkte auf meiner Suche nach Dir. Aber laß mich nie aufhören, Dich zu suchen, Du große Tröstung. FRIEDE, RUHE.
WIE GUT IST DER HERR!
Alles, was Du brauchtest, war meine Hingabe – Ohne etwas zurückzuverlangen. Du warst immer schon da und hast nur gewartet, bis ich vorbeikommen würde.
Vielleicht kann ich anderen helfen, Dich kennenzulernen, Herr, aber laß mich demütig bleiben! Laß mich erkennen, daß es nicht mehr ich selber bin, sondern Du in mir. Das bedeutet Leiden. Lustig, daß ich jetzt das erste Mal darüber nachgedacht habe.
ABER DU BIST SO REAL. Du existierst – Du lebst jetzt. Du hörst zu. Du gibst uns Wunder.
Laß uns um die Erfüllung Deines Willens in allen Menschen beten. Laß Deinen Geist zu jedem einzelnen kommen – aber wann und wie Du willst. Ich weiß, DU WIRST ES TUN.
DANK SEI DIR, DANK SEI DIR, DANK SEI DIR FÜR DIE GABE, DIE DU SELBER BIST!
Vergrößere immer mehr den Lebensfunken in meinem Herzen. Hilf mir, nicht ängstlich, feige und sündig zu sein – denn deine Offenbarung hat mir gezeigt, wie gut Du bist, Herr. – Ich möchte bei Dir in Ewigkeit ausruhen.

AMEN.

## Aussendung

Nach kurzem Schlaf erwachte ich am Sonntagmorgen mit kribbeligen und brennenden Händen. Zuerst dachte ich, ich hätte auf ihnen geschlafen, aber das Gefühl blieb über viele Stunden. Als ich unseren Theologiedozenten fragte, was dies bedeuten würde, sagte er: „Du auch? Komm, du mußt den Leuten die Hände auflegen und beten“

So wie ich seiner Leitung am Vortag gefolgt war, tat ich, was immer er mir sagte. Ich erinnerte mich, daß er auf Gina Scanlon wies, die gerade schwanger war. „Laß uns für sie beten,“ schlug er vor, „Da können wir gleich zwei auf einmal bekommen.“ Und so taten wir es auch.

Irgendwann am Sonntag kam die Frau aus der Episkopalkirche, die über die Apostelgeschichte zwei gesprochen hatte, ins Exerzitienhaus zurück. Sie war keine protestantische Fremde mehr, die man argwöhnisch betrachten mußte. Stattdessen war sie eine Schwester in Christus, und wir umarmten sie aus Dankbarkeit für ihr Zeugnis. Ich zeigte ihr meine Hände, die noch immer brannten, und fragte sie, was ich mit ihnen tun solle. „Schau nicht auf deine Hände“, warnte sie mich, „schau auf den Herrn.“ Ein guter Ratschlag. Wir fanden heraus, daß ihre Gebetsgruppe das ganze Wochenende über in Fürbitte für uns gestanden hatte. Kein Zweifel, ihre Gebete halfen unserem persönlichen Pfingsten zum Durchbruch.

Am Nachmittag gaben uns die Lehrer der Fakultät noch einige abschließende Tips. Als einer von ihnen John Sherrills Buch „Sie sprechen in anderen Zungen“ empfahl, war ich verdutzt. „Heißt das also, Sie wußten, daß uns dieses alles bevorstehen würde?“ fragte ich. Offenbar hatten sie gebetet, daß Gott handeln würde, aber sie hatten dieses souveräne Vorgehen Gottes so nicht erwartet. Hier sind noch ein paar Notizen von dieser Abschlußbesprechung am Sonntag:

Ein Wunder braucht Glauben, aber manchmal erzeugt ein Wunder auch Glauben.

Im Geist zu leben ist ebenso wichtig, wie den Geist zu empfangen.

Der Geist wird gegeben, damit Christus verkündet wird.

Der Teufel wird versuchen, uns zu testen, denn er denkt, daß er uns verliert. UND ER HAT UNS VERLOREN! Beanspruche den Schutz des kostbaren Blutes. Psalm 91.

Der Herr wird dir Schriftstellen geben, wenn du darum bittest.

LOBE GOTT FÜR ETWAS, DAS NOCH NICHT GESCHEHEN ZU SEIN SCHEINT.

Andere Gaben könnten später zu Tage treten. Bete um alle Gaben, besonders um die höheren.

Verlaß dich nicht auf deine eigenen Anstrengungen. In Weisheit Zeugnis zu geben, muß nicht heißen, das zu tun, was sicher ist.

Bete zu Maria, denn der Geist überschattete sie. Ihr Fiat war notwendig. So ist es auch mit dem deinen.

## Zu viel neuer Wein

Wenn ich über unsere Rückkehr zur Duquesne Universität nachdenke, kommen mir die Worte aus Psalm 126,1-3 in den Sinn:
„*Als der Herr das Los der Gefangenschaft Zions wendete,*
*da waren wir alle wie Träumende.*
*Da war unser Mund voll Lachen und unsere Zunge voll Jubel.*
*Da sagte man unter den andern Völkern:*
„*Der Herr hat an ihnen Großes getan.*"
*Ja, Großes hat der Herr an uns getan. Da waren wir fröhlich.*"

Am Tag nach unserer Rückkehr fragte mich ein Freund, was über mich gekommen sei. Er begleitete mich nach einer frühen Französischstunde zurück. „Wenn ich dich nicht besser kennen würde, Patti, würde ich sagen, du bist betrunken," rief er. Natürlich machte ich ihn sehr schnell darauf aufmerksam, daß es genau das war, was man den Aposteln zu Pfingsten vorgeworfen hatte. „Andere aber spotteten: Sie sind vom süßen Wein betrunken."[5]
Ja, ich war betrunken, aber nicht vom Wein! „Kostet und seht, wie gütig der Herr ist"[6], schrieb der Psalmist. Ich hatte die berauschende Wirkung der Liebe Gottes geschmeckt, als der Heilige Geist auf mich herabkam. Ich kannte selber die Güte des lebendigen Gottes – ja, aus eigener Erfahrung. Mein Freund schien beängstigt. „Du wirst doch wohl nicht Nonne werden?" fragte er. „Ich glaube nicht", war meine Antwort. Dann öffnete ich meine Bibel, was meinen Begleiter wiederum stutzig machte. Ich las ihm Joels Prophetie vor, die auch in Apg 2,17-19 zitiert wird:
„*In den letzten Tagen wird es geschehen, so spricht Gott:*
*Ich werde von meinem Geist ausgießen über alles Fleisch.*
*Eure Söhne und eure Töchter werden Propheten sein,*
*eure jungen Männer werden Visionen haben,*
*und eure Alten werden Träume haben.*
*Auch über meine Knechte und Mägde werde ich von meinem Geist ausgießen in jenen Tagen, und sie werden Propheten sein.*
*Ich werde Wunder erscheinen lassen droben am Himmel*
*und Zeichen unten auf der Erde.*"

[5] vgl. Apg 2,13
[6] vgl. Ps 34,9

Ich weiß, daß dieser Freund nicht der einzige war, den ich mit meinem enthusiastischen Zeugnis in diesen ersten Tagen abschreckte. Es fehlten mir Reife und Sensibilität in meinen Erzählungen über diese außerordentlichen Ereignisse. Mit Fran teilte ich mein Zimmer. Als sie mich fragte, wie die Einkehrtage gewesen seien, schaute ich sie bedeutungsvoll an: „Möchtest du das wirklich wissen?“ fragte ich sie. Als sie nickte, verschloß ich die Tür und schilderte ihr mit glühenden Augen die dramatischen Ereignisse. Als Folge davon entschied sie sich, im nächsten Jahr nicht mehr in einem Zimmer mit mir zu bleiben. Später entdeckte ich, daß sie sogar meine Eltern angerufen und meine geistige Stabilität in Frage gestellt hatte.

## Katholisch und charismatisch

Gleich nach dem Wochenende gestand mir Fran, daß sie den ganzen Vorgang nicht möge und Angst habe, wir würden die Kirche verlassen. Im Gegensatz dazu hatte ich das Gefühl, die Kirche in einer wunderbaren Weise neu zu entdecken. Gleich nach dem Wochenende war eines der ersten Dinge, die ich tat, die Dokumente des Zweiten Vatikanischen Konzils nachzuschlagen. Dort schaute ich jede Referenz über „Heiliger Geist“, „Charismen“ und „geistliche Gaben“ nach. Ich sagte mir, „Wie intensiv dieses Erlebnis mit dem Heiligen Geist an jenem Wochenende auch gewesen sein mag – wenn mir die Kirche sagt, daß es nicht authentisch ist, würde ich lieber meine eigene Erfahrung zurückweisen, als jemals meine Kirche verlassen.“ Zu meiner Freude fand ich nichts als Ermutigung in den Dokumenten der Kirche. Ich jubelte, als ich folgendes in Lumen Gentium, Artikel 12 las:

„Das heilige Gottesvolk nimmt auch teil an dem prophetischen Amt Christi, in der Verbreitung seines lebendigen Zeugnisses vor allem durch ein Leben in Glaube und Liebe, in der Darbietung des Lobesopfers an Gott als Frucht der Lippen, die seinen Namen bekennen (vgl. Hebr 13,15).“

Ja! Ein Opfer des Lobes!... Der Heilige Geist hatte gerade solche Worte des Lobes auf unsere Lippen gelegt! Preis sei Gott!

„Derselbe Heilige Geist heiligt nicht nur das Gottesvolk durch die Sakramente und die Dienstleistungen, er führt es nicht nur und bereichert es mit Tugenden, sondern „teilt den einzelnen, wie er will" (1 Kor 12,11), seine Gaben aus und verteilt unter den Gläubigen jeglichen Standes auch besondere Gnaden. Durch diese macht er sie geeignet und bereit, für die Erneuerung und den vollen Aufbau der Kirche verschiedene Werke und Dienste zu übernehmen gemäß dem Wort: „Jedem wird der Erweis des Geistes zum Nutzen gegeben" (1 Kor 12,7). Solche Gnadengaben, ob sie nun von besonderer Leuchtkraft oder aber schlichter und allgemeiner verbreitet sind, müssen mit Dank und Trost angenommen werden, da sie den Nöten der Kirche besonders angepaßt und nützlich sind..."
Ja! Charismatische Gaben sollen mit Dank und Trost angenommen werden! Es ist alles gut so!

„Außerordentliche Gaben soll man aber nicht leichthin erstreben. Man darf auch nicht unermeßlich Früchte für die apostolische Tätigkeit von ihnen erwarten. Das Urteil über die Echtheit und ihren geordneten Gebrauch steht bei jenen, die in der Kirche die Leitung haben und denen es in besonderer Weise zukommt, den Geist nicht auszulöschen, sondern alles zu prüfen und das Gute zu behalten." (vgl. 1 Thess 5, 12 u. 19-21)
Ja! Die Kirche muß die Gaben prüfen, aber nicht den Heiligen Geist auslöschen! Alleluja!
Die Kirche hatte mir durch die Dokumente des Zweiten Vatikanums deutlich gezeigt, daß meine Erfahrungen mit dem Heiligen Geist echt waren, selbst wenn manche Leute mich mißtrauisch betrachteten. Welch eine Erleichterung, zu wissen, daß ich sowohl katholisch wie charismatisch sein kann. Ich mußte keine Wahl treffen. Später entdeckte ich, daß es Kardinal Suenens war, durch dessen Intervention beim II. Vatikanischen Konzil diese Aussagen über die Charismen so explizit gemacht wurden. Ihm sind wir alle zutiefst zu Dank verpflichtet.

## Gottes Wort ist Geist und Leben

Jahrelang habe ich mich danach gesehnt, die Bibel zu lesen, aber ich fühlte mich immer zu unwissend und ängstlich, um es zu probieren. Nun sprangen plötzlich die Worte der Bibel aus den Seiten; Jesus

Nun sprangen plötzlich die Worte der Bibel aus den Seiten; Jesus sprach zu meinem Herzen. Ich blieb buchstäblich bis in die Morgenstunden auf, Nacht für Nacht, und vertiefte mich in die Heilige Schrift. An den Rand, neben bestimmte Texte schrieb ich: „Das ist wahr!", „Das ist für mich!", „Das ist real!". Es war nur mein persönliches Amen zum Wort Gottes. Eine der Schriftstellen, die ich in diesen Tagen unterstrich, war Apg 4,20: „Wir können unmöglich schweigen über das, was wir gesehen und gehört haben." Und wir konnten es nicht! Das Wort Gottes war wie ein Festmahl, und ich war hungrig.

## Deine Söhne und Töchter werden Propheten sein

Wir sind buchstäblich in die charismatischen Gaben hineingestolpert. Zum Beispiel zeigte mir Marybeth Mutmansky ein Blatt Papier, auf dem sie die Worte notiert hatte, die während des Tages immer wieder in ihre Gedanken gekommen waren. Als wir begannen, diese Botschaften auszutauschen, verstanden wir, daß dies die Gabe der Prophetie sein mußte. Ich habe noch immer einige dieser frühen Prophetien aufgeschrieben. Es waren sehr einfache Botschaften vom Herrn, und doch hatten sie eine große Wirkung auf uns. Hier können Sie sehen, was der Herr uns lehrte:

„Meine Liebe übersteigt alles, was du dir vorstellen kannst, meine Liebe für dich. Wieviel mehr gebe ich dir zusätzlich zu dem, was du von mir erbittest. Sei nicht zu stolz, um zu mir zu kommen und um Hilfe zu bitten. Ich bin immer bei dir. – Ich warte nur auf deine Hingabe, dein „Ja". Komm, komm zu mir. Lebe ein neues Leben des Vertrauens! Die Hoffnung wird dir die Freude erhalten. Du wirst die Früchte meines Geistes in deinem Herzen aufblühen und wachsen sehen. Du wirst mich kennen. Und in mir den Vater. Und in mir meinen Geist. Und in mir all deine Brüder. Wie sehne ich mich danach, daß du mich kennst, daß du in mir lebst!"

„Hört, meine Kinder, hört den Klang meiner Stimme. Ihr kennt mich – Ich wohne in der Tiefe eures Seins. Ich bin es, der bei euch war, seit dem Beginn der Zeit. Ich habe euch geschaffen – Ich habe euch geformt. – Ihr gehört zu mir. Nichts kann sich mit meiner Liebe für euch messen. Nichts, was ihr je kennengelernt habt. Fürchtet euch nicht, denn ihr seid beständig in meiner Gegenwart. Meine Kinder können mich nicht kennen, es sei denn sie öffnen ihr Herz für mich, es sei denn, sie hören auf meine Stimme und antworten auf meinen Ruf. Liebt mich! – Liebt euch untereinander in mir. Erkennt den Sinn des Lebens – den Kern eurer Existenz! Getrennt von mir könnt ihr nichts tun, denn euer ganzes Sein ist in mir gewurzelt. Ich bin alles in allem..., der Anfang und das Ende... Brot des Lebens... Essen und Trinken für die Hungrigen... der Hafen im Sturm... Genugtuung für die Gekränkten... Trost für die Sorgenvollen... Friede für die Unterdrückten... Freude für alle, die mich suchen. Ich versage nie, und eine Liebe wie die Meine kann nicht gefunden werden außer in mir, durch mein Kreuz, durch das Holz, an das Ich gekreuzigt worden bin, als Ich mich, in Liebe für euch, meinem Vater opferte. Wenn du mir nur vertrauen würdest, könntest du sehen, wie einfach das Leben ist, von einem Moment zum anderen."

**Sie werden in neuen Sprachen reden**

Offenbar haben einige Leute auf dem Duquesne-Wochenende in Sprachen gebetet. Ich tat es nicht. Zuerst dachte ich, in Sprachen zu beten würde bedeuten, in der eigenen Sprache mit besonderer Inbrunst zu beten. Am Montag nachher fühlte ich mich schrecklich depressiv und unfähig, überhaupt zu beten. Ich erinnerte mich nicht einmal mehr an die Worte des Vaterunsers. Tief in meinem Innersten fühlte ich den Herrn sagen: „Rede einfach mit mir." Auf meinem Weg zur Vorlesung traf ich John Rossmiller. Als er im Vorübergehen meine Hand ergriff, wich sogleich die Depression und ich konnte mit Leichtigkeit beten. Weil so innige Gebete in diesen Wochen nach den Einkehrtagen aus mir herausströmten, sah ich keine Notwendigkeit für die Gabe des Sprachengebets. Als jemand, der Französisch studierte, störte es mich nur, daß sich einige Leute übernatürlich eine Sprache aneignen konnten, während ich so hart arbeitete, um eine Fremdsprache zu meistern. Der Herr mußte mich lehren, wie ich das Ganze richtig zu verstehen hatte, und das tat er auch.

Eines Abends saß ich bei einem Gebetstreffen neben David Mangan, der diese Gabe bereits empfangen hatte. Ich kam aus dem Staunen nicht mehr heraus, als ich David in einem schönen, fließenden Französisch beten hörte. Es hörte sich an wie die Worte eines

Psalmes, der die Freundlichkeit des göttlichen Kindes lobte und die Ströme des lebendigen Wassers pries. Der Rhythmus des Französischen war anders, aber die Aussprache war perfekt. Nach dem Treffen fragte ich David, ob er wußte, daß er Französisch gesprochen hatte. Er wußte es nicht. Ich war beeindruckt von der Echtheit dieser charismatischen Gabe. Es war für mich ein Zeichen, daß Gott am Werk war.

Bald begann ich mich danach zu sehnen, Gott mehr preisen zu können und über meine begrenzten Fähigkeiten, Gott zu erheben, hinauszuwachsen. Der Heilige Paulus gibt uns den Rat, „strebt aber nach den Geistesgaben"[7]. Ich bat Gott um die Sprachengabe, aber ich erkannte nicht, daß ich meinen Mund und meine Stimme benutzen mußte, um die Sprachenrede zulassen zu können. Ich dachte, daß eine Gebetssprache selber aus mir herausbrechen würde, wenn ich nur lange genug in der Stille wartete.

## Marias Lied

Als ich am 13. März 1967 aufwachte, wurde ich auf den Klang eines Schnalzen in meiner Kehle aufmerksam. Ich hoffte, es würde die Gabe der Sprachenrede sein, doch hatte ich Angst, daß es mich inmitten einer Unterrichtsstunde überkommen würde. Also schwänzte ich die Klasse und ging hinauf, um im Oratorium zu beten, was einer der beliebtesten Orte zum Beten in diesen frühen Tagen war. Ich war entschlossen, so lange zu bleiben, bis ich in Sprachen beten würde. So kniete ich mich hin und öffnete meinen Mund... und wartete.

Das Schnalzen wurde lauter. Mein Mund begann, sich zu bewegen, und dann begann ich zu brummen. „O nein," dachte ich, „erzähl mir nicht, daß der Herr mir jetzt eine häßliche, guturale Sprache[8] gibt, wo ich doch Französisch gewählt habe, weil diese Sprache so schön klingt." Aber ich brummte weiter, bis ich schließlich in einer neuen Sprache sang – ein schönes Lied, das aus dem innersten meines Seins floß. Es war eine schöne Sprache, anders als die, die ich heute spreche.

[7] vgl. 1. Kor 14,1

[8] Guturale sind Buchstaben wie g, k oder ch, die in der Kehle ausgesprochen werden und hart klingen.

Obwohl ich die Worte nicht erkennen konnte, wußte ich, daß ich das Magnifikat sang – genau die Schriftstelle, die der Herr mir in der Nacht gegeben hatte, als ich im Heiligen Geist getauft wurde. „Meine Seele preist die Größe meines Herrn und mein Geist jubelt über Gott, meinen Retter. Denn auf die Niedrigkeit seiner Magd hat er geschaut. Siehe, von nun an preisen mich selig alle Geschlechter."[9] Es war bestätigt. Marias Magnifikat war mein Magnifikat geworden. Ihr Lied war mein Lied. In einer mysteriösen, und doch sehr realen Weise war ich in Marias große Hingabe an Gott eingeschlossen. „Fiat, Ja! Mir geschehe nach Deinem Wort!"
Als ich nach unten eilte, betete ich leise in Sprachen. Ich hatte Angst, nicht mehr weiterbeten zu können, wenn ich einmal aufhörte. Im Büro der Studentenpfarrers flüsterte ich meine Sprachengabe in das Ohr der Sekretärin. Wer weiß, was sie sich gedacht hat. Erst später verstand ich, daß Beginn und Ende des Sprachengebetes unter meiner Kontrolle standen.

## Sie werden den Kranken die Hände auflegen

Ebenso „stolperten" wir in die Gabe der Heilung. In unseren Gebetstreffen beteten wir um Heilung und erwarteten Resultate. Meine eigene Einführung in die Gabe der Heilung kam sehr überraschend für mich. Kurz nach dem Duquesne-Wochenende las ich in einer Notiz auf dem schwarzen Brett unseres Schlafsaals, daß Frau Jones, unsere Hausmutter, mit einer Venenentzündung im Krankenhaus lag. Als ich den Zettel las, kam mir ein Gedanke: „Geh, lege ihr deine Hand auf, und sie wird geheilt sein." Sogleich wollte ich diese dumme Vorstellung vertreiben, doch sie kam immer wieder zurück. Panik befiel mich. Was mache ich, wenn das jetzt wirklich der Herr ist? Ich hatte mich nie bei den Glaubensheilern im Fernsehen wohlgefühlt, die ihre Hände auf eine leidende Person legen und „Heile! Heile!" rufen. Ich wußte, daß es da einen anderen Weg geben mußte, um für Heilung zu beten, aber ich wußte nicht welchen. Ich wollte es aber auch nicht so gern herausfinden. Wie kann ich nur den Mut aufbringen, um für Frau Jones zu beten, wunderte ich mich. Was sollte ich tun?

[9] vgl. Lk 1,46-48

Da erinnerte ich mich, daß David Wilkerson in „Das Kreuz und die Messerhelden“ dem Herrn ein Vlies ausgelegt hatte, so wie Gideon es tat, um ein Zeichen für Gottes Willen zu erbitten. Offensichtlich brauchte ich Führung, und so betete ich: „Herr, wenn es Dein Wille ist, daß ich für Frau Jones um Heilung bete, dann laß mich morgen sehr früh vor der Vorlesung aufwachen.“ Ich dachte, das sei ein einfacher Ausweg, denn ich war ein notorischer Langschläfer.
Und natürlich, putzmunter und früh erwachte ich am nächsten Morgen mit den klaren Worten in meinen Gedanken: „Lege ihr deine Hände auf, und sie wird geheilt.“ Widerstrebend lief ich zum Mercy Krankenhaus hinüber und trat in das Zimmer von Frau Jones. „Was ist passiert, Patti,“ fragte sie. „Wunder sind geschehen“, antwortete ich ihr. „Ich glaube an Wunder“, meinte sie. Aber bevor wir unsere Unterhaltung fortsetzen konnten, traf ein weiterer Besucher ein. Als sie sprachen, saß ich in einer Ecke und fühlte mich übel und dumm. Trotzdem, meine Hände fühlten sich an wie unter Strom, es war ein Brennen und Prickeln. Zugleich wuchs in meinem Herzen die Überzeugung, daß Frau Jones geheilt werden würde.
Als ich aufstand, um zu gehen, wandte ich mich ihrem Bett zu und sagte: „Ich weiß, daß es ihnen wieder gut gehen wird, Frau Jones.“ Dann zeichnete ich mit meiner rechten Hand ein kleines Kreuz auf ihre Stirn, so wie es meine Mutter zu tun pflegte, wenn sie uns Kinder segnete. Das war nicht wirklich ein „Hände auflegen“, aber das war der ganze Mut, den ich aufbringen konnte. Sie schien sehr dankbar. Kurze Zeit später sah ich sie in der Cafeteria an der Universität. Fast hätte ich mein Tablett mit meinem Essen fallen lassen! „Was machen Sie denn hier außerhalb des Krankenhauses?“ fragte ich. Sie erzählte mir, daß die Schwellung schneller als erwartet zurückgegangen sei, und die Ärzte hätten sie entlassen. Ich glaube, mein Gebet beschleunigte den Heilungsprozeß, der bereits durch die Medikamente eingeleitet war. Natürlich ist bei der Gabe der Heilung, wie auch bei der Gabe der Befreiung, viel Weisheit und Unterscheidung nötig. Als junge Menschen sind wir diese Bereiche nicht immer mit der größten Klugheit angegangen. Aber wir haben durch Erfahrung gelernt und hatten dabei sehr wenig Führung.

## Ich werde euch unterweisen und führen

Gleich nach dem Duquesne-Wochenende war einer der erstaunlichsten Vorgänge, daß der Heilige Geist mich direkt lehrte. Oft sprach Er zu mir durch die Heilige Schrift. Jesus sagt uns in Joh 16,13: „Wenn aber jener kommt, der Geist der Wahrheit, wird Er euch in die ganze Wahrheit führen..." Und in Psalm 119,113 lesen wir: „Die Erklärung deiner Worte bringt Erleuchtung, den Unerfahrenen schenkt sie Einsicht." Ich kam zum Herrn wie ein Kind, das Unterweisung brauchte, und Er offenbarte sich mir.

Beispielsweise dachte ich einmal über meine jüdischen Freunde an der Schule nach und überlegte, was Gottes Plan für die Juden sein könnte. Ich betete um Einsicht und öffnete die Bibel zufällig im Römerbrief Kapitel 9 bis 11. Dort spricht Paulus über sein geliebtes jüdisches Volk und was Gott mit ihnen vorhat.

Ein anderes Mal wußten Marybeth und ich nicht, was wir während des Sommers 1967 tun sollten. „Herr, wohin sollen wir gehen?" fragten wir. In meine Gedanken kam das Bild einer Schriftstelle. Es war so klar, als wenn es unter Neonlicht stand. „Psalm 32,8." Ohne eine Ahnung, was es sein könnte, schaute ich nach und las: „Ich unterweise dich und zeige dir den Weg, den du gehen sollst. Ich will dir raten; über dir wacht mein Auge." Amazing Grace! Es war, als sei Jesus in unser Zimmer gekommen, um uns persönlich zu sprechen und uns seiner Führung zu versichern.

Mehrere Tage nacheinander lenkte der Herr meine Aufmerksamkeit am Morgen auf verschiedene Schrifttexte. In der Messe entdeckte ich dann später, daß diese „zufällig" auch die Lesungen vom Tage waren. Ich wußte, daß ich vom selben Geist gelehrt wurde, der auch in der universalen Kirche wehte. Das war sehr ermutigend. Ich kann nicht anders als die Worte von Lukas am Beginn der Apostelgeschichte wiederholen. Er schreibt: Jesus hat ihnen nach der Auferstehung „durch viele Beweise gezeigt, daß er lebt."[10] Nun, Jesus zeigte auch uns durch viele überzeugende Beweise, daß er lebt! Natürlich begrenzten wir unsere Lektüre der Bibel nicht darauf, passende Schriftstellen zu erbitten, aber der Herr war sehr gütig, so daß er sich uns durch Sein Wort in dieser Weise offenbarte.

[10] vgl. Apg 1,3

## Er lebt

In den Theologievorlesungen fand ich es schwierig, mich an theoretischen Spekulationen oder Fragen zu beteiligen. Wenn ich beispielsweise Fragen hörte wie „Was würde Jesus sagen, wenn er heute lebte?“, wollte ich ausrufen: „Aber Er lebt doch heute! Wenn wir wissen wollen, was er über uns denkt, warum fragen wir ihn nicht? Er wird uns seinen Willen zeigen, wenn wir einen erwartenden Glauben haben!“ Nach dem Wochenende benutzte ich weiterhin mein Notizbuch als Tagebuch und schrieb zum Beispiel hinein: „Ich weiß jetzt, was andere gerne gewußt hätten. Ich sehe, was andere gern gesehen hätten. Danke Herr.“
Wie erinnert dies doch an die Zeit, in der Jesus im Heiligen Geist jubelte und dem Vater dankte, daß er seine Anliegen den Klugen und Verständigen verberge, sie aber den unmündigen Kindern offenbare. Zu seinen Jüngern gewandt aber sagte er: „Selig sind die, deren Augen sehen, was ihr seht. Ich sage euch: Viele Propheten und Könige wollten sehen, was ihr seht, und haben es nicht gesehen, und wollten hören, was ihr hört, und haben es nicht gehört.“[11] Eine Woche nach unserem Einkehrwochenende schrieb ich: „Ich kann unmöglich alle Wunder aufzählen, die letzte Woche passiert sind.“ Jeder Tag war mit erstaunlichen neuen Entdeckungen über den Herrn gefüllt.
Am Freitag, den 5. März 1967 besuchte ich das erste interkonfessionelle Gebetstreffen im Hause von Flo Dodge. Es begleiteten mich unser Teologiedozent, Patrick Bourgeois, und David Mangan. Hier ist meine Beschreibung:

„Danke Herr. Ich habe mich vorher darauf vorbereitet, um mich vor Vorurteilen und jedweder Angst zu schützen. Die Leute waren so warm und freundlich. Im Gebet sagten sie, „Gib uns eine neue Chance, Herr.“ Ich beginne zu glauben, daß die christliche Einheit in Wirklichkeit nur durch die Hilfe des Heiligen Geistes erreicht werden kann.
Das Treffen begann mit spontanem Gebet. Dann baten sie uns, Zeugnis zu geben. Sie schienen wirklich sehr beglückt über uns zu sein. Fast alle beteten in Sprachen. Es ging sehr natürlich zu. Ich war etwas überrascht, als jeder zur gleichen Zeit in Sprachen betete. Dann

[11] vgl. Lk 10, 23-24

baten sie um Gebet. Eine Frau kam in die Mitte und die anderen legten ihr die Hände auf. Aus irgendeinem Grund begann ich, dieses alles anzuzweifeln. Nach allem, was ich erlebt hatte, wagte ich zu zweifeln. Ich bat Pat, ob er für mich beten könne, damit ich glauben würde, und fast im gleichen Augenblick kam der Geist sehr erfahrbar auf David. Ich wußte, das Zeichen war für mich. Meine Hände und mein Mund fühlten sich gesalbt an."

Vielleicht war weniger die Gegenwart der Geistesgaben das sichere Zeichen, daß der Heilige Geist unter ihnen war, sondern vielmehr die überfließende Liebe, die ich dort erfuhr.
Mitte März kamen einige Freunde unserer Dozenten an die Universität. Ich kannte nicht einmal ihre Familiennamen, aber Gott gab mir einen prophetischen Eindruck darüber, wie Er sie benutzen wollte, um sein Werk des Heiligen Geistes zu verbreiten. Am Tag bevor sie kamen schrieb ich in mein Notizbuch:

„Die nationalen Leiter von Cursillo kommen morgen, Ralph und Steve. Müßte eigentlich ganz schön was losmachen. Preis sei Dir, Herr. Preis sei Deinem Namen. Wenn Du zu ihnen kommst, wirst Du zu den Staaten kommen und zur ganzen Welt."

Tatsächlich hat Gott Ralph Martin und Steve Clark benutzt, um die Nachricht von der Taufe im Heiligen Geist über ihre Kontakte im Cursillo und ihrem pastoralen Dienst an der Universität zu verbreiten. Zwei weitere junge Männer von der Universität von Notre Dame besuchten uns zur selben Zeit – Jim Cavnar und Gerry Rauch. Jim sprach mit Marybeth Mutmansky und mir über die Möglichkeit, daß wir uns nach unserem Abschluß in Duquesne ihrem Dienst in der Studentenseelsorge anschließen könnten. Das war eine neue und aufregende Erwägung.
Ich muß noch immer schmunzeln, wenn ich an meine Unterhaltung mit Ralph Martin während seines Besuchs denke. Hier war Ralph, ein hingegebener, christlicher Leiter, der sich Zeit für eine frisch bekehrte, junge Studentin nahm – für mich. Aus irgendeinem Grund begann Ralph, mir seine Sorgen über eine seiner Schwestern mitzuteilen. Ich zog meine Bibel hervor und las Römer 8,28 vor, eine Textstelle, die ich gerade entdeckt hatte. „Wir wissen, daß Gott bei denen, die ihn lieben, alles zum Guten führt, bei denen, die nach

seinem ewigen Plan berufen sind." Dann fuhr ich fort, ihn zu beraten: Er müsse Gott vertrauen wegen seiner Schwester. Ich war zu neu im Geist, um den Humor dieser Situation zu begreifen. Er hatte mich nicht um einen Ratschlag gebeten, aber er bekam ihn trotzdem.
Etwa zwei Wochen später traf ich Ralph Martin wieder, als wir beide unsere Familien in New Jersey besuchten. Ralph brachte mich zu einem Gebetstreffen von Studenten der Fordham Universität in New York City. Als wir die Stufen des Gebäudes emporliefen, sagte er mir: „Ich möchte, daß du dein Zeugnis gibst." Plötzlich wußte ich gar nichts mehr. „Was ist denn mein Zeugnis?" fragte ich ihn. „Erzähle ihnen einfach, was dir während der Einkehrtage in der Kapelle passiert ist," antwortete er. So lernte ich an diesem Abend von Ralph, was es hieß, ein persönliches Zeugnis zu geben, und seitdem habe ich es immer wieder getan.
Doch stürzten mich diese Osterferien kopfüber in eine Krise mit meiner Familie. Ich wäre viel lieber in Duquesne geblieben, um die Karwoche mit meinen Freunden von Chi Rho zu feiern. Aber als ich das Thema anschnitt, war meine Familie ziemlich bestürzt. Später erfuhr ich, daß meine Schwester Gail weinte, weil sie dachte, ich würde ins Kloster eintreten. Meine Mutter fragte sich, wer all diese neuen Freunde sein könnten. Vater zog mich damit auf, daß ich zuerst Kardinal werden müsse, bevor ich Papst werden könne. Trotz meines großen Wunsches, ein gutes Zeugnis für meine Familie zu sein, war ich – so fürchte ich – ziemlich unbeholfen, bei meinen frühen Versuchen, anderen die Gnade der Taufe im Heiligen Geist näherzubringen.

## Der Mann, der nichts zurückhielt

Gleich nach den Osterferien hatten wir einen weiteren Besucher an der Duquesne Universität. Pastor Harald Bredesen war ein Pionier der neupfingstlichen Bewegung, seit er 1946 im Heiligen Geist getauft worden war. Obwohl wir es zu jener Zeit nicht erkannten, schuldete unsere Gruppe Pastor Bredesen bereits sehr viel wegen seines mutigen Zeugnisses über die Freisetzung des Heiligen Geistes.
In einer Prophetie hatte der Herr 1959 zu Harald Bredesen – der zu jener Zeit ein Lutheraner war – gesprochen, er solle bezüglich der Taufe im Heiligen Geist nicht zurückhaltend sein. Bredesen erzählte

seine Erfahrung Dr. Norman Vincent Peale und dessen Frau. Davon hörte John Sherrill, Chefredakteur beim Magazin Guidepost, und er suchte dann selbst die Taufe im Heiligen Geist.

Auch Sherrill wiederum hielt von seinem Zeugnis nichts zurück. Als Bredesen ihn mit dem Straßenprediger David Wilkerson bekannt machte, schrieb er seinen neupfingstlichen Klassiker „Sie sprechen in anderen Zungen". Sherrill half Wilkerson bei der Veröffentlichung seiner erstaunlichen Geschichte „Das Kreuz und die Messerhelden". Diese zwei Bücher haben wesentlich dazu beigetragen, daß die Professoren von Duquesne und viele andere 1967 zur Taufe im Heiligen Geist geführt wurden. Es war also nur richtig, daß Pastor Bredesen kam und sich einige Früchte seines apostolischen Mühens anschaute... eine Gruppe katholischer Jugendlicher, die Feuer und Flamme für den Heiligen Geist waren.

Bredesen war eine große Freude für uns, und sein Besuch war für mein Leben sehr wichtig. Er erklärte, wie persönliche Prophetie geprüft werden konnte und ob das, was man hört, wirklich Gottes Reden ist, oder nur einfach unsere eigene Vorstellung. Er erzählte uns, daß er einmal eine persönliche Prophetie hatte, die darauf hinwies, welche Frau er heiraten solle. Es gab nur ein Problem: Sie liebte einen anderen! Pastor Bredesen erklärte weiter, daß man Entscheidungen nicht aufgrund einer einzelnen persönlichen Prophetie treffen könne. Es sei eher so, daß eine persönliche Prophetie zusammen mit anderen Hinweisen vorbereitet oder bestätigt, was sich von Gott her entwickelt.

Das war eine wichtige Botschaft von einem Mann, der schon viele Jahre mit den Gaben des Heiligen Geistes lebte. Es gab bereits eine Anzahl von Romanzen in unserer kleinen Gruppe von Duquesne. Nach dem Wochenende hatten schon viele „ein Wort vom Herrn" erhalten, daß wir dachten, „X solle Y heiraten", oder auch „Z würde Y heiraten" oder „X solle Priester werden und Y Nonne". Es war etwas verwirrend, wenn man sich einen Weg durch diese sich ausschließenden „Offenbarungen" bahnen wollte. Harald Bredesen half beim Erlernen einiger Regeln zur Unterscheidung.

Bedeutungsvoll war ferner sein Vorschlag, daß eine Gruppe von Katholiken den Sommer über seine Gemeinde in Mount Vernon besuchen könnten. Er sprach über das wunderbar ökumenische Zeugnis, das wir geben könnten, und über die Dringlichkeit, auf die Straßen zu gehen und zu evangelisieren. Es war eine große Vision, und dem so ähnlich, was wir in „Das Kreuz und die Messerhelden" gelesen hatten.

## Kommt und folgt mir nach

Als Pastor Bredesen sprach, zwickte mich meine Freundin Karin Sefcik. „Das ist für dich," sagte sie. Zuerst ärgerte ich mich über ihren Vorschlag, nach Mount Vernon zu gehen. Ich hatte Geld gespart, um im Sommer 1967 nach Frankreich zu reisen und an der Sorbonne in Paris zu studieren. Als eine Französisch-Studentin wollte ich meine Aussprache verbessern. Aber ich muß zugeben, daß im Lichte des Duquesne-Wochenendes mich nichts mehr interessierte, als dem Herrn im Dienst direkter Evangelisation zu dienen. Ich bat den Herrn, mir zu zeigen, was er wolle. Und er tat es, schnell und dramatisch.

Am Montag nach Pastor Bredesens Besuch hatte ich drei Französischstunden nacheinander. In jeder Klasse wurde ich aufgerufen, laut vorzulesen, und als ich es tat, war ich erstaunt! Meine Aussprache klang besser als je zuvor. Es war fast, als wenn jemand anderer durch mich Französisch sprach. Als ich nach Hause ging, fühlte ich die Stimme des Herrn im innersten meines Herzens. „Patti, Französischakzente kann ich sehr leicht verbessern. Du aber komm, und folge mir nach." Ich sagte meine Reise nach Frankreich ab. Die Würfel waren gefallen. Mein Leben gehörte Jesus. Wenn ich auch nie wieder eine Chance haben würde, nach Frankreich zu gehen, es hätte mir nichts ausgemacht. Sie könnten sich fragen, was an dieser Stelle aus meinem Studium geworden ist. Mein Gespür für die Gegenwart Gottes war manchmal so intensiv, daß ich an nichts anderes denken konnte. Ich fühlte mich von Gott richtig „aufgesogen". Ich fürchte, dies war einigen Leute ein Ärgernis, auch in Chi Rho. Ich hielt mir Strafpredigten, daß ich mich wieder mehr ums Französisch kümmern müsse, doch mein Herz war nicht mehr bei der Sache. Wenn ich geistlich etwas reifer gewesen wäre, hätte ich Studium und geistliches Wachstum vielleicht besser handhaben können.

Während einer Französischklasse tadelte mich mein Professor sogar öffentlich. „Nous attendons le réveil de Mlle. Gallagher," („Wir erwarten Frl. Gallaghers Erwachen") verkündete er vor allen. Ich glaube, ich sah so aus, als seien meine Gedanken weit weg – und sie

waren es auch. Wie konnte ich ihm sagen, daß es mein Aufwachen für Gott war, was die Probleme machte? Es war, als hätten meine Erfahrungen mit der Taufe im Heiligen Geist andere Arten von Wissen verdrängt. Mehr und mehr fand ich meine Aufmerksamkeit zu den göttlichen Dingen hingezogen, und weniger zu den säkularen Beschäftigungen – wie wertvoll und gut sie auch immer gewesen sein mögen. Ich drückte dies in meinem Tagebuch so aus:
„Du, Herr, bist das ALLER-wichtigste für mich.
Du hast uns Kenntnis über Deine Geheimnisse gegeben – ein Wissen, das alles andere übersteigt. Preis und Dank sei Dir.
Ordne mein Leben, Herr. Hilf mir, daß ich mich besser in meine Studien einfüge und keine Zeit verschwende. Aber, wenn Du mich wegrufst an Deine Arbeit, bin ich gerne bereit, alles und jeden zu verlassen, auch wenn es hart ist. Du allein bist mein Schöpfer, mein Herr und Gott. Es gibt keinen so wie Du."

Einige von uns überlegten sogar nach dem Wochenende, das Studium aufzugeben – aber Gott sei Dank hielten alle bis zum Abschluß durch. Das mag vielleicht drastisch erscheinen, aber im Licht eines sich ausbreitenden Werkes des Heiligen Geistes schien eine persönliche Karriere für manche von uns unbedeutend zu sein.

## Der Herr ist nahe

Von den frühen Wochen nach dem Duquesne-Wochenende habe ich noch einen Eintrag in meinem Notizbuch, der die Intensität unserer Erlebnisse andeutet, die einige von uns hatten:
„Letzte Nacht fühlte ich mich wie ausgetrocknet... so voll von Deiner Liebe, daß ich sterben könnte. Es ist fast zuviel. Wie gut muß erst der Himmel sein, Herr... Dir so nahe... Deine Schönheit... Deine perfekte, allesverzehrende Liebe."

Einmal gingen eine meiner Freundinnen und ich am Spätnachmittag an der Universität spazieren, und es passierte folgendes:
„Preis sei Dir, Herr! Es ist schwer, sich über Deine Wunder kurz zu fassen, aber ich will es versuchen... Eine Freundin und ich wollten draußen spazieren gehen. Unsere Aufmerksamkeit wurde auf den Himmel gelenkt, wo wir kleine Puderwolken sahen. Zuerst dachten

wir, das sei nichts Besonderes, aber dann strömten die Wölkchen vor dem Philosophiegebäude zusammen und formten eine Taube. Preis sei Gott!
Vater, mir wird mehr und mehr bewußt, wie wenig wir verdienen und wieviel Du gibst... wie großzügig Du bist... wie großartig Deine Liebe!"
Spät im April hatten eine Freundin und ich ein weiteres ungewöhnliches Erlebnis. Wir fühlten uns beide am selben Tag krank und unwohl. Dann entdeckten wir, daß gerade jemand von Chi Rho aufgehört hatte, zu rauchen. Offenbar trugen wir einige seiner Entzugserscheinungen. Das gleiche geschah mir Jahre später, als meine Mutter mit dem Rauchen aufhörte. Obwohl sie in einem anderen Staat wohnte, durchlebte ich verschiedenste Entzugserscheinungen, ohne daß ich von ihrer Entscheidung überhaupt wußte.
Die Gegenwart des Herrn konnte mich fast überall „überfallen". In meinem Tagebuch beschrieb ich folgende Erlebnisse: In der Messe fühlte ich mich in dem Moment der Begegnung mit dem Herrn manchmal so, als ob mein Herz auseinanderbrechen würde. Selbst beim Sport kam der Herr zu mir. Eines Abends ging ich mit einigen Freunden zu einem Theaterstück. Als ich dort saß, wurde mir die Gegenwart der Herrn unglaublich stark bewußt. Ich fühlte mich, als brenne ich vor Sehnsucht nach Gott. Oder manchmal hörte ich bei einem Spaziergang oder inmitten einer Unterhaltung einen sehr hohen Ton, der meine Aufmerksamkeit erregte. Es war, als ob der Herr sagen wollte, „Paß auf!" Erst vor wenigen Jahren habe ich in der Autobiographie der heiligen Theresa von Avila von einer ähnlichen Erfahrung gelesen – einer Stimme, die einen pfeifenähnlichen Ton hervorbrachte, aber keine Worte sprach. Theresa spürte, daß Gott ihr in dieser pfeifenartigen Stimme eine Antwort auf ihr Gebet gab. Das erinnerte mich sehr an dieses hochfrequente Pfeifen, das ich gelegentlich seit dem Duquesne-Wochenende gehört habe.

## Ein Gebet und eine Prophetie von Pfingsten 1967

Ein paar Tage vor dem großen Pfingstfest 1967 schrieb ich folgendes Gebet:

„Deine Güte überwältigt mich!
Deine Gnade übersteigt jede Vorstellungskraft!
Wie sehnt sich meine Seele danach, Dein zu sein!
Fast zerspringt mein Herz vor Freude!
Denn Du hast Deinen Segen reichlich ausgegossen.
O wunderbares Licht der Liebe!
O blendender Abglanz der Wahrheit!
Dein Trost, Dein Verständnis,
Dein Friede sind mein.
Ich preise Dich, Herr, für Deine Gaben der Liebe!
Ich erkenne meine Nichtigkeit vor Dir.
Ich jubele in Deiner Kraft und Stärke.
Ich hänge an Dir als meinem Vater, meinem Bruder,
meinem Freund, meinem Gott."

Ich wollte glauben, daß die Taufe im Heiligen Geist – dieses Eintauchen in Gottes Liebe – für alle Kinder Gottes gedacht war. Doch weil es an der Universität keine enthusiastische Reaktion darauf gab – selbst unter den Priestern nicht – fragte ich mich, ob der Herr diese Erfahrung wirklich für die ganze Kirche wolle. Am Pfingstsonntag, den 14. Mai 1967, sprach der Herr in einer Prophetie zu mir, die ich aufzeichnete.

„Mein Geist ist für alle Menschen. Ich habe versprochen, ich werde geben. Aber ihr müßt bitten, ihr müßt suchen. Öffnet eure Augen, öffnet eure Herzen, öffnet eure Hände und erhebt sie zu mir. Erkennt, daß ich euch von euren Sünden befreit habe, daß ich jetzt in Kraft und Herrlichkeit mit meinem Vater regiere. Ruft mich an – mich, Jesus. Ich bin allzeit bei euch. Ich höre euer Gebet. Meine Kinder, was muß ich sonst noch tun, um meine Liebe zu beweisen?"

Schließlich war es klar für mich: Gott will Seinen Geist auf alle Männer und Frauen ausgießen. Da wir in Duquesne Empfänger einer neuen Ausgießung des Heiligen Geistes geworden waren, mußten wir es jedem verkünden, der zuhören würde. Ich erinnere mich, wie uns einer unserer Chi Rho-Berater von der Fakultät erzählte, „Die Heiligen sind immer noch dort draußen." Er erklärte, daß Gott noch immer Leute „dort draußen" in der Welt hatte, die er durch die Kraft des Heiligen Geistes verändern und gebrauchen wolle. Es würde

unser Zeugnis sein, welches sie zu Gott hinziehen werde. Sie würden Heilige werden und große Dinge für das Reich Gottes vollbringen, während wir vielleicht verborgen bleiben würden, im Hintergrund. Dennoch würde es unser Zeugnis sein, das sie in den Dienst für Gott rufen würde.
Das ist sicher wahr geworden. Die Leiterschaft der Charismatischen Erneuerung, die in Duquesne begann, ging schnell auf so feine Männer und Frauen wie Kevin und Dorothy Ranaghan, Bert Ghezzi, George Martin, Pater Edward O'Connor CSC, Steve Clark, Ralph Martin, Jim Cavnar, Gerry Rauch, Paul DeCelles, Bobby Cavnar und viele andere an verschiedenen Orten über.

**Ich werde es nicht planen**

Marybeth Mutmeanky und ich fühlten den wachsenden Wunsch, an dem Seelsorgedienst von Ralph Martin und anderen an Universitäten mitzuwirken. Wir waren bereit, einen Teil des Sommers mit ihnen an der Michigan State University zu verbringen. Die Nachricht von der Taufe im Heiligen Geist hatte sich an dieser Universität sehr schnell verbreitet, und sie mußten etwas Verfolgung erleiden. Ich wollte auf jeden Fall auf den Herrn warten, der Führung des Heiligen Geistes folgen und der Versuchung, alles selber in die Hand zu nehmen und eigene Pläne zu machen widerstehen. Ich war in der Vergangenheit immer sehr schnell bei der Ausgestaltung meiner eigenen Pläne gewesen. In Großbuchstaben schrieb ich in mein Notizbuch: „ICH WERDE ES NICHT PLANEN." Aber es war schwer, auf die Führung des Herrn zu warten.
Ende April erreichte mich ein Brief von Ralph Martin. Ich öffnete ihn begierig und fand eine halbe Serviette mit einer kurzen Notiz daraufgekritzelt, ohne Adresse und in Großbuchstaben:
LIEBE PATTI, DANKE FÜR DEINEN BRIEF. KOMM.
IN JESUS, UNSEREM HERRLICHEN RETTER

RALPH

Auf diese einfache Notiz gestützt, beschloß ich, mich ihm und seinem Werk an Universitäten anzuschließen. Ein junger Mann aus Duquesne bekam mit, wie ich mein Leben umorganisierte. Er fragte mich, ob es mir etwas ausmachen würde, wenn Gott in mein Leben eingreifen würde. Etwas ausmachen? Wie hätte es mir etwas ausmachen können? Seine Frage amüsierte mich, denn wenige Tage zuvor hatte ich ein Gebet geschrieben, in dem ich den Herrn bat, in mein Leben einzugreifen.

## Und ihr sollt meine Zeugen sein

Auch an der Universität Duquesne gebrauchte mich der Herr als Zeuge. Beispielsweise fragte mich ein mir unbekanntes Mädchen direkt nach den Einkehrtagen, wo ich während des Wochenendes gewesen sei. „Hast du dich mit einem Jungen getroffen?" fragte sie. Als ich ihr sagte, daß ich viele Jungen und Mädchen getroffen hatte, sagte sie, „du mußt jemand ganz Besonderen getroffen haben, man sieht es dir an!" Dann gab es da einen ehemaligen Seminaristen, der mich mit theologischen Fragen und Einwänden dem Glauben gegenüber traktierte. Als ich meine eigene Unfähigkeit erkannte, konnte ich nur sagen, „Ich weiß, daß Gott lebt, denn ich erfahre jeden Tag seine Liebe persönlich." Schließlich hörte er auf, zu argumentieren. Als ich ein anderes Mal gerade an einer Bekannten vorbeiging, fühlte ich mich geführt, ihr in einer Geste der Freundschaft die Hand zu schütteln. Später erzählte sie mir, daß sie an genau diesem Morgen gesagt hatte, „Herr, wenn Du Wirklichkeit bist, dann mußt du es mir zeigen." Als ich ihre Hand ergriff, ohne ein Wort zu sagen, war es ihr, als hätte ich ihr den Frieden Christi gewünscht. Anscheinend erfuhr sie die Wirklichkeit Seiner Gegenwart durch meinen Handschlag. Diese junge Frau folgte mir so lange, bis ich ihr alles erzählt hatte, was ich über die Taufe im Heiligen Geist wußte. Der Herr lehrte mich, daß ich eine Pflicht hatte, zu evangelisieren. Ich schrieb:
„Jesus, Du zeigst mir, daß – selbst wenn ich lieber nichts sagen würde – ich dennoch die Verantwortung habe, anderen von Dir und Deiner Liebe zu erzählen. Sie fragen so gezielt, daß ich nichts anderes erkennen kann, als daß Du die Antwort bist."

## Nicht den Frieden, sondern das Schwert

Als das Semester im Mai 1967 zu Ende ging, machten wir, die wir im Heiligen Geist getauft worden waren, ein gewisses Maß an Leid und

Ablehnung durch. Die Heilig Geist Väter schienen die Ausgießung des Heiligen Geistes an der Universität nie wirklich zu begrüßen. Die einzige Außnahme war Pater Vince Dovonan SCSp, der als Missionar in Afrika gerade auf Heimaturlaub war. Um gegenüber den Heilig Geist Vätern fair zu sein, muß ich sagen, daß wir wohl eher einer „wilden und wirren Herde“ glichen, die sie zu hüten hatten. Unser Studentenpfarrer war über die Spaltung besorgt, die das Wochenende für die Mitglieder von Chi Rho gebracht hatte, und er beschloß, sich nicht mit uns zu identifizieren. In der Gebetsgruppe waren wir über den Mangel an erfahrener Leiterschaft besorgt, denn unsere Dozenten verließen die Stadt.

Persönlich kämpfte ich mit der Reaktion meiner Familie, besonders mit der meiner Mutter, auf meinen Ruf, zu evangelisieren. Sie konnte einfach nicht verstehen, warum ich meine Reise nach Frankreich aufgeben wollte, um „soziale Arbeit“ zu leisten. Je mehr ich ihr zu erklären versuchte, daß es keine Sozialarbeit war, desto schlimmer wurde es. Ich erinnere mich noch, wie ich einmal bei einem Besuch zuhause, nach einer unserer Diskussionen, in Tränen auf mein Schlafzimmer ging. Ich flehte den Herrn an, mir zu zeigen, warum Sein Wille denen, die ich liebte, so viel Schmerz bereitete. Da kamen in mir die Worte auf: „Markus 10,28.“ Ich schaute nach und las:

„Da sagte Petrus zu ihm: Du weißt, wir haben alles verlassen und sind dir nachgefolgt. Jesus antwortete: Amen, ich sage euch: Jeder, der um meinetwillen und um des Evangeliums willen Haus oder Brüder, Schwestern, Mutter, Vater, Kinder oder Äcker verlassen hat, wird das Hundertfache dafür empfangen: Jetzt in dieser Zeit wird er Häuser, Brüder, Schwestern, Mütter, Kinder und Äcker erhalten, wenn auch unter Verfolgungen, und in der kommenden Welt das ewige Leben.“

Am nächsten Tag hatte ich eine weitere unangenehme Unterhaltung mit meiner Familie. Als ich wieder in meinem Schlafzimmer war, schrie ich zum Herrn. Diesmal öffnete ich die Bibel genau bei Lk 9,57-62:

„Als sie auf ihrem Weg weiterzogen, redete ein Mann Jesus an und sagte: Ich will dir folgen, wohin du auch gehst. Jesus antwortete ihm: Die Füchse haben ihre Höhlen und die Vögel ihre Nester; der Menschensohn aber hat keinen Ort, wo er sein Haupt hinlegen kann.

Zu einem anderen sagte er: Folge mir nach! Der erwiderte: Laß mich zuerst heimgehen und meinen Vater begraben. Jesus sagte zu ihm: Laß die Toten ihre Toten begraben; du aber geh und verkünde das Reich Gottes!
Wieder ein anderer sagte: Ich will dir nachfolgen, Herr. Zuvor aber laß mich von meiner Familie Abschied nehmen. Jesus erwiderte ihm: Keiner, der die Hand an den Pflug gelegt hat und nochmals zurückblickt, taugt für das Reich Gottes."

In gewisser Weise sehe ich hier den größten Beweis für das Wirken des Heiligen Geistes in meinem Leben während dieser frühen Tage. Der Herr befähigte mich, ihn vorzuziehen, vor Vater, Mutter, Freundin, Zimmerkollegin, Heim, Karriere und trotz Schmerz und Schmach. Es war reine Gnade, denn ich liebte sie alle sehr. Ich schrieb in mein Tagebuch:

„Selbst wenn es mich jede Beziehung meines Lebens kosten würde, ich werde Dich nicht verlassen, Herr. Du bist würdig. Ich nehme Deine Disziplin an."

In diesen frühen Tagen gab es ein Lied, das wir oft sangen: „Ich bin entschieden, zu folgen Jesus." Einer der Verse schien mit der Zeit immer mehr zuzutreffen: „Obwohl niemand mit mir geht, werde ich noch immer folgen, ich werde nicht umkehr'n, ich werde nicht zurückschau'n."
Durch diese Schwierigkeiten lud uns Jesus ein, echte Jünger zu werden, nicht bloß „Schönwetter-Freunde", die sich an seinen Wundern erbauen, aber sein Kreuz scheuen. Das Kreuz! Wie könnten wir Jesus lieben, ohne dieses zu umarmen? In meinem Tagebuch heißt es:

Dein Kreuz...
Bezeichne uns damit, Jesus,
Schreibe es auf unsere Herzen...
Damit wir es freudig umarmen,
Denn es macht unsere Einheit mit Dir vollkommen.

## Eine Schule des Heiligen Geistes

Im Sommer 1967 erreichte eine Gruppe von uns aus Duquesne das Pfarrhaus von Harald und Gwen Bredesen in Mount Vernon im Bundesstaat New York. Bredesens reformierte Gemeinde in Mount Vernon ist als das „charismatische Nervenzentrum" in der Gegend von New York bezeichnet worden. Christliche Liebe bestand im Bredesen-Haushalt aus Taten, nicht bloß aus Worten. Die Familie zog während unseres Aufenthalts in ein Schlafzimmer, um uns unterzubringen. Die gemeinsame Gebetszeit am Morgen lehrte uns mehr über die Einheit unter Christen. Diese Leute änderten sogar ihren Gebetsstil, wenn wir Schwierigkeiten damit hatten.

Allein schon in der Nähe von Harald Bredesen zu sein war eine Schule des Heiligen Geistes. Unsere erste Lebensmittelrechnung von $ 60 wurde aus seiner Tasche bezahlt. An jenem Abend erhielt er von drei Seiten je einen zwanzig Dollarschein, „um den katholischen Jugendlichen zu helfen". Sicherlich haben die Bredesens während dieses Sommers unter unserer persönlichen und geistlichen Unreife gelitten, aber sie haben sich nicht beschwert. Die meisten von uns waren echte Anfänger in christlicher Jüngerschaft.

Während wir Pastor Bredesen beim Dienst an jungen Leuten auf den Straßen von Mount Vernon beobachteten, lernten wir, wie man bei der Verkündigung der frohen Botschaft der Leitung des Heiligen Geistes folgt. Als wir einmal einigen Teenagern Zeugnis gegeben hatten, versuchten meine Freundin und ich auch deren Freundinnen anzusprechen. Aber die Burschen packten die Mädchen in ihr Auto, und wir standen plötzlich allein auf dem Bürgersteig. „Was würde Pastor Bredesen tun?" fragten wir uns. Sofort wußten wir die Antwort. Die Köpfe im Gebet geneigt, sagten wir: „Jesus, wenn Du willst, daß diese Mädchen evangelisiert werden, dann bring sie zurück." Innerhalb weniger Augenblicke kehrte das Auto zurück und die Jungs riefen: „Okay, wir haben eure Story gehört, sie aber nicht. Erzählt sie ihnen." Halleluja! Es waren jüdische Mädchen.

Die Wochen mit Pastor Harald Bredesen hinterließen einen bleibenden Eindruck in meinem Leben. Seine Botschaft war klar: Der Heilige Geist hat das Sagen! Es lohnt sich, alles aufzugeben, um Seiner Führung treu zu sein!

Den letzten Teil des Sommers schlossen wir, Marybeth Mutmansky und ich, uns Ralph Martin, Steve Clark, Jim Cavnar und Gerry Rauch an, um in der Evangelisation an Universitäten zu helfen und Gott im Gebet zu suchen. Kurz bevor wir an der Michigan State Universität in East Lansing eintrafen, erreichten uns beunruhigende Nachrichten: Die Männer hatten ihre Arbeit verloren, weil sie in der Charismatischen Erneuerung aktiv waren, die man zu jener Zeit noch Pfingstbewegung in der Katholischen Kirche nannte. Wir verbrachten viel Zeit im Gebet und baten den Herrn um Führung. In dieser Zeit bestätigte der Herr meine Berufung, in der Kirche zu evangelisieren.

## Nur diese Liebe kann verändern

Als wir alle im September 1967 nach Duquesne zurückkamen, wurden die Meinungsverschiedenheiten zwischen uns, die im Heiligen Geist getauft waren, und dem Studentenpfarrer deutlicher. Dennoch fanden wir bei einigen Aktionen zusammen, wie zum Beispiel beim Antioch-Wochenende, ein für Studenten ausgerichtetetes Exerzitienprogramm, das auf den Cursillo gegründet war und von unseren Freunden aus Michigan entwickelt worden war.
Wenn ich meine Notizen vom Herbst 1967 wieder betrachte, erkenne ich, daß der Herr sein Werk der Reinigung unserer Gedanken und Handlungen fortsetzte. Hier ist eine Prophetie, die der Herr mir am 11. Oktober 1967 gegeben hat. Ich lasse sie hier einfließen, weil sie über diese Reinigung spricht:
„Könnt ihr nicht sehen, was Recht ist? Versteht ihr noch immer nicht, was Ich an euch tue, um was Ich euch bitte, was Ich verlange? Euer Leben – legt es nieder für Mich, und Ich werde es entfalten. Öffnet euer Herz und laßt es von Meiner Liebe durchdrungen werden, die wie feurige Pfeile fliegt – das ist Meine Gnade. Sie durchstößt, sie durchdringt, sie reinigt, sie macht frei. Das ist schmerzhaft und anstrengend für die, die Ich vollkommen machen will. Gebt euch ganz Meiner Liebe hin – nur diese Liebe kann verändern.“

## Ein Ruf nach Intimität im Gebet

Meine Gebete zeigten in diesen Monaten des Herbstes 1967 ein wachsendes Bewußtsein für meine eigene Sündhaftigkeit und die unbedingte Notwendigkeit der verwandelnden Kraft Gottes. In meinem Tagebuch lese ich wieder, wie der Herr mich anleitete:

„Sei beharrlich im Gebet. Sei ausdauernd im Gebet. Halte aus, und du wirst in Meiner Gnade leben. Die Verheißungen, die Ich gegeben habe, werden erfüllt, wenn ihr nicht aufhört, zu vertrauen. Hört nicht auf die Geister dieser Welt, nicht auf den Bösen, der versuchen wird, Euch den Frieden zu rauben. Mein Wort ist ewig. Ich gebe nicht, um wieder wegzunehmen. Was du empfangen hast, wird noch mehr werden, aber komme zu mir, mein Kind. Schau in Meine Augen, und Meine Liebe wird dich verändern. Erkenne Mich. Erkenne Mich. Erkenne Mich."

Ich fragte, „Aber wie, Herr?"
„Indem du dich Mir zuwendest im Gebet. Indem du Meinem Wort glaubst. Indem du auf Meine Stimme hörst. Indem du das glaubst, was Ich dir sage. Indem du Meinen Weisungen gehorsam bist. Ich bin der Herr, dein Gott."

## Mach es, wie du willst, Herr

Als ich so die Kosten der Jüngerschaft erfuhr, vertraute ich mich der heiligen Jungfrau Maria an. Ich wandte mich dem Beispiel der Heiligen zu, denn ich wußte, daß ich Gnade brauchte, um durchhalten zu können:

„Ich bekomme diese Warnungen vom Herrn, wie ‚Hab keine Angst, wenn ich alles von dir nehme, wenn Menschen dich hassen wegen der neuen Dinge, die ich an dir tun werde.'
Herr, ich kann vor Dir nicht weglaufen. Wohin könnte ich gehen, um mich vor Dir zu verstecken? Wo könnte ich Deinem Blick ausweichen? Ob ich aufstehe, ob ich mich niederlege, Du bist bei mir, und ich preise Dich für diese beständige Gegenwart, für diese unnachgiebige Liebe, für dieses beständige Nachlaufen.
Es schmerzt mich, wenn ich sehe, wie ich mich selbst zurückhalte, Dir zu vertrauen, ‚Ja' zu sagen. O Herr, selbst nachdem ich Deine Wunder der Liebe gesehen habe, zweifle ich und habe Angst, Dir in völliger Selbsthingabe zu vertrauen.

Maria, hilf mir! Durch Deine Gebete wie durch Dein Beispiel – damit ich den Mut, die Kraft habe, freudig zu sagen: ‚Dein Wille geschehe – Ja – obwohl ich nichts verstehe – Ja.‘
Wie viele unbezahlbare Lektionen hast Du mich gelehrt, Jesus. Doch gerade die schmerzhaftesten waren die schlimmsten.
Ich habe an die heilige Theresa gedacht, ‚die Dir nie etwas vorenthalten hat‘. An Johannes, den Täufer, der zufrieden damit war, ‚eine Stimme‘ zu sein – eine Seele, mit der Du Deine Wege gehen konntest, Jesus.
Ich möchte auch sagen: Ich will Deine Wege gehen, Herr. Schmelze die Hindernisse mit dem Feuer Deiner Liebe! Komm, Heiliger Geist! Komm, Geist der Weisheit, des Rates, der Einsicht! Geist des Glaubens, der Hoffnung und der Liebe. Komm schnell!“

## In die Liebe Gottes eingetaucht

Genau ein Jahr nach dem Duquesne-Wochenende habe ich ein Gebet in mein Tagebuch geschrieben, das meine Tendenz wiederspiegelt, mein eigenes Leben in der Hand zu behalten. Ich betete: „Vergib mir meine kleinen Pläne. Du, o Herr, bist Plan genug!“ Und doch – trotz meiner Schwierigkeiten – spürte ich doch die Realität, in Gottes Liebe eingetaucht zu sein. Paulus schreibt, daß „die Liebe Gottes ausgegossen ist in unsere Herzen durch den Heiligen Geist, der uns gegeben ist.“[13] Ich glaube, im Heiligen Geist getauft zu sein heißt, in die Liebe Gottes getaucht zu sein. Am 21. Februar 1968 beschrieb ich diese Erfahrung, in die Liebe Gottes eingetaucht zu sein:

„Dein Friede, Deine lebenspendende Gegenwart legt sich auf mich wie eine dicke Wolldecke – eine Decke der Güte und Liebe.
Sie vergrößert sich... diese Sehnsucht nach Dir
Da zu sein, wo auch Du bist,
Dir ganz ausgeliefert sein,
Dir allein, Christus.
Denn ich bin Dein, o Herr, mein Gott.
Du hast mich gemacht und beansprucht.
Du bist mein Hirte und mein Meister.

[13] vgl. Röm 5,5

Du hast mich mit Deinem Geist erfüllt.
Und jetzt weiß ich, daß ich nie wieder dieselbe sein werde."

Mit diesen Auszügen aus meinem Notizbuch habe ich Ihnen erlaubt, einen Ausschnitt von dem zu sehen, was Gott in diesem ersten Jahr, nach dem Duquesne-Wochenende, in meiner Seele getan hat. Dies sind tiefe, persönliche Erfahrungen, die man nicht leichtfertig erzählt. Aber ich wollte Sie das Maß sehen lassen, mit welchem die Gnade Gottes in meinem Leben ausgegossen worden ist. Trotz meiner Sündhaftigkeit, meiner Unwissenheit, meines Mangels an Weisheit und Reife hat der Herr Jesus durch seinen Geist in meinem Leben gewirkt. Sein Tun war reine Gnade, völlig unverdient. Es gab einen unverwechselbaren Ruf zur Jüngerschaft, und das heißt, jeden Tag mein Kreuz auf mich zu nehmen und Jesus zu folgen. Manchmal in Freude und Lob, zu anderen Zeiten in Kummer und Tränen lernte ich, in seinen Fußstapfen zu gehen, von Seinem Geist geführt. Er hat Sein Wort persönlich an mich gerichtet, als Er mich zu Reinigung, Veränderung, Heiligkeit und Dienst rief.

## Ein Geschenk zum Universitätsabschluß

Meine Abschlußurkunde der Duquesne-Universität erhielt ich am Pfingstsonntag, den 2. Juni 1968. Es war ein weiteres Erlebnis mit der Kraft des Heiligen Geistes. Meine Eltern kamen mit meinen drei Geschwistern von New Jersey zu unserer Abschlußfeier in der Civic Arena in Pittsburgh. Sie fuhren ohne mich wieder nach Hause, und ich sollte mit einem Freund am nächsten Tag folgen. Als ich mich von ihnen verabschiedete, fühlte ich mich vom Geist geleitet, ein besonderes Gebet um Schutz für die Fahrt zu beten. So betete ich leise im Auto, indem ich Satan im Namen Jesu in die Schranken wies. Dann brachen sie nach New Jersey auf und ich verbrachte die Nacht in Pittsburgh.

In der Nacht erwachte ich plötzlich mit dem Eindruck, ich solle dringend für etwas sehr Wichtiges beten. Eine himmlische Gebetslast legte sich auf mich, und so kniete ich mich hin und betete. Weil ich nicht wußte, wofür ich beten sollte, benutzte ich die wunderbare Gabe des Sprachengebets und betete für eine lange Zeit. „So nimmt sich auch der Geist unserer Schwachheit an. Denn wir wissen nicht, worum wir in rechter Weise beten sollen; der Geist selber tritt jedoch für uns ein..."[14]

Als mein Freund und ich am nächsten Tag durch Pennsylvania fuhren, hatte ich einen fürchterlichen Gedanken: „Deine Familie ist in einen Autounfall geraten und sie sind alle tot. Was tust du jetzt?" Ein Knoten entstand im Inneren meiner Kehle. Aber so schnell, wie dieser bedrückende Gedanke kam, so schnell erhielt ich auch die Gnade, ihn abgeben zu können. Ich wandte mich an Jesus und betete: „Herr, ich glaube es nicht, daß das geschehen ist, aber selbst wenn Du sie alle genommen hast, vertraue ich Dir immer noch." Sogleich erfüllte Friede mein Herz, und ich verwarf den Gedanken als nichts anderes als eine Versuchung.

Als ich später am Nachmittag zuhause ankam, fand ich meine ganze Familie im Wohnzimmer vor, noch immer in Reisekleidung. Sie erzählten mir, daß ihnen in der Nacht auf der Autobahn ein Reifen geplatzt sei. Mutter verlor die Kontrolle über das Auto und es schleuderte über die ganze Fahrbahn. Wunderbarerweise war kein anderer Wagen vor ihnen, und ihr Leben wurde gerettet. Um mit den Worten des Polizisten am Unfallort zu reden: „Gott muß bei ihnen gewesen sein. Das hätte ein fataler Unfall sein können."

Dann erinnerte ich mich an meine Eingebung, um eine sichere Fahrt zu beten, und wie ich in der Nacht aufgeweckt worden war. Für meine eigene Familie hatte ich in Sprachen Fürbitte getan. Sofort ging ich in unsere Kirche, um dem Herrn für dieses besondere Geschenk zu meinem Universitätsabschluß zu danken – die Sicherheit meiner Familie.

## Erhebt eure Augen und seht

Nie habe ich wirklich Französisch gelehrt. Nach meinem Studium arbeitete ich in der Seelsorge an der Universität von Michigan in Ann Arbor, und ich gab Religionsunterricht an der Mercy High School in Farmington, Bundesstaat Michigan. Ab 1971 überlegte ich auf Anregung meines lieben Freundes Pater Jim Ferry, ob ich nicht vollzeitlich für die Charismatische Erneuerung arbeiten sollte. Pater

[14] vgl. Röm 8,26

Harold Cohen SJ lud mich nach New Orleans ein, wo ich mit ihm in der Seelsorge an der Loyola University of the South mitarbeitete. Es war eine Zeit des explosionsartigen Wachstums in der Charismatischen Erneuerung, und ich diente in Gebetsgruppen und in der Leitung von Konferenzen.
Auch reiste ich viel, um die gewaltige Ausgießung des Heiligen Geistes unter dem Volk Gottes, in den Vereinigten Staaten und verschiedenen Teilen der Welt, mitzuerleben. Bei einer Konferenz 1973 in Aix-en-Provence, Frankreich, sprach der Herr diese Worte der Schrift zu mir: „Blickt umher und seht, daß die Felder weiß sind, reif zur Ernte."[15] Und im selben Jahr wurde auf unserer Nationalkonferenz der Charismatischen Erneuerung eine Prophetie an die ganze Versammlung gegeben: „Was ihr vor Euren Augen seht, ist erst der Anfang."

## Dem Herrn allein sei die Ehre

Die erste Konferenz von katholischen Charismatikern, die ich in Notre Dame besuchte, fand im September 1967 statt. Damals hatten sich fünfzig von uns in einem kleinen getäfelten Raum versammelt. 1973 stand ich in einem Fußballstadion zusammen mit 35 000 Katholiken, die alle im Heiligen Geist getauft waren. Nun gibt es Millionen davon auf der ganzen Erde. Nur Gott weiß genau, wieviele mit seiner kostbaren Gabe der Taufe im Heiligen Geist gesegnet worden sind. Es ist mir vollkommen klar, daß dies keine menschliche Strategie oder Organisation sein konnte, die für dieses Werk zu ehren wäre. Nicht einer von uns, der zu Beginn der Charismatischen Erneuerung schon dabei war, noch irgendjemand, der seither in die Leitung berufen worden ist, kann sich irgendetwas als Verdienst anrechnen. ES IST ALLES GOTTES WERK. Er ist es, dem wir Preis und Dank schulden für die neue Ausgießung des Heiligen Geistes in diesen unseren Tagen, wie in einem neuen Pfingsten.

[15] vgl. Joh 4,35

## Freu dich am Herrn

Eine der größten Segnungen in meinem Leben ist meine Ehe mit Al Mansfield. Jahrelang habe ich den Herrn um einen „geisterfüllten Heiligen“ gebeten, und Er erhörte mein Gebet. Al und ich erfuhren unser Zusammenkommen als einen ausdrücklichen Ruf, eins zu sein zur Ehre Gottes. Vor langer Zeit gab mir der Herr ein Versprechen aus Psalm 37,4: „Freu dich innig am Herrn! Dann gibt Er dir, was dein Herz begehrt.“ Der Herr war seinem Wort treu, indem er Al zu mir sandte und uns mit vier herrlichen Kindern segnete. Gemeinsam haben wir uns verpflichtet, der Katholischen Kirche zu dienen, die wir lieben, und die Ausgießung des Heiligen Geistes in der Charismatischen Erneuerung zu unterstützen. Wir hatten das Privileg, dies seit 1971 als Vollzeitbeschäftigung machen zu können.
In Seiner Liebe segnete der Herr schließlich alle Mitglieder meiner Familie und viele meiner engsten Freunde mit der Taufe im Heiligen Geist. Er hat mir tatsächlich meine Familie zurückgegeben, zusammen mit „dem Hundertfachen“, also den Brüdern und Schwestern in Christus auf der ganzen Welt.

## Ja-sagen mit Maria

Manchmal bin ich gefragt worden, wie man sich fühlt, wenn man damals, 1967 in Duquesne dabei war und mit einer Handvoll Katholiken mit dem Geist erfüllt worden ist, und heute die Verbreitung der Charismatischen Erneuerung in der ganzen Welt miterleben kann. Meine Antwort könnte sie überraschen. Ich fühle mich sehr gedemütigt, und ich fühle mich sehr vereint mit Maria, der Mutter Jesu. In einer mysteriösen, aber sehr wirklichen Art fühle ich mich aufgenommen in die Rolle Mariens, die darin besteht, Gott zu antworten. Es ist erstaunlich, was das Ja dieser einen einfachen Frau bewirkt hat! Maria sagte ja, als der Geist sie überschattete, und die Folge war, daß Jesus, der Retter der ganzen Welt, geboren wurde. Die Rettung der Menschheit hing ab von der Aktivität des Heiligen Geistes und der Antwort eines Geschöpfes. Marias Ja war unentbehrlich für die Entfaltung von Gottes Plan, und so ist es mit dem Deinen und dem meinem.

Jeder von uns, der ja zu Gott sagt, wenn der Heilige Geist uns überschattet, wird wie Maria zu einer Wohnung für Jesus. Unsere Sendung ist es, Jesus heute in die Welt zu bringen. Mein Ruf und Dein Ruf sind wie Marias Berufung – das Wirken des Heiligen Geistes zu begrüßen, zu ergreifen und Ihm keinen Widerstand zu leisten. So kann Jesus Christus in uns geboren werden und sich der Welt offenbaren. Zu wissen, daß mein Ja zu Gott irgendwie einen Einfluß auf andere hatte, ist demütigend, weil ich weiß, wie unbedeutend ich bin. Ja, „denn der Mächtige hat Großes an mir getan, und sein Name ist heilig."[16] Ich schließe mit diesen schönen Worten des heiligen Paulus:

„Was kein Auge gesehen und kein Ohr gehört hat,
was keinem Menschen in den Sinn gekommen ist: das Große,
das Gott denen bereitet hat, die ihn lieben,
das hat uns Gott enthüllt durch den Geist."

[16] vgl. Lk 1,49

## Der Friede Christi sei mit euch

### Ein Zeugnis von Marybeth Mutmansky

*Marybeth Mutmansky absolvierte 1968 ihre Studien an der Duquesne Universität mit dem Titel Bacchelor of Arts in Englisch. Sie lebt in Bronx, New York, wo sie als stellvertretende Direktorin von LAMP MINISTRIES dient.*

Das Duquesne-Wochenende fand in meinem dritten Studienjahr statt. Als Mitglied des Komitees von Chi Rho aus Studenten und Lehrkräften, die dieses Wochenende planten, war ich mir bewußt, daß die Gruppe damit kämpfte, seine Ziele zu identifizieren. Für einige Mitglieder sollte sie eine Menschenrechtsgruppe oder eine Gruppe für soziale Aktion sein. Andere wollten eine liturgische Erneuerung an der Universität fördern. Eine dritte Gruppe wollte die Aktivitäten auf die täglichen Gebetszeiten beschränken. Andere wiederum wollten mehr von irgendeiner Art von Gemeinschaftsleben.

Dozenten der Fakultät hatten begonnen, Gebetskreise zu besuchen. Dort erfuhren sie den Heiligen Geist in einer Weise, die sie überzeugte, worauf unser Augenmerk am Wochenende gerichtet werden sollte: auf den Heiligen Geist.

Um sich auf das Wochenende vorzubereiten, wurden die Teilnehmer gebeten, das Buch von David Wilkerson, „Das Kreuz und die Messerhelden“ und die ersten vier Kapitel der Apostelgeschichte zu lesen. Auch wurden verschiedene von uns gebeten, Meditationen über Frauen der Bibel zu geben, die treu auf Gottes Anruf geantwortet hatten. Die Frau, über die ich die Meditation geben sollte, war Maria, die Mutter Jesu.

Ich war sehr bewegt, als ich die Geschichten der Jugendlichen in David Wilkersons Bericht über seinen Dienst unter den New Yorker Straßenbanden las. In der Nacht vor dem Wochenende kniete ich mich neben mein Bett und redete zum ersten Mal seit Monaten persönlich mit Gott. Ich sagte etwa folgendes: „Ich mag nicht gegen Dich kämpfen. Von jetzt an möchte ich genau das in meinem Leben, was immer Du auch willst.“

Am ersten Abend der Einkehrtage nahmen etwa dreißig Teilnehmer an einem Bußgottesdienst teil. An einer Stelle gab es Zeit für sponta-

nes Gebet, und wir begannen, einander unsere Sünden zu bekennen. Es erschien mir, als ob Mauern in mir und innerhalb der Gruppe einstürzten. Anschließend bot der anwesende Priester für jeden, der es wünschte, das Sakrament der Beichte an.
Während der Eucharistiefeier am nächsten Tag wuchs in mir der Eindruck, daß ich einen Schritt im Glauben machen und sagen mußte: „Ja, ich glaube, daß Jesus der Sohn Gottes ist und lebt." Als wir zum Friedensgruß kamen, wußte ich, daß ich die Verpflichtung haben würde, den Namen Jesus laut auszusprechen, und ich hatte Angst. So ging ich durch die Kapelle und nickte nur mit dem Kopf, wenn ich jemandem die Hand reichte. Aber dann kam ich zu einem der Professoren, der zu mir sagte: „Kommen Sie schon, Sie können es sagen!"
Als ich ihm den Frieden Christi wünschte, wurde die Gegenwart Jesu in der Eucharistie, in unserer Mitte und in meinem Herzen so real, daß ich vor Freude zu weinen begann. „Was fehlt dir?" wollten meine Freunde nach der Messe wissen. „Mir fehlt nichts," antwortete ich, „Eher habe ich zuviel!"
Am Nachmittag teilte ich meine Gedanken über das „Ja" Mariens gegenüber dem Ruf Gottes mit, und jetzt konnte ich mich mehr als je zuvor mit Ihr identifizieren. Sie wurde eine Person, der ich mich nahe fühlte, Sie war nicht mehr fern und unnahbar.
Am Samstagabend stand eine Geburtstagsfeier auf dem Programm, aber die Anwesenden liefen ruhelos durch das Haus. Ich fühlte in mir etwas, das mich zurück zur Kapelle zog. Als ich eintrat, spürte ich, daß die Gegenwart des Heiligen Geistes den Raum erfüllte. Es war wie eine Kombination von Wasser und Licht. Viele Stunden lang beteten wir in dieser Nacht spontane Gebete und lobten Gott. Wir taten Fürbitte für die Kirche und genossen die Gegenwart des Herrn. Zu dieser Zeit verstand ich, daß Gott Familie ist: Vater, Sohn und Heiliger Geist. Ich erkannte, daß uns der Geist direkt in das Herz der Dreieinigkeit bringt.
Am Sonntagmorgen – nach sehr wenig Schlaf, aber mit dem Gefühl, als habe Gott mir eine Mittelmeer-Kreuzfahrt geschenkt – wurde ich auf die Gaben des Heiligen Geistes unter uns aufmerksam. Als beispielsweise einer der Leute plötzlich in Erregung aus dem Raum lief, folgte ich der Person und betete mit ihr um Befreiung und Frieden – etwas, wovon ich noch nie gehört hatte, so daß mir der Geist die Worte gegeben haben mußte. Die Person kam dann in Ruhe

und im Frieden zum Treffen zurück. Das hat in mir Ehrfurcht über Gottes Kraft und Heiligkeit zurückgelassen.

Am Ende des Wochenendes erlebte ich die Gabe der Sprachenrede, als Freunde mit mir um diese Gabe beteten. Gefühle der persönlichen Unwürdigkeit gegenüber einem sehr heiligen Gott wurden verdrängt von einem tiefen Frieden und einem Bewußtsein, daß Gott mich persönlich liebt und annimmt.

Die Güte des Herrn wurde an diesem Duquesne-Wochenende und den folgenden Wochen in mein Leben eingegossen. Jesus lebte und Seine Wege waren für mich attraktiv. Ich hatte einen unglaublichen Hunger nach Gottes Gegenwart beim Gebet, wenn ich Sein Wort las oder die Eucharistie empfing.

Mein Herz änderte sich von Zynismus zu einer Liebe zur Kirche. Vor dem Wochenende sah ich die Schwächen und Fehler in der Katholischen Kirche, erkannte aber nicht ihr Wesen. Plötzlich gewann die Kirche eine ganz neue Bedeutung für mich. Durch Jesus sah ich, daß ich in einem Leib mit der universalen Kirche vereint bin, daß wir zusammen die Kirche sind.

Ich sah, daß die vor uns Heimgegangenen, die Gläubigen früherer Jahrhunderte also, unsere Brüder und Schwestern sind, die sich um uns sorgen und uns gerne helfen, wenn wir darum bitten. Insbesondere Maria, die Mutter Jesu, wurde ein besonderer Helfer und Freund. Mit der Zeit erkannte ich, daß Karriere zu machen keine Bedeutung für mich hatte. Was Sinn machte, war, dem Heiligen Geist zu folgen, so wie er mich zu Jesus und zum Vater geführt hatte.

Wenn ich nur zwei größere Segnungen nennen dürfte, die mir Gott in diesen fünfundzwanzig Jahren gegeben hat (da sind so viele), dann möchte ich zum einen die besondere Liebe nennen, die ich empfinde, wenn ich über Gottes Wort und Gottes Liebe mit Kindern und jungen Leuten spreche.

Eine weitere Gnade war und ist der Wunsch in meinem Herzen, mit und in der Katholischen Kirche als Laienmissionarin zu dienen. Als meine Freunde, Tom und Lyn Scheuring, mir ihren Vorschlag erörterten, LAMP MINISTRIES zu entwickeln – einen Evangelisationsdienst von Laienmissionaren für die Armen in der Metropole von New York – bin ich durch das Gebet und die Wünsche meines Herzens bewegt worden, mich LAMP anzuschließen. Ich entdeckte, daß ich die Sehnsucht hatte, Jesus in den Armen und Ausgestoßenen unserer Gesellschaft zu finden, denjenigen, welche in ihrem Leben

die Wunden des gekreuzigten Jesus am meisten tragen. Seit fast zehn Jahren bin ich jetzt eine Laienmissionarin bei LAMP und diene dort als stellvertretende Direktorin. Wer mit uns geht, verpflichtet sich, für ein Jahr unter den Armen und Obdachlosen zu evangelisieren (und um selbst mehr evangelisiert zu werden).
Gott gebe ich die Ehre für die unzähligen Weisen, in denen Er mir Seinen Geist der Liebe gegeben hat, und die Er allen geben wird, die Ihn darum bitten!

Daran erkennen wir, daß wir in Ihm bleiben und Er in uns bleibt: Er hat uns von seinem Geist gegeben.

(1 Joh 4,13)

# Unser Gott ist verzehrendes Feuer

## Ein Zeugnis von Paul Gray und Mary Ann Springel

*Mary Ann war 1967 in ihrem vierten Studienjahr in Duquesne. Paul Gray hatte seine Studien in Duquesne bereits abgeschlossen und studierte Theologie an der Fordham Universität. Sowohl Mary Ann wie auch Paul waren in ihrer gesamten Zeit an der Duquesne Universität Mitglieder der Chi Rho Vereinigung. Dieses Zeugnis wurde ursprünglich im „The New Covenent“ Magazin in der Ausgabe vom Februar 1973 veröffentlicht, und wird hier mit freundlicher Genehmigung abgedruckt.*

Mary Ann und ich wunderten uns über unsere Freunde, als wir an diesem Abend Ende Dezember 1966, an ihrem Küchentisch saßen. Offensichtlich erzählten sie sich ein Geheimnis, das sie mehr als gewöhnlich in Lachen ausbrechen ließ. Schließlich antwortete einer von ihnen auf unsere Frage, die an unseren Gesichtern ablesbar war, mit einer Gegenfrage: „Was wäre, wenn ich euch erzählte, daß das Neue Testament wahr ist?“ Wieder schauten Mary Ann und ich uns an. Worauf wollte unser Freund hinaus? Wir hatten ihn kennengelernt, als er vor zwei Jahren ein Seminar in Theologie abhielt. Was ursprünglich unsere Aufmerksamkeit erregte, war seine offensichtliche Hingabe und freudige Teilnahme, wenn er lehrte. Was wollte er uns jetzt sagen? Welche neue Tiefe hatte er entdeckt? Wegen ihm wollte ich auf eine andere Universität wechseln, um meinen Masterabschluß in Theologie zu machen. An diesem Abend wollten wir wissen, welche neue Quelle der Freude unsere Freunde entdeckt hatten, aber wir fragten nicht sehr konkret, und so gaben sie uns keine konkrete Antwort.

Ein paar Wochen später saßen dieser Theologiedozent, Mary Ann und ich, sowie mehrere andere Studenten im Büro eines weiteren Professors von Duquesne und konkretisierten die Pläne für ein Frühjahrswochenende der Erneuerung für die Chi Rho Gemeinschaft. Chi Rho ging durch eine Identitätskrise, und die Hoffnung, zu überleben, hing am Erfolg dieser geistlichen Tage. Unsere großen Anstrengungen, eine christliche Gemeinschaft zu bilden und die Welt zu erneuern, war gescheitert. Wir waren ausgezogen, um den verzweifelten Alkoholikern in einem Pittsburgher Ghetto etwas Sinn für ihr Leben zu bringen, und kamen nur mit der nagenden Frage nach dem Sinn unseres eigenen Lebens wieder. Diese beiden Professoren schlugen eine Änderung im Thema der Einkehrtage vor, und zwar von „Die Seligpreisungen, oder wie man als Christ handelt“ in „Die Apostelgeschichte, oder wie man ein Christ wird“. Ohne ganz die Bedeutung der Änderung zu begreifen, stimmten wir alle zu.

Als ich den Ausbildungsort im Februar wechselte, war ich wegen des Wochenendes der Erneuerung aufgeregter und erwartungsvoller, als über meine neuen Studien. Die ersten Wochen im Februar suchte ich jeden theologischen Kommentar im Manhattan College und der Bibliothek des Union Theologischen Seminars, um mich auf meinen Vortrag über das erste Kapitel der Apostelgeschichte vorzubereiten. Ich wollte nach Pittsburgh zurückkehren, um jedem zu zeigen, wieviel ich in nur drei Wochen Studium gelernt hatte. Als ich aber von LaGuardia aufbrach, hatte ich so viele Notizen, daß ich keine Möglichkeit sah, sie zu einem klaren Vortrag zu ordnen.

Nach drei Wochen Aufenthalt in New York City, war es gut, im Exerzitienhaus anzukommen, wo die Einkehrtage stattfinden sollten. Ein ganzes Wochenende würde ich mit Mary Ann und unseren Freunden von Chi Rho zusammen sein. Aber das unvorbereitete Referat hing wie eine dunkle Wolke über mir. Doch schließlich würde alles am Samstagmorgen vorbei sein, und ich würde das Wochenende wirklich genießen können. Beim Frühstück am Samstag war ich unfähig, etwas zu essen, denn die verschiedenen Gedankenbruchstücke rasten durch mein Gedächtnis.

Als die anderen in den Raum traten, wo ich meinen Vortrag halten sollte, saß ich nervöser als je zuvor am Rednertisch. Wir standen alle auf, um „Komm Heiliger Geist“ zu singen. Das sonderbarste Erlebnis meines Lebens begann, als ich fühlte, wie sich meine Nerven beruhigten und meine Hände warm wurden. Das Lied endete und ich begann zu sprechen. Ich hörte mich nicht nur ruhig sprechen, sondern auch zusammenhängend. Ich überraschte mich selber, als ich Aussagen hörte, die ich weder in einem Buch gefunden, noch in meinen Notizen aufgezeichnet hatte.

Nach dem Referat sagten mir die Professoren, daß ich wirklich ein Lehrer geworden sei. Genau das Lob, für das ich so viele Stunden geforscht und auf das ich ängstlich gehofft hatte, um mir selber einen Gefallen zu tun, das wurde mir jetzt von den Männern gegeben, von denen es mir am meisten bedeutete. Doch ich wußte, daß ich es nicht verdient hatte. Jesus hatte es getan. Ich neigte meinen Kopf und dankte Ihm.

Die Ansprache über das zweite Kapitel der Apostelgeschichte wurde von einer Frau aus der Episkopalkirche gehalten, die Pfingsten in ihrem Leben erfahren hatte. Wir können uns nicht daran erinnern, was sie sagte, aber sie gab uns einen Hunger nach der Realität von Pfingsten in unserem Leben. In der Diskussion nach dem Vortrag faßte David Mangan die Meinung der Studenten zusammen, indem er unserem Pfarrer vorschlug, wir könnten unsere Firmung in der Sonntagsliturgie erneuern, um dann etwas mehr zu erleben, als bei unserer Firmung.

Nach einer Pause und während das Abendessen vorbereitet wurde, gingen Mary Ann und ich zu unserem geistlichen Begleiter und baten ihn, für uns zu beten, damit wir das erleben könnten, was immer Gott für uns hatte. So gingen wir drei auf sein Zimmer. Mitten zwischen den Schlafsäcken und den herumliegenden Schlafanzügen knieten Mary Ann und ich zu Boden, während er seine Hände auf jeden von uns legte und betete, zuerst in Englisch, dann in Sprachen. Es war das erste Mal, daß wir jemanden in Sprachen beten hörten, und keiner von uns konnte es wirklich einordnen. Wir gaben unsere Leben Jesus, und Er gab uns Seinen Heiligen Geist.

Als er betete, hob sich auf einmal die Spitze meiner Zunge und begann, sich auf und nieder zu bewegen. Sie machte ein klickendes Geräusch, als sie gegen meinen Gaumen stieß. Mary Ann fühlte eine Freude in sich aufsteigen, wie ein großer Ballon, der sich total füllte und sich dann in ihrer Kehle niederließ. „Ich mußte einfach lächeln und lächeln und Jesus preisen," erzählte sie.

Diese Freude wäre sehr wahrscheinlich in Form der Sprachenrede ausgebrochen, wenn sie gewußt hätte, wie man mit dem Heiligen Geist mitwirkt. Stattdessen stand sie etwas verwirrt auf. Sie hatte mich gehört, wie ich begann, in Sprachen zu reden, sie selber hatte aber nicht das gleiche Erlebnis. „Ich dachte, ich hätte die Taufe im Heiligen Geist nicht, wenn es das war, was die anderen hatten, und trotzdem fühlte ich eine unaussprechliche Freude in mir aufbrechen. Ich mußte ein „heiliges Lachen" unterdrücken. Es war, als würde ich nun ein wunderbares Geheimnis kennen, obwohl ich nicht genau wußte, was es war. Wenn mich jemand gefragt hätte, wäre meine Antwort wohl gewesen, daß ich sicher weiß, daß Jesus mich lieb hat. Da aber niemand fragte, sagte ich nichts, und wir gingen hinunter zum Abendessen." Als wir aßen, kam eine der Nonnen des Hauses, um uns zu sagen, daß es kein Wasser mehr im Brunnen gebe und wir wohl an diesem Abend heimfahren müßten. Einer der Professoren ging in die Kapelle, um zu beten. Mary Ann und ein paar andere schlossen sich ihm an. Wir knieten alle auf dem Boden der Kapelle, als er anfing, laut zu beten. Er bat den Vater in Jesu Namen um Wasser. Dann sang er für eine Weile und dankte dem Herrn für das Wasser.

Anders als der Rest von uns glaubte er offensichtlich, daß Gott das Wasser bereitgestellt hatte. Als wir ihn später fragten, wie er Gott für das Wasser danken konnte, bevor es sichtbar da war, erklärte er: als Jesus am Kreuz gesagt habe, „Es ist vollbracht", da habe sich das nicht nur auf die Hingabe Seines Lebens bezogen, sondern auf Sein ganzes Werk. Jesus war Seinem Vater in allem gehorsam, und Sein Reich war nun gegründet durch das Blut, das Er vergossen hatte.

Es sei nun unsere Aufgabe, Gott das konkrete Sichtbarwerden Seines Reiches zuzutrauen. Der Theologiedozent war sich gewiß, daß es Gottes Wille für uns war, Ihn zu erfahren. Daher erkannte er, daß der ausgetrocknete Brunnen, an einem strategisch so wichtigen Punkt, nicht von Gott kommen konnte. Der angewandte Glaube wandelte Satans Hindernis in Gottes Möglichkeit zu handeln. Unser Glaube war eher von der Art, daß wir uns trotz dieses Gebetes darauf einstellten, am Abend nach Hause zu fahren.

Wir kamen noch einmal für einen scheinbar letzten Bibelabend zusammen. Als er beendet war, ging David Mangan nach unten, um etwas zu trinken zu holen. Als er den Hahn öffnete, schoß das Wasser heraus.

Mary Ann und ich verließen gerade die Kapelle in dem Moment, als David wieder hereinkam. Er fiel langgestreckt vor dem Tabernakel nieder. Mary Ann und mir geschah es ebenso. Gott war in dieser ganzen Zeit nahe genug, das Gebet um Wasser zu hören, und nun hatte er gezeigt, daß er stark genug war, es zu beantworten.

Die Furcht des Herrn stieg in uns auf. Eine furchtsame Hochachtung hinderte uns, zu Ihm aufzuschauen. Er war persönlich gegenwärtig, und wir fürchteten uns, zu sehr geliebt zu werden. Wir beteten ihn an, und verstanden zum ersten Mal die Bedeutung von Anbetung. Wir erkannten die furchtbare Realität und Gegenwart des Herrn, die uns aus eigener Erfahrung das Bild Jahwes auf dem Berg Sinai hat verstehen lassen, wie Er erbebt und explodiert im Feuer Seines Seins

– oder die Erfahrung aus Jesaja 6,1-5, und die Aussage, daß unser Gott ein verzehrendes Feuer ist. Diese heilige Furcht war irgendwie Liebe, wenn wir Ihn ehrlich betrachteten. Er war alles in allem liebenswert und schön, und doch sahen wir kein sichtbares Bild. Es war, als wenn der glänzende, prachtvolle, persönliche Gott in unseren Raum eingetreten war, und diesen wie auch uns erfüllte.
David war inzwischen so sehr in den Herrn verliebt, daß er mehr Platz brauchte, um es zu zeigen. Er begann, umherzurollen. Ich kniete in Anbetung, während Mary Ann auf ihr Zimmer ging, um den Grundriß ihres Referates über Apostelgeschichte drei niederzuschreiben.
Zu zweit und zu dritt kamen nun andere herein. Innerhalb kürzester Zeit waren fast alle Studenten in der Kapelle, knieten, hielten einander an den Händen und beteten den Herrn an. Mary Ann kam zurück. Die anderen waren es wie wir nicht gewohnt, lange zu knien oder nur einfach zu beten. Anbetung hatte für uns bedeutet, zu stehen, Gedichte zu lesen, Gitarre zu spielen, zu singen oder Banner aufzuspannen. Jetzt waren wir voll damit beschäftigt, nichts weiter zu sagen als „Jesus“ oder „Ja, Herr“, immer und immer wieder, und den Herrn anzusprechen, der anwesend war. „Ich liebe Dich, Jesus“ kam von Jugendlichen, deren Gesichter vor Glück strahlten.
Die beiden Dozenten gingen durch die Reihe der knienden Bekenner und beteten für jeden um die Taufe im Heiligen Geist. Wir haben später nie wieder ein so spontanes und umfassendes Handeln des Heiligen Geistes erlebt. Einer der Professoren sagte, er fühle sich, als ob Feuer ihn verschlingen würde. Einige der Studenten sagten, „Es wird heller“, während jener sagte, „Es wird heißer.“ Der Heilige Geist, der sich zu Pfingsten in Feuerzungen offenbart hatte, zeigte sich wieder als verzehrendes Feuer. Gesang und Sprachenrede war zu hören, als wir dort knieten und Jesus liebten und von Ihm geliebt wurden – bis um drei Uhr nachts der gesunde Menschenverstand der Nonnen und des Pfarrers uns zu Bett schickte.
Als Mary Ann auf ihr Zimmer kam, konnte sie nicht anders, als sich Sorgen um ihr Referat vom nächsten Tag zu machen. „Ich hatte es mehrmals nicht geschafft, einen guten Kommentar über Apostelgeschichte drei zu finden. Es war fürchterlich wichtig für mich, einen guten Vortrag zu halten, denn ich wollte sehr gern meiner Gruppe imponieren und auch Paul. Ich hatte Stunden damit verbracht, darüber nachzudenken, was ich sagen könnte. Im Exerzitienhaus

war ich mit einem sorgfältig ausgesuchten Kleid angekommen, jedoch ohne Vortrag in meiner Hand oder im Kopf," erinnert sie sich. „Obwohl ich gerade Zeuge der Herrlichkeit des Herrn gewesen war, erkannte ich nicht, was der Herr vermag. Die anderen hatten in Sprachen gebetet, doch ich merkte nicht einmal, ob ich im Heiligen Geist getauft war. Da ich so wenig wußte, erkannte ich nicht die Freude, die Furcht des Herrn, die Liebe und den schnell skizzierten Vortrag als Wirkungen des Heiligen Geistes." Patti Gallagher legte Mary Ann die Hände auf, betete für sie und hängte einen Zettel an ihre Tür mit der Aufschrift: „Jesus liebt dich!" Damit schlief Mary Ann ein. Als sie am nächsten Morgen erwachte, war ihr erster Gedanke: „Preis dem Herrn!", dem ein zweiter folgte: „O mein Gott, ich muß ja dieses Referat halten".

„Ich gestand dem Herrn, daß ich stolz war. Doch obwohl ich es bekannte, schien der Stolz zu bleiben. Ich dachte darüber nach, wie gut ich für Paul aussehen wollte, und begann, mich anzukleiden. Mein Kleid schien meine Sorge um mich selber zusammenzufassen. Ich betrachtete die Kleider, die ich wenige Stunden vorher in den Koffer geworfen hatte, eine zerknitterte Hose und eine sehr verknitterte Bluse. Ich sagte: 'Herr, ich bin im Innersten stolz. Ich kann das anscheinend nicht vertreiben. Ich will anders sein! Ich möchte diesen Vortrag für Dich halten! Wenn Du mich anschaust, Herr, dann sollst Du durch diese Kleider wissen, daß ich nicht stolz sein will. Die Kleider sind das einzige, das ich ändern kann, Herr! Bitte, verändere Du meinen Geist.' Ich zog die zerknitterten Kleider an, und nur mit wenigen Gedanken an das Kleid und die Stöckelschuhe traf ich die herausgeputzten Freunde, um – von ihren verwunderten Blicken begleitet – zum Frühstück ins große Haus hinüberzugehen. Ich wußte, daß auch der Herr auf mich schaute, und meine Kleider waren eine beständige Bitte um Hilfe."

Wie bei der Sache mit dem Brunnen hatte Mary Ann auch wenig Glauben bezüglich ihres Referates. Ihre Knie zitterten hörbar, sowohl unter dem Frühstücks- wie auch dem Sprechertisch. „Als aber meine Brüder und Schwestern 'Komm, Heiliger Geist' gesungen hatten, tat Gott es – souverän. Ich erkannte, was es hieß, aus Gnade gerettet zu sein. Die kalte, klamme Furcht wich. Ich fühlte mich überall warm und begann mit einer Weisheit zu reden, die nicht die meine war. Das Referat wurde verschiedene Male von Gebet und Lobpreis unterbrochen, gefolgt von einer auffallend langen Periode von Applaus. „Dieser Applaus, den ich mir so sehr gewünscht hatte, befriedigte nichts mehr in meinem Innersten. Er löste in mir nur noch das Lob für meinen Vater aus. Ich wußte, daß Er es getan hatte. Ich öffnete meinen Mund, um Ihm zu danken, während sich der Applaus für Ihn fortsetzte. Ich begann in Sprachen zu beten und merkte dabei, daß ich an dem, was Gott tat, teilhatte."

Als ich (Paul) nach New York zurückgekehrt war, wurde ich zu Harald Bredesen geführt, der sofort Interesse an meinem Bericht über das Duquesne-Wochenende hatte. Harald ließ mich überall, wo er nur konnte, mein Zeugnis erzählen. Es war eine ziemlich neue Erfahrung, vor großen Gruppen von Protestanten zu stehen und darzulegen, wie Gott gerade in der katholischen Kirche wirkte. Die größte Überraschung war der Enthusiasmus, mit dem sie diese Nachricht empfingen.

In der Zwischenzeit lernte Mary Ann mehr über charismatische Gebetsgruppen und wie wichtig es ist, Gemeinschaft mit anderen Studenten in Pittsburgh zu pflegen. Drei Monate lang gab uns der Herr (in jenem Sommer) die Erfahrung Seines Reiches, indem wir in Gemeinschaft mit Harald und seiner Familie lebten, zusammen mit sechs weiteren Studenten von Duquesne und einer Anzahl geisterfüllter Protestanten.

Dort erfuhren wir auf Gemeindeebene, was der Herr sich für uns auf persönlicher Ebene wünschte: „Er vereinigte die beiden Teile und riß durch sein Sterben die trennende Wand der Feindschaft nieder, ...um die zwei in seiner Person zu dem einen neuen Menschen zu machen. Er stiftete Frieden und versöhnte die beiden durch das Kreuz mit Gott in einem einzigen Leib" – das war möglich, nachdem „wir beide in dem einen Geist Zugang zum Vater" erhalten hatten.[1] Als wir unseren protestantischen Brüdern und Schwestern – die so willig ihr Leben für uns hingaben, die sogar ihren Gebetsstil aufgaben, wenn er uns verletzte – Zeugnis gaben, da lernten wir, welche tiefe Liebe der Geist gibt durch den Leib Jesu.

Bis zum heutigen Tag, an dem wir noch immer treu Seinen Weg gehen, zeigt uns der Herr immer wieder die Tiefe Seiner Liebe, die Er uns geoffenbart hat, als Er uns 1967 zum ersten Mal zu Sich rief.

[1] vgl. Eph 2,14-18

# Gott allein die Ehre

## Ein Zeugnis von Annamarie Nacko Caffardi

*Annamarie Nacko Caffardi schloß 1969 ihre Studien an der Duquesne Universität mit dem Titel Bacchelor of Arts in Englisch ab. Sie und ihr Ehemann Jerry haben zwei Kinder und leben in Waterford im Bundesstaat Pennsylvania. Annamarie lehrt an der Word of God Akademie in Erie, Pennsylvania.*

Es ist kaum zu glauben, daß es schon fünfundzwanzig Jahre her ist, seit das Duquesne-Wochenende stattfand. Viele der Erinnerungen sind verblaßt, aber es gibt eine klare Tatsache, die nicht geändert werden kann: Während dieses Wochenendes im Februar 1967 änderte sich mein Leben dramatisch, und nichts ist geblieben, wie es war. In der Rückschau ist für mich offensichtlich, daß Gott schon lange zuvor in meinem Leben am Wirken war. Ich wuchs in Pittsburgh auf und besuchte katholische Schulen. Sehr gerne wäre ich auf ein College außerhalb der Stadt gegangen und hoffte, ein Stipendium zu bekommen. Eine meiner besten Freundinnen aus der Schule, Elaine Kersting, war im ersten Jahr in Duquesne, und während des Semesters lud sie mich ein, einen Tag dort zu verbringen. Ich hatte bereits verschiedene andere Universitäten besucht, und obwohl ich nicht nach Duquesne gehen wollte, erklärte ich mich einverstanden, mit ihr zu gehen. Es war schön dort und was noch wichtiger war, ich kam mit dem Gefühl zurück, daß Duquesne genau der Ort sei, wo ich sein sollte.

Ich schrieb mich im Herbst für Englisch ein und engagierte mich fast von Anfang an in einer Gruppe namens Chi Rho. Elaine war Mitglied und ich empfand die Gruppe als eine exzellente Quelle sozialer, geistlicher und intellektueller Aktivitäten. Die Leute waren echt und freundlich. Insbesondere hatte ich viel Spaß, Jungs und Mädchen als Freunde zu haben, ohne den Druck zu spüren, Pärchen zu bilden.

Mein Glaube war zu jener Zeit überwiegend intellektueller Art. Ich freute mich über das, was in der katholischen Kirche vor sich ging, denn es schien, als würden bedeutsame und notwendige Veränderungen stattfinden. Chi Rho war in die Vorbereitung der täglichen Liturgie einbezogen, und das gab Gelegenheit, in einer Weise an einer

Messe teilzunehmen, die ich von meiner Heimatpfarrei nicht kannte. Die Leute von Chi Rho waren auch intellektuell herausfordernd. Wir hatten einen Pfarrer und zwei Angehörige der Fakultät, die auch sehr gute Leiter waren. Aufgrund meiner Aktivitäten in Chi Rho war mein erstes Jahr an der Duquesne Universität besser, als ich erwartet hatte.

In meinem zweiten Studienjahr vertiefte ich mein Engagement in Chi Rho noch und hatte auch Anteil an der Planung eines Einkehrwochenendes, das für Februar 1967 anvisiert war. Dabei bemerkte ich, wie etwas Sonderbares vor sich ging. Als wir zusammenkamen, um die Details dieser Tage zu besprechen, schienen sich unsere Dozenten und ein theologischer Berater, Patrick Bourgeois, anders zu benehmen als sonst. Es gab Seitenkommentare und ein uncharakteristisches Gekichere von diesen Männern, als wir das Thema der Einkehrtage diskutierten: Die vier ersten Kapitel der Apostelgeschichte. Zusätzlich zu diesen vier Kapiteln wurden die Teilnehmer gebeten, David Wilkersons Buch „Das Kreuz und die Messerhelden" zu lesen. Das war sehr beunruhigend für mich. Ich las das Buch und fand es zu simpel und irgendwie absurd. Diese Art Erfahrung, wie sie in „Das Kreuz und die Messerhelden" dargestellt wurde, hatte keinen Berührungspunkt mit der intellektuellen Theologie, die ich unterstützte. Ich begann, mir Sorgen zu machen, daß sich das, was ich in Chi Rho gefunden hatte, ändern würde.

Dieser Eindruck bekam durch ein Treffen zwischen Marybeth Mutmansky, Elaine und mir neue Nahrung. Wir trafen uns zufällig in der Bibliothek von Duquesne am Samstagabend vor dem geplanten Wochenende. Marybeth war ein Mitglied von Chi Rho und war gelegentlich Babysitter bei einem der Dozenten und dessen Frau. Marybeth erzählte uns, daß beide Dozenten und Pat Bourgeois einen Abend vorher zu einer Art Treffen gegangen waren. Als sie anschließend wiederkamen, hörte Marybeth sie über das Treffen sprechen. Sie bekam den Eindruck, daß es da zwischen diesem Treffen, David Wilkersons Buch und unserem kommenden Einkehrtag von Chi Rho eine Verbindung gab. Und tatsächlich war auch eine Frau aus jenem Treffen als Rednerin eingeplant.

Ich mochte nicht, was ich da hörte. Ich war zufrieden mit Chi Rho so wie es war, und mehr als zufrieden mit meiner eigenen Theologie. Ich fühlte, daß sich mein Leben, so wie ich es kannte, ordentlich verändern würde.

Als die Stillen Tage näher kamen, blieben meine Vorbehalte. Doch dachte ich auch, daß das Wochenende eine Gelegenheit sei, mit jenen Leuten zusammen zu sein, die ich lieben gelernt hatte. Es war sogar für Samstagabend eine Geburtstagsparty für Elaine, unseren Pfarrer und mich geplant. Ich begann das Wochenende mit dem Gefühl, daß es Spaß machen würde.

Nach dem Eröffnungsvortrag am Freitagabend gab es einen Bußgottesdienst. Zumindest bis zu diesem Zeitpunkt war nichts geschehen, was mir Anlaß gegeben hätte, zu denken, daß es kein typisches Chi Rho Treffen werden würde. Aber all das änderte sich am Samstag. Der Vortrag am Samstag wurde von jener Frau gehalten, die unsere Dozenten in jener Gruppe getroffen hatten, und das Thema war das zweite Kapitel der Apostelgeschichte. Ihre Botschaft war eine der aufwühlendsten, die ich je gehört hatte. Was das Problem – so wie ich es sah – noch verstärkte, war, daß keiner der Leiter der Gruppe Schwierigkeiten mit ihr zu haben schien. Sie sprach über Sprachenreden, Heilung und Wunder als Phänomene, als Teil ihrer persönlichen Erfahrung, nicht nur als Begebenheiten aus der Bibel. Ich wußte, daß dies kein Thema war, dem Chi Rho Mitglieder einfach nur positiv oder negativ gegenüberstehen konnten. Ihre Worte machten eine Antwort notwendig, und die meine war „Nein!"

Der Rest des Nachmittags verging mit dem unstrukturierten Austausch der Teilnehmer darüber, was sie bei dem Gesagten fühlten. Ich war sehr besorgt, daß viele von ihnen eine „Warum nicht"-Haltung der Offenheit gegenüber dieser Botschaft hatten. Ich verbrachte meine Zeit mit Jerry Caffardi, den ich im letzten Sommer einmal getroffen hatte. Ich wußte, daß ich mit einem der Leiter sprechen mußte, und Jerry war daran interessiert, mit mir zu kommen. Uns durch einige meiner Fragen durchzuarbeiten hatte Vorrang vor der Geburtstagsparty, die bald anfangen sollte – auch wenn die Party für mich sein sollte! Jerry und ich sprachen dann einen der Dozenten an, und ich nannte ihm meine Fragen und Sorgen. Er hörte zu, bot jedoch keinerlei Antworten oder Ratschläge an. Er ermutigte uns, zu beten. Gebet war nichts Fremdes für mich, und doch war die Art des Gebetes, die er mir vorschlug, anders als die, die ich gewohnt war. Meine Gebete waren fast immer solche aus dem Bittensortiment. Was er von uns wollte war, daß wir um Führung und um ein Gespür beten sollten für das, was der Herr uns hierdurch sagen wollte. Ich erinnere mich, daß er über Gott in einer Weise sprach, die persönlicher war, als ich es bei mir selbst erlebt hatte. Und es war Friede und Sanftheit in dem, was er sagte. Obwohl ich noch immer keine definitiven Antworten auf meine Fragen hatte, waren Aufruhr und Angst verschwunden, und ich wußte, daß ich beten wollte.

Ich ging in die Kapelle, setzte mich und öffnete „einfach" meine Bibel. Sie öffnete sich bei Psalm 116, und zum ersten Mal in meinem Leben wußte ich, daß der Herr direkt zu mir sprach. „Ich liebe den Herrn, denn er hat mein lautes Flehen gehört und sein Ohr mir zugeneigt, darum will ich zu ihm rufen so lange ich lebe". Ich hatte die Zusicherung, daß Gottes persönliche Hand auf mir lag, und daß er sich um meine Sorgen und Fragen kümmerte.

Es war Samstagabend, und von da an entfalteten sich die Dinge rapide. Patti Gallagher war ebenfalls in der Kapelle, und während ich betete, stand sie auf und sagte: „Gott ist real! Gott ist real!" Ich kannte diese Realität ebenfalls. Ich hatte auch das Problem mit dem Wasser mitbekommen. Einige Leute beteten, daß es repariert würde, so daß wir mit den Einkehrtagen fortfahren konnten. Es war klar für mich, daß es so sein würde. Ich wußte, der Herr wollte, daß wir weitermachten, und so war es keine Überraschung für mich, als die Leute langsam in die Kapelle hineinkamen, um Gott für die Reparatur der Brunnenanlage zu danken.

Bald war die Kapelle fast voll, obwohl wir eigentlich eine Geburtstagsparty haben sollten, und keinen Gottesdienst. Unsere beiden Dozenten gingen durch die Reihen, legten uns die Hände auf und beteten. Verschiedene Leute beteten in fremden Sprachen, die ich noch nie zuvor gehört hatte. Andere beteten an oder weinten. Niemand unterbrach uns, um uns zu zeigen, wie man die Taufe im Heiligen Geist oder die Gabe des Sprachengebets empfängt. Wir waren Studenten und Professoren von einer großen, städtischen und katholischen Universität, und erlebten die Gegenwart und die Kraft Gottes auf großartige Weise. Wir waren keine Leute, die es gewohnt waren, ihrem Glauben auf emotionale Weise Ausdruck zu geben, und doch war etwas geschehen, was unser Leben angerührt hatte.

Mein eigenes Erlebnis verwirrte mich. Gewöhnlich war ich extrovertiert und ausdrucksstark, doch in dieser Situation „fühlte" ich nichts. Den Rest des Abends blieben wir in der Kapelle, beteten und sangen bis in die Morgenstunden des Sonntags. Niemand wollte gehen, aber an einem bestimmten Punkt rieten uns die Leiter, auf unsere Zimmer und zu Bett zu gehen.

Jerry begleitete mich noch zu dem Zimmer, in dem die Mädchen schliefen. Als wir gingen und über die Ereignisse des Abends sprachen, begann ich, die friedvollsten und fröhlichsten Tränen meines Lebens zu weinen. Ich erkannte wirklich des Herrn Gegenwart und Seine Liebe. Mein Leben ist seitdem nicht das gleiche geblieben. Es war wahrhaftig eine außerordentliche Nacht.

Die Pläne für den Sonntag wurden geändert, um genauere Information über die Taufe im Heiligen Geist, und auch praktische Hilfen, wie wir diese weitergeben konnten, zu erfahren. Wir lernten von Anfang an, daß die Taufe im Heiligen Geist gegeben wird, um auf Jesus zu zeigen und auf die rettende Kraft Seiner Liebe. Es war eine wichtige Lehre. Wir erfuhren auch, daß einige der Teilnehmer des Wochenendes durch das Geschehen sehr verstimmt waren. Nicht alle auf dem Einkehrtag hatten die Erfahrungen der letzten Nacht miterlebt, und für die Leiter war dies eine schwierige Situation.

Mein Eindruck war, daß mein Erlebnis aus Gottes souveräner Kraft herrührte, die in mein Leben eingebrochen war. Ich war nicht gekommen, um spirituelle Erlebnisse zu erheischen, im Gegenteil, ich war skeptisch und ablehnend gegenüber dem gewesen, was ich in „Das Kreuz und die Messerhelden" gelesen und von der Frau aus der Episkopalkirche über Apostelgeschichte zwei gehört hatte. Doch jetzt war es für mich sonnenklar, daß Gott – warum auch immer – beschlossen hatte, in dieser Gruppe zu handeln, zu dieser Zeit und an diesem Ort. Der Glaube, den ich aus Gehorsam und intellektuellem Verständnis praktiziert hatte, wurde für mich zu einer Wirklichkeit. Gott war jetzt eine Person, kein Konzept, und Seine Liebe zu mir als Individuum war jetzt etwas, das ich sowohl in meinem Herzen wie in meinem Kopf wußte.

Es war ein Gefühl von Begeisterung und Besorgnis, als die Einkehrtage Sonntags zum Ende kamen. Man sagte uns, wir sollten nicht über unsere Erfahrungen Zeugnis ablegen, sondern über den Herrn. Doch war es schwer, nicht im Detail auszuführen, was gerade geschehen war. Als ich zu Hause ankam, erzählte ich es meiner Mutter und wir beteten. Sie war eine hingegebene Katholikin, und sie reagierte offen und interessiert. An der Uni gab es in den nächsten Tagen gemischte Reaktionen. Selbst solche, die starke Kritik und Skepsis äußerten, konnten meinen Enthusiasmus nicht dämpfen. Ich wußte, was mir passiert war, war kein Auswuchs von Emotionalismus oder eine geschickte Manipulation von Umständen. Gott hatte mein Leben berührt.

Obwohl viele meiner Freunde die Gabe der Sprachenrede am Wochenende selber oder kurze Zeit später im Gebet erfahren hatten, war das bei mir nicht der Fall. Für mich gab es keinen Zweifel, daß dies eine echte Erfahrung war, und ich war offen, ja bestrebt, selbst das Sprachengebet zu erhalten. Auch hatte ich den Frieden, daß es nichts war, worum ich mich sorgen mußte. Es gab nichts, was mich unter Druck brachte. Es gab mehrere Räume über der Kapelle von Duquesne, die Chi Rho Mitglieder oft für ihr privates Gebet oder Gebet in kleinen Gruppen nutzten. Eines Nachmittags, genau einen Monat nach dem Wochenende, betete ich allein in einem der Räume, und ich begann in Sprachen zu beten. Seitdem habe ich meine Gebetssprache immer wieder in der Anbetung und Verehrung des Herrn gebraucht.

Im Frühjahr 1967 kam ein protestantischer Pfarrer, Harald Bredesen, nach Duquesne, um sich mit unserer Gruppe zu treffen. Bredesen, der ein ansprechendes und dynamisches Wesen besitzt, hatte den Wunsch, daß Katholiken und Protestanten zusammenarbeiten, um gemeinsam die frohe Botschaft von Jesus zu verkünden. Er lud die Mitglieder von Chi Rho ein, in seine Gemeinde in Mount Vernon zu kommen, um mit den Leuten dort zu leben und zu arbeiten. Ich hatte keine besondere Vorliebe, dort hinzugehen, aber ich wußte, daß ich eine Verantwortung hatte, zu beten und den Herrn um Führung zu bitten. Als ich betete, wurde es mir klar – nicht durch Stimmen oder Visionen, sondern durch einen inneren Frieden –, daß ich in diesem Sommer nach Mount Vernon gehen sollte. Es war einer der schönsten und schwierigsten Sommer in meinem Leben.

Obwohl ich fest an die Ökumene glaubte und an die Notwendigkeit für Katholiken und Protestanten, um der Menschen willen, die keinen Glauben haben, ihre Differenzen zu überwinden, war die praktische Umsetzung dieser Überzeugung weit schwieriger, als ich je geglaubt hätte. Mehrere von uns lebten im Hause der Bredesens, arbeiteten in der Stadt und verbrachten die Abende mit den Leuten von Mount Vernon. Es war meine erste Erfahrung mit dem Zeugnisgeben auf den Straßen, und ich sah die Kraft und Liebe Gottes wirksam werden im Leben vieler, die tiefe, geistliche Nöte hatten. Auch beobachtete ich, wie der Herr nach und nach Mauern abtrug, die sich über Jahrhunderte hinweg zwischen den Konfessionen aufgebaut hatten. Dieses Sommererlebnis überzeugte mich, daß das Geschehen des Duquesne-Wochenendes Teil von Gottes Plan war, Seine gesamte Kirche zu erneuern und wiederzubeleben – nicht nur eine Gruppe oder eine Konfession.

Als wir im Herbst nach Pittsburgh zurückkamen, trafen wir uns am Freitagabend zu Gebet und Lobpreis in Pat Bourgeois' Appartement. Diese Treffen bei Pat zogen viele andere Studenten an, die zuvor keine Mitglieder von Chi Rho gewesen waren und auch viele, die keine Studenten waren und gehört hatten, was der Herr an uns getan hatte. Die Gebetstreffen beinhalteten Zeit zum Gebet, zum Bibelstudium und zum Dienst aneinander. Sie waren Zeiten wirklichen Wachstums für mich. Ich fühlte mich zu persönlichem Gebet und täglicher Bibellesung hingezogen. Gottes Gegenwart und Liebe in meinem Leben waren für mich zu einer alltäglichen Realität geworden.

Im Juni 1969 schloß ich meine Studien an der Duquesne Universität ab, und im August 1969 heirateten Jerry und ich in der Duquesne Kapelle. Wir nahmen beide Lehraufträge in der Gegend von Pittsburgh an. Ich begann, an einer katholischen Schule Englisch zu unterrichten, während Jerry eine Lehrerstelle für Sonderpädagogik in einer öffentlichen Schule annahm. Beide sind wir über die Jahre in diesem Beruf geblieben. Auch blieben wir mit Freunden von Chi Rho verbunden.

Nach fünfundzwanzig Jahren ist es fast unmöglich, die ganze Bedeutung, die die Taufe im Heiligen Geist für mein Leben gehabt hat, zum Ausdruck zu bringen. Mit Sicherheit markieren die Geschehnisse vom Februar 1967 wie keine anderen, eine Wende in unserem Leben. Obwohl ich Religion und Gott immer ernst genommen hatte, brachte das Duquesne-Wochenende meinen Glauben von einer intellektuellen Ebene auf die Ebene des täglichen Erlebens.

Ich kenne Jesus Christus persönlich und liebe Ihn mit ganzem Herzen. Ich habe den Wunsch, Ihm zu dienen und mein Leben jeden Tag für Ihn zu leben. Anderen möchte ich von Ihm erzählen und darüber sprechen, was Er für sie tun kann. Ich werde zu Gebet und zum Lesen Seines Wortes hingezogen, und ich kenne eine Leere und ein Vermissen, wenn ich mir keine Zeit nehme zu einer täglichen Gebetszeit. Ich war fähig, in schwierigen Umständen Stärke vom Herrn zu empfangen.

Jerry und ich litten neun Jahre lang unter Unfruchtbarkeit, bevor unser Sohn John geboren wurde. Gottes Hilfe und Kraft war da für

uns in greifbarer und unfaßbarer Weise. Ich weiß, daß Gott sich um die großen und die kleinen Fragen in unserem Leben kümmert und daß ich im Gebet zu jeder Zeit und bei jedem Anlaß zu ihm kommen kann.
Als ich 1973 aus Anlaß des sechsten Jahrestages des Duquesne-Wochenendes mein Zeugnis für das „The New Covenent" Magazin schrieb, gebrauchte ich Röm 11,33-36. Diese Worte spiegeln noch immer meine Gefühle wider, wenn ich darüber nachdenke, was Gott an mir getan hat:

*O Tiefe des Reichtums,*
*der Weisheit und der Erkenntnis Gottes!*
*Wie unergründlich sind seine Entscheidungen,*
*wie unerforschlich seine Wege!*
*Denn wer hat die Gedanken des Herrn erkannt?*
*Oder wer ist sein Ratgeber gewesen?*
*Wer hat ihm etwas gegeben,*
*so daß Gott ihm etwas zurückgeben müßte?*
*Denn aus ihm und durch ihn und auf ihn hin ist die ganze Schöpfung.*
*Ihm sei Ehre in Ewigkeit! Amen.*

# Gott war da, zu jeder Zeit, an jeder Wegkreuzung

## Ein Zeugnis von Jerry Caffardi

*Jerry schloß seine Studien an der Duquesne Universität im Januar 1969 als Sonderschulpädagoge und Geschichtslehrer ab. Er und seine Frau Annamarie haben zwei Kinder und leben in Waterford, Bundesstaat Pennsylvania, wo Jerry in einer öffentlichen Schule als Sonderschulpädagoge unterrichtet.*

Von der Chi Rho Gruppe wurde ich deshalb angezogen, weil sie mir die Möglichkeit gab, ein paar nette Gleichaltrige zu treffen, die eine ähnliche soziale und religiöse Herkunft hatten. Außerdem fehlten mir nach einer gewissen Zeit die Entschuldigungen, warum ich nicht an den Treffen teilnehmen konnte. Karin Sefcik (Treiber), die einzige Frau in einer Vorlesung mit 201 Studenten, bestand darauf, mich zu Chi Rho Treffen einzuladen. Meine wichtigste Motivation, Mitglied der Gruppe zu werden, war sozialer Natur, die religiöse Erfahrung war zweitrangig, wenngleich nicht unwichtig.

Ich kann mich nur wenig an die Chi Rho Treffen vor dem Duquesne-Wochenende erinnern, aber ein Eindruck steht mir noch lebhaft vor Augen (welcher sicherlich nicht representativ für alle Chi Rho Treffen ist). Wenn Chi Rho sich im alten Philosophiegebäude traf, kam die Diskussion manchmal auf philosophische Fragen. Ich war erstaunt, daß sieben bis zehn Leute alle Englisch (unsere Muttersprache) redeten, und doch verstand ich kein Wort! Trotzdem hielt mich das nicht davon ab, von Zeit zu Zeit ein wissendes Nicken oder bedenkliches Stirnrunzeln zu zeigen, um deutlich zu machen, daß ich noch lebte. Intellektuelle machten mich gewöhnlich nervös, aber einer unserer Berater von der Fakultät für Chi Rho schien anders zu sein, er war warmherzig und strahlte Annahme aus.

Vor dem Duquesne-Wochenende lebte ich mit einem starken religiösen Gefühl, das meine Eltern, Schule und Kirche in mir gefördert hatten. Die katholische Kirche legte die Basis und Struktur für diesen Glauben. Ich war Meßdiener und später Lektor in meiner Pfarrei in Pittsburgh. Ich bin dafür sehr dankbar! Ich begann in Duquesne in dem starken Glauben an einen Gott, der irgendwo existent war. Ich begann meine Studien in Geschichte für das Lehramt. Im dritten Jahr bin ich dann zur Sonderpädagogik übergewechselt.

Ich erinnere mich, daß während des Duquesne-Wochenendes ein Wasserproblem auftrat und unsere Einkehrtage abzukürzen drohte. Ich weiß, daß es da Gebete gab, und ein Klempner wurde von den Schwestern von Bethanien gerufen, und das Problem wurde gelöst. Als ich 1972 die Schwestern von Bethanien in „Die Arche und die Taube" besuchte, versicherten die Schwestern, daß das Problem vom Klempner gelöst worden war.

Das Duquesne-Wochenende schuf in mir ein Bewußtsein von und eine Sensibilität für einen lebendigen Gott – lebendig in mir. Ich fühlte mich gedrängt, zu beten und die Schrift zu lesen. Obwohl mein Erlebnis mehr von der Art war, daß der Herr und Seine Kraft allmählich realer für mich wurden, weiß ich, daß etwas an mir geschah, als am Samstagabend einer der Leiter in der Kapelle seine Hand auf mich legte und für mich betete. Eine der konkreten und sofortigen Anzeichen war, daß ich ein Gefühl für die Gegenwart des Herrn hatte, wenn das Wort Gottes gepredigt und die Kommunion ausgeteilt wurde.

Was die Geistesgaben generell und die Sprachenrede im besonderen betrifft, war ich zuerst enttäuscht und später verbittert: enttäuscht, weil ich offenbar keine bekommen hatte, und verbittert, weil die Gaben als ein „Kennzeichen der Heiligkeit" gesehen wurden – das war jedenfalls mein Eindruck damals. Es hat wohl seit dem Duquesne-Wochenende drei oder vier Jahre gedauert, bis ich eine der charismatischen Gaben erlebte. Die Gabe der Sprachenrede auszuüben schien die Tür für prophetische Worte zu öffnen, die danach kamen.

Als uns Harald Bredesen nach dem Wochenende besuchen kam, wies er auf das Emblem und Motto der Duquesne Universität auf der Wand hinter ihm. Er kommentierte, es passe sehr gut, daß der Heilige Geist an einer Universität ausgegossen würde, dessen Motto „Spiritus Est Qui Vivificat" („Der Geist ist es, der lebendig macht") lautet.

Die Taufe im Heiligen Geist hat mein Leben umgedreht. Wenn ich Gott in einer persönlichen Weise durch Seinen Geist begegnet bin, kann ich nicht der gleiche bleiben. Jesus ist der Fels – Er ändert sich nicht. Ihn zu kennen befähigt mich, zu wachsen und mich verändern zu können, ohne die Angst, meine „Identität zu verlieren". Nach einem Vierteljahrhundert habe ich meine eigene Geschichte von Höhen und Tiefen. Gott war da, an jeder Wegkreuzung. Das hat für einige Begeisterung in meinem Leben gesorgt und gab Hoffnung für die Zukunft.

*Er aber, der durch die Macht,*
*die in uns wirkt, unendlich viel mehr tun kann*
*als wir erbitten oder uns ausdenken können,*
*er werde verherrlicht durch die Kirche und durch Christus Jesus*
*in allen Generationen, für ewige Zeiten. Amen.*

*(Eph 3,20-21)*

## Ein vertiefender Augenblick

### Ein Zeugnis von Bill Deigan

*Bill Deigan schloß seine Studien in Duquesne 1968 mit dem Baccalaurat in Psychologie ab. Er besitzt auch ein Diplom in Industrielle Beziehungen von der Universität von Minnesota. Zur Zeit des Duquesne-Wochenendes war er Präsident von Chi Rho. Bill arbeitet als Direktor der Personalabteilung der Firma Union Carbide und lebt mit seiner Frau und seinen beiden Söhnen in Connecticut.*

Ich begann 1966, nach einem ersten Kontakt bei einem Passahmahl, Chi Rho-Treffen zu besuchen. Der Studentenpfarrer an der Duquesne Universität wollte, daß sich jemand bereiterklärte, die Leitung zu übernehmen. So trat ich vor und wurde zum Vorsitzenden der Organisation gewählt. Unsere Treffen schienen zu jener Zeit um die Frage unserer Identität zu kreisen. Wir fragten uns, „Was ist das Ziel von Chi Rho? Wozu sind wir da?“

Wir hatten als Leiter eine Planungssitzung, um herauszufinden, was wir bei unseren Einkehrtagen im Februar 1967 tun sollten. Unsere Berater von der Fakultät schienen einen besonderen Enthusiasmus für diese Tage zu entwickeln, als wir uns darüber austauschten. Sie schlugen eine neue Richtung für das Wochenende vor und baten uns, „Das Kreuz und die Messerhelden“ zu lesen. Später fanden wir heraus, daß sie eine Gebetsgruppe besucht hatten, und ihre Erlebnisse in dieser Gruppe waren der Grund für ihre Begeisterung und die Änderung der Pläne. Mein Glaube war mir wichtig. Ich besuchte die Messe täglich und gab während meiner Studienzeit auch Katechismusunterricht. Die Mitglieder von Chi Rho trafen sich zum Gebet und dienten in den täglichen Gottesdiensten in der Kapelle. Auch betätigten wir uns sozial.

Ich habe eine vage Erinnerung an die Referate und Meditationen des Samstags. Als ich hinauf in die Kapelle ging – so erinnere ich mich – betete eine Frau in Sprachen, eine andere lag ausgestreckt auf dem Boden. Ich hatte das Gefühl, daß es eine Gruppe von Leuten gab, die „drinnen“ war, und die anderen „draußen“. Einige Leute hatten eine intensive geistliche Erfahrung, während andere, so wie ich, mehr wie Beobachter zu sein schienen. Meine Erfahrungen mit dem Duquesne-Wochenende könnten beschrieben werden als „ein vertiefender

Augenblick", der mich stoppte und über Gott nachdenken ließ, und nicht wie die Erfahrung einer Anfangsbekehrung.
Nach den Einkehrtagen wollte ich die Erfahrungen in der Balance halten. Andere schienen so viel Zeit und Energie in die Geschehnisse und Treffen zu stecken, die den Einkehrtagen folgten. Mir war nicht wohl bei diesem Ansatz. Ich sah die Notwendigkeit, mein Studium fortzusetzen und meinen Abschluß anzustreben. Vieles von dem, was unter manchen Chi Rho-Mitgliedern passierte, erschien mir sehr emotional. Ich versuchte damals meine Vorbehalte dazu zum Ausdruck zu bringen. Vielleicht lagen die Gründe für die unterschiedlichen Reaktionen auch an der Unterschiedlichkeit der Charaktere. Einige Leute waren ausdrucksvoller als andere.
Nach dem Duquesne-Wochenende besuchte ich einige der Gebetstreffen, die in privaten Häusern stattfanden und bei denen auch Geistesgaben ausgeübt wurden. Während des Sommers 1967 trafen sich Chi Rho-Mitglieder weiterhin zu Schriftlesung und Gebet. Im August besuchten ein weiterer Abgesandter von Duquesne und ich ein Treffen an der Universität von Notre Dame. Zwanzig bis dreißig Leute hatten sich dort versammelt, die an den frühen Gebetstreffen der verschiedenen Universitäten teilnahmen.
Nach dem Duquesne-Wochenende traf sich der Studentenpfarrer mit einigen der Studenten, um ihnen etwas Richtung zu geben, aber es dauerte nicht lange, bis er sich von der Gebetsgruppe distanzierte. Er zog sich aus der Beteiligung an der Charismatischen Erneuerung zurück. Als die Bewegung wuchs, hatte auch ich Anfragen in Bezug auf das, was ich geschehen sah, vieles davon schien mir emotional. Nach einer Weile distanzierte ich mich selbst und verlor den Kontakt zu dem, was sich zur Bewegung der Charismatischen Erneuerung entwickelte.
Mein Engagement in der Katholischen Kirche bleibt groß aufgrund meines Dienstes in der Pfarrgemeinde. In all den Jahren habe ich im Pfarrgemeinderat mitgearbeitet, unterrichtete den Katechismus, war Lektor und leitete das liturgische Komitee der Pfarrgemeinde. Künftig, eventuell erst nach meiner Pensionierung würde ich gern meine Kenntnisse in Organisationspsychologie und meine Erfahrung als Direktor der Personalabteilung von Union Carbide nutzen, um kirchlichen Organisationen dabei zu helfen, ihre Mission, Strategie, Organisationsstruktur und Rolle zu definieren.

## Ein Wasserfall von Licht

### Ein Zeugnis von Karin Sefcik Treiber

*Karin Sefcik Treiber schloß ihre Studien an der Duquesne Universität 1968 mit dem Baccalaurat in Englisch ab. Sie besitzt ebenfalls ein Diplom in Erziehungswissenschaften von der Michigan State Universität und hat auch einige Zeit Theologie studiert. Karin ist gegenwärtig als Koordinator des Unterstützungswerkes für Studenten am Minnesota Technical College für Luftraumüberwachung in Minneapolis beschäftigt. Sie ist mit Paul Treiber verheiratet und Mutter zweier Söhne, David und Paul.*

Der Begriff „Taufe im Heiligen Geist" kam auf bei einem organisatorischen Treffen für unsere studentischen Einkehrtage der Duquesne Universität, die für ein Wochenende im Februar 1967 geplant waren. Er wurde von einem der Dozenten eingebracht. Es dauerte nicht lange, und auch ich strahlte wie er, denn auch ich bin durch die Taufe im Heiligen Geist reich gesegnet worden. Ich nahm an dem nun berühmten Duquesne-Wochenende teil, das den Beginn der Charismatischen Eneuerung in der Katholischen Kirche markiert. Einerseits scheint es erst kurz zurückzuliegen, dann aber doch auch schon wieder eine Lebensspanne her zu sein. Welch ein Anfang war das doch!

Im dritten Jahr in Duquesne war ich an einem Tiefpunkt in meinem Leben angekommen. Das Studium ging gut, aber emotional fühlte ich, daß mir alles, wonach ich mich ausstreckte oder was ich mir wünschte, aus meinen Händen glitt: Eine bedeutungsvolle Beziehung kam zu einem abrupten Ende, und ich fragte mich, was ich nach dem Abschluß tun sollte.

Eine Gruppe, die mich weitermachen ließ, war Chi Rho. Ich war zu dieser Zeit Sekretärin dieser Vereinigung, und Bill Deigan Präsident. Irgendwann schlug Bill vor, wir sollten Einkehrtage haben, um als Gruppe mehr zusammenzuwachsen. Er dachte, daß wir lernen müßten, was es heißt, Christ zu sein. Bill schlug vor, die Seligpreisungen zur Vorbereitung dieser Stillen Tage zu lesen. Anfang Januar 1967 traf sich der Vorstand von Chi Rho mit einem Dozenten der Fakultät im Konferenzraum des Geschichtstrakts, um die Einkehrtage zu planen.

Bei diesem Planungstreffen sah für mich einer der Dozenten anders aus als sonst. Seine Augen leuchteten, und wenn er über den Herrn sprach, besaß seine Stimme Überzeugungskraft. Ich erinnere mich, daß ich damals dachte: „Was immer er hat, ich möchte es auch." Er bat uns, bezüglich der Einkehrtage drei Dinge zu tun: 1) den ersten Plan zu verwerfen, stattdessen sollten wir Referate zur Apostelgeschichte 1-4 vorbereiten. 2) das Buch „Das Kreuz und die Messerhelden" lesen. 3) für die Tage zu beten wie wir noch nie zuvor gebetet hätten. Er bat uns dringend, darum zu beten, daß wir verändert von den Stillen Tagen zurückkehren würden, und nicht nur eine fromme Übung hätten. Ich war überrascht von diesen Aussagen, denn ich hatte zuvor noch nie etwas Ähnliches gehört. Welch eine ungewöhnliche Mischung von Anweisungen.

Für die Einkehrtage hatte Bill eine Liste von Programmpunkten, einige davon waren Zeiten des Gebetes und der Reflexion. Ich kann mich daran erinnern, daß Bill folgende Bibelstelle einbrachte: „Jesus Christus ist derselbe gestern, heute und in Ewigkeit."[1] Einer der Dozenten erwähnte, wir würden vor jeder Einheit eine Hymne zum Heiligen Geist singen. Als ich einmal in meine Protokolle von den Planungstreffen schaute, fand ich folgende Notiz: „Wir werden dafür beten, im Heiligen Geist getauft zu werden." Ehrlich gesagt, ich kann mich nicht erinnern, daß irgendjemand das gesagt hatte.

Nun, wir taten, was man uns sagte. Wir bereiteten uns vor. Mein Glaubensleben war zu jener Zeit gekennzeichnet von treuem Besuch der Sonntagsmesse, schnellen täglichen Gebeten, von der sakramentalen Verehrung der Eucharistie und der gelegentlichen Inanspruchnahme der Beichte. Ich war begeistert, als das Zweite Vatikanische Konzil Englisch im Gottesdienst erlaubte. Während meiner Schulzeit war ich durch eine Art Glaubenskrise gegangen. Jahrelang hatte ich Gott als Ordensschwester dienen wollen, doch entschied ich mich aufgrund eines Rates meines besonders geschätzten Onkels, eines Priesters, die Schule bis zum Ende zu besuchen. Ich hatte Englisch als Schwerpunkt und wußte zu der Zeit wirklich nicht, was ich nach der Schule tun würde.

Als ich mich auf die Einkehrtage durch die Lektüre von „Das Kreuz und die Messerhelden" vorbereitete, dachte ich: „Ich glaube an Jesus. Ich bin eine getaufte Katholikin. Warum sind mir nie solche Sachen

[1] vgl. Hebr 13,8

passiert, wie ich sie hier lese?" Ich betete mit Erwartung um eine Änderung in meinem eigenen Herzen während der Stillen Tage, aber weil ich Mitglied der Vorbereitungsgruppe war, sorgte ich mich mehr um andere und ihre Teilnahme, als daß ich mir über meine eigenen Nöte im klaren geworden wäre.

Am Freitag, den 17. Februar erreichten wir das Exerzitienhaus „The Ark and the Dove". Es war ein sehr grauer Wintertag. Da ich Mitglied der Planungsgruppe war, tat ich einiges, um Leuten zu helfen, sich einzurichten. Ich erinnere mich, wie Patti Gallagher sagte: „Ich erwarte ein Wunder!" Sie strahlte seit wir dort angekommen waren. Wir hatten den Freitag als Einstimmung geplant.

Jeden Programmpunkt begannen wir mit einem Lied zum Heiligen Geist. Am Samstagnachmittag kam eine Frau aus der Episkopalkirche, um zu uns zu sprechen. Als sie sprach, hatte sie eine innere Dynamik, die anders war als alles, was ich in anderen Christen oder Katholiken beobachtet hatte. Sie sprach über den Herrn, als ob sie mit Ihm zusammenlebte und gerade eine besondere, intime und persönliche Unterhaltung mit Ihm an diesem Morgen gehabt hatte. Ich hatte den gleichen Gedanken, wie ich ihn bei dem Dozenten hatte: „Was immer es ist, was sie hat, ich möchte es auch haben."

Am Samstagnachmittag gab es auch eine Pause zum lockeren Zusammensein. Nach dem Abendessen bereiteten wir uns darauf vor, die von Spaghetti beschmutzten Teller zu waschen, aber wir mußten feststellen, daß es kein Wasser gab, um unsere Arbeit zu beenden. Ich erinnere mich noch daran, daß ich gedacht hatte, wir müßten nach Hause fahren. Es erschien mir etwas überzogen, daß wir deswegen gehen sollten, doch war ich bereit, wenn es sein mußte. Irgendwer sagte, wir sollten in die Kapelle gehen und beten. Einige von uns sangen in der Kapelle, andere sprachen Fürbittgebete. Unser Dozent lächelte über Gottes Sinn für Humor. Ich erinnere mich, daß jemand, vielleicht war es David Mangan, Gott um Wasser bat, und Ihm dann für allerhand Arten von Wasser dankte: quellende Bäche, sprudelnde Wasser, Regenwasser, strömende Wasser, Wasserfälle, etc. Ich erinnere mich auch noch, wie Dave zum Wasserhahn ging, ihn öffnete und Wasser herauskam. Nachdem es wieder Wasser gab, konnten wir im Exerzitienhaus bleiben.

Am Abend hatten wir eine Party geplant, um die Stimmung zu heben. Ein junger Mann, den ich getroffen hatte, Danny, tauchte im Exerzitienhaus auf, weil er wußte, daß ich da war. Da sah ich auf einmal, daß immer weniger Leute im Wohnzimmer blieben, wo die Party beginnen sollte. Stattdessen schienen die Leute hinauf zur Kapelle zu gehen. Auch ich ging hinauf und kniete mich zu den anderen. Etwa zwanzig von uns waren da. Ich erinnere mich daran, daß einer der Dozenten uns ins Gebet für verschiedene Anliegen führte, aber noch lebendiger kann ich mich an ein goldenes Glühen im Raum erinnern. Ich betete intensiv für Tom Mangan, Davids Bruder und einer meiner besonderen Freunde, der mit dem Friedenskorps in der Türkei war. Ich hörte auch andere für ihre Anliegen beten, und fühlte eine wirkliche Nähe zu Gott. Wir beteten mit einer Ehrlichkeit, wie ich sie noch nie zuvor erlebt hatte. Obwohl die Leute nach einer Weile die Kapelle zu verlassen begannen, blieb ich noch eine Weile und erinnere mich, wie David Mangan auf dem Boden ausgestreckt lag. Zu einem bestimmten Zeitpunkt schien sich sein Körper zu bewegen, so als ob er auf eine Hand, eine unsichtbare Hand reagierte. Durch eine Einsicht, die von Gott inspiriert gewesen sein muß, und vielleicht auch durch den Beginn meiner Taufe im Heiligen Geist dachte ich: „Gott bewegt ihn." Verblüffende Veränderungen begannen nun im Hause.

Später am Abend gab es eine Möglichkeit, zur Beichte zu gehen, wenn wir dies wollten. Ich erinnere mich, wie ich allein in die Kapelle huschte und wieder die besondere Gegenwart des Herrn fühlte. Es schien mir, als wenn ich ein Wort in meinem Geist hörte: „Gemeinschaft". Mir widerstrebte dieses Wort, denn ich dachte, es würde bedeuten, daß ich eine Nonne werden müßte, und zu dieser Zeit war der Gedanke daran weit entfernt von meinen Plänen. Heute erkenne ich, daß Gott mir zeigen wollte, daß er mit uns als Volk, als Gemeinschaft handelt, nicht nur mit einzelnen Menschen. Es war wichtig für uns, daß wir zusammen waren, als der Heilige Geist kam.

Am nächsten Tag wachte ich auf und fragte mich, ob Danny zurückkommen würde. Er kam. Das Erlebnis in der Nacht hatte auch ihn berührt. Das erste was ich hörte war, daß einige der Mädchen aus irgendeinem Grund schon gefahren waren. Auch ich fühlte ein tiefes Gefühl der Sündhaftigkeit und der Rebellion in mir. Ich erinnere mich noch an ein großes Zimmer im ersten Stock. Ich stand an einem großen Fenster und schaute auf die grauen Wälder. Ich dachte: „Herr, ich möchte in Deine Hände springen," doch fühlte ich mich in einem Zwiespalt. Unser Pfarrer für die Einkehrtage stand in der Nähe. Ich sagte ihm, daß ich Angst hätte, mich an Gott zu verschenken, denn ich wollte nicht, daß ich jemand anderer würde, als der ich war, eine normale, gute Frau. Er antwortete ganz einfach: „Der Herr möchte nur, daß du mehr Karin bist." Seine Worte und eine sanfte Hand auf meinem Rücken bestärkten mich.

Im nächsten Augenblick bin ich dann in die Hände des Herrn gesprungen, in meinen Gedanken und meinem Herzen. Das Erstaunliche war, daß ich mich aufgefangen und aufgerichtet fühlte. Bill Deigan stand in meiner Nähe, und durch meine Tränen hindurch sagte ich so etwas wie „Gott ist Wirklichkeit". Bill lächelte und sagte so etwas wie „natürlich". Marybeth Mutmansky und Patti Gallagher kamen in den Raum und als Patti ihre Hand auf meinen Kopf legte, rief sie aus: „Der Geist Gottes ist in dir!" Ich wußte, daß es so war. Wenige Augenblicke später schloß ich mich in einem angrenzenden Raum den anderen Studenten an, als die nächste Einheit begann. Wir sangen ein Lied, genau wie wir es zu Beginn jeder Einheit getan hatten. Ich schloß meine Augen und erlebte etwas, was ich nur als einen Wasserfall von Licht beschreiben kann, begleitet von einem tiefen Frieden. Ich wußte nicht, was sonst mit mir hätte passieren können, außer daß der Heilige Geist Wirklichkeit für mich wurde, indem er in besonderer Weise in mein Herz kam. Als wir ein paar Augenblicke länger beteten, fühlte ich, wie meine Hände, die normalerweise während des Winters eiskalt bleiben, langsam warm wurden. Ein tiefer Friede erfüllte mich. Im Verlauf des Treffens wurde ich dann gebeten, für andere zu beten.

Als wir das Exerzitienhaus verließen, wußte ich wirklich nicht genau, wie ich über das reden sollte, was mit mir geschehen war. Ich erfuhr weiterhin tief in mir einen Frieden, der blieb. Als wir am Montag in den Alltag des Universitätsbetriebes zurückkamen, sprachen einige von uns mit dem Dozenten über unsere Wochenenderfahrungen. Er erklärte uns, daß wir die Taufe im Heiligen Geist empfangen hätten. Nach dem Wochenende wurden sofort verschiedene Dinge für mich Wirklichkeit. Schriftstellen schienen aus der Bibel zu springen und zu mir zu sprechen. Wenn ich um Hilfe bat, wurde mir eine schöne und hilfreiche Stelle gegeben. Die Disziplin der täglichen Schriftlesung schien weniger Mühe zu machen, sondern war eher eine Freude, eine Art Erfrischung, eine Herausforderung zum Gebet. Der Dienst von Kathryn Kuhlman (Sie lebte in Pittsburgh, wo ich seit meiner Geburt gelebt hatte), bekam Sinn und wurde glaubwürdig, obwohl ich nie die Gelegenheit bekam, einen ihrer Gottesdienste zu besuchen. Ich wollte mehr beten und die Eucharistie häufiger besuchen. Die Mutter Gottes wurde für mich jemand Besonderes, als in mir der Wunsch wuchs, eine bessere Frau zu werden. Sorgen plagten mich nur noch kurz – bis ich sie buchstäblich auf den Herrn geworfen hatte, der sich gut um mich kümmerte.

Meine Erfahrung mit dem Duquesne-Wochenende vertiefte auch meine Sorge um die Erneuerung der Katholischen Kirche. Meine Gebete schlossen mehr als bisher den Papst, die Bischöfe und bestimmte Priester ein. Ich empfand ein größere Beziehung zur Kirche, eine erneuerte Sorge um einzelne in besonderer Not. Ich sah, daß mein Glaube und mein Vertrauen gewachsen war, und ich Gott für Seine Güte, Seine Gaben und Seine überfließende Liebe preisen konnte.

Der Dozent nahm eine Woche nach den Einkehrtagen verschiedene von uns mit zu jener Gebetsgruppe, um uns die Leute zu zeigen, die ihn selbst zur Taufe im Heiligen Geist geführt und die für unsere Tage gebetet hatten. Dort hörte ich zum ersten mal das Sprachengebet, und ich wußte auch ohne Erklärung gleich, was es war – wahrscheinlich, weil ich „Das Kreuz und die Messerhelden“ gelesen hatte.

Ich selbst empfing die Sprachengabe erst mehrere Monate nach dem Wochenende. Eines Tages fragte mich Marybeth Mutmansky beim Mittagessen in der Mensa, ob ich schon die Gabe der Sprachenrede empfangen hätte. Ich sagte ihr, daß ich zufrieden sei, in Englisch zu beten, und daß sich mein Gebet in Englisch intensiviert habe. Marybeth bat mich, ich solle doch mit ihr ins „Obergemach“ oder ins „Oratorium“ kommen, einer sehr kleinen Kapelle über der Universitätskapelle von Duquesne. Dort knieten wir nieder zu einem einfachen Gebet. Marybeth betete für mich und erklärte mir dann, wie man diese Gabe zuläßt. Eine Zeitlang hatte ich nur zwei Worte, doch allmählich wurde mir mehr gegeben.

Weil ich ein Vollzeitstudent war, erinnere ich mich, daß ich den Rat der Dozenten sehr ernst nahm, daß es unsere wichtigste Aufgabe sei, unsere Abschlüsse anzustreben. Da ich ein Pendler war, habe ich wahrscheinlich einiges von dem, was an der Uni lief, in der Folgezeit nach dem Wochenende nicht mitbekommen. Allerdings besuchte ich Gebetstreffen. Für eine Zeitlang trafen wir uns in der Wohnung unseres Dozenten. Später zogen wir um in David Mangans Appartement auf Mount Washington, und schließlich zog die Gebetsgruppe in das Passionistenkloster in Pittsburgh. Ich erinnere mich auch, daß wir ermutigt wurden, unsere Erlebnisse von dem Wochenende aufzuschreiben. Einige davon wurden 1969 in „Catholic Pentecostals" veröffentlicht.

Am 2. Juni 1968 schloß ich meine Studien in Duquesne ab. Das war am Pfingstsonntag! Ich fühlte mich in Gottes Weinberg versetzt. Danach habe ich mein Studium in Erziehungswissenschaften und Theologie fortgesetzt und war in den verschiedensten Jobs beschäftigt. Ich habe viele Risiken angenommen, fühlte aber immer den Frieden Gottes, wenn ich Seinen Willen für mein Leben annahm.

Das Leben mit dem Herrn hat mich buchstäblich tausende von Meilen unterwegs sein lassen, in zahllosen Situationen und Beziehungen. Eine dieser Beziehungen wuchs in die Blüte der Ehe, nachdem ich viele Jahre gewartet und gebetet hatte. Zur rechten Zeit gab der Herr mir und meinem Mann zwei Söhne.

In diesen fünfundzwanzig Jahren hatte ich Gelegenheit, über unser Duquesne-Erlebnis Zeugnis zu geben. Ich habe Vorträge auf Treffen und Konferenzen der Charismatischen Erneuerung gehalten, Frauengruppen gefördert und Aufgaben in Gemeinschaften übernommen. Mein Mann und ich sind nicht mehr in einer Gemeinschaft aktiv, aber wir bleiben sehr aktiv in unserer katholischen Pfarrgemeinde. Ich habe drei Jahre lang im Erziehungsausschuß gearbeitet, ein Jahr davon als Vorsitzende der Gruppe. Auch war ich Kommunionhelfer in den Pfarreien, zu denen wir in Minneapolis gehörten.

Die Taufe im Heiligen Geist brachte mich in eine persönliche Beziehung mit Jesus Christus als meinem Herrn, Heiland, Geliebten – zu einem Zeitpunkt, als ich dabei war, in die Welt der Erwachsenen einzutreten. Ich glaube, die größten Geschenke waren: der Wunsch, mein Leben dem Herrn auszuliefern; ein starker Glaube, daß der Herr mich führen wird; eine tiefe Hingabe an die Katholische Kirche, und das, was ich „katholische Rechtgläubigkeit" nenne – eine Glaubensanschauung, die weder ultraliberal noch reaktionär ist, sondern in einer sakramentalen Theologie wurzelt.

Die Lehren, die wir in den ersten Tagen der Charismatischen Erneuerung gehört haben (erwarte, daß Gott handeln wird; lies und höre das Wort Gottes und laß es Wurzeln in dir schlagen; bleibe der Lehre der Bischöfe treu; suche Gott), blieben Leitlinien für mich. Auf diesem Weg habe ich so viel gelernt von Lehrern wie Pater Michael Scanlan TOR, wie auch von Protestanten. Ich schätze sehr, was ich von

Leuten wie Mutter Basilea Schlink, Bob Mumford, James Dobson und vielen anderen gelernt habe.
Es ist so, wie ein Dozent auf dem Duquesne-Wochenende sagte: „Ohne Jesus Christus macht mein Leben keinen Sinn.“ Bevor ich aus meinem Leben ein Durcheinander machen konnte, griff der Herr souverän ein und befähigte mich, auf Seinen Geist zu antworten. Manchmal habe ich mich im Laufe der Jahre verwundert gefragt „Wer bin ich eigentlich?“ – doch bin ich immer ziemlich schnell zu einer Antwort gekommen. „Ich bin eine Dienerin, die Magd des Herrn, und ich werde tun, was Er sagt.“ Das hat meinem Leben eine Richtung gegeben, obwohl es dem einen oder anderen, der es nicht gelebt hat, kaleidoskopisch und ungeplant erscheinen mag. Die Taufe im Heiligen Geist hat mich befähigt, mein Herz Jesus, Seinem Vater und dem Heiligen Geist weiter zu öffnen.
In all den Situationen, Herausforderungen, Beziehungen und dem Durcheinander des Lebens nach der Taufe im Heiligen Geist, hungert es mich nach wie vor nach dem Herrn und Seinem Heiligen Geist. Ich sehne mich noch immer danach, mehr Zeit mit Ihm im Gebet zu verbringen. Ich suche nach wie vor Sein Wort in meinem Leben. Noch immer sehne ich mich nach Ihm, daß Er noch mehr der Grund meines Seins sein möge, die Stärke meines Lebens, der Herr meines Lebens.

# Die Sorge eines Hirten

## Ein Zeugnis von John Rossmiller

*John Rossmiller verließ die Duquesne Universität im Jahr 1967. Er besitzt einen Abschluß in Mathematik. John arbeitet als leitender Systemingenieur für die Firma Westinghouse. Er und seine Frau Chris sind Eltern von neun Kindern und leben auf einer Schaffarm in Donegal, Bundesstaat Pennsylvania.*

Als ich im sechsten Schuljahr war, wußte ich zum ersten Mal, daß Gott mich berufen hatte. In den Weihnachtsferien putzte ich freiwillig die Kirche und assistierte in der Messe. Während der Wandlung wurde mir eines Tages Gottes Gegenwart sehr bewußt, und ich war bewegt von dem, was Gott in meinem Leben getan hatte. Es gab mehrere Dinge, für die ich Dankbarkeit fühlte, in einer katholischen Schule zu sein, einen Bruder zu haben, der im Himmel für mich betete (mein Bruder starb kurz nach seiner Taufe) und daß ich die Gnaden der Sakramente von Taufe und Firmung hatte.

Nach diesem Erlebnis der Hinwendung zum Herrn im Alter von elf Jahren begann ich, über das Ordensleben nachzudenken. Ich trat gleich nach der Schule in das Seminar der Karmeliter in Niagara Falls, Ontario ein, wo ich die nächsten sieben Jahre meines Lebens verbrachte. Obwohl ich schließlich das Seminar aufgrund von Gesundheitsproblemen wieder verließ, waren meine Jahre dort, geistlich gesehen, sehr fruchtbar. Sie gaben mir die Sicherheit, Neues zu wagen. Ich begann, des geistlichen Wachstums wegen, die Bibel zu lesen, und war von der karmelitischen Spiritualität tief beeindruckt. Ihr Motto, „Mit leidenschaftlichem Eifer bin ich für den Herrn, den Gott der Heere, eingetreten“[1], bedeutet mir noch immer viel in meinem Leben. Vielleicht war das Wichtigste überhaupt, daß ich lernte, dem Herrn zu vertrauen.

Wenn ich zurückschaue ist wohl eine der größten Gnaden in meinem Leben, daß der Herr mich immer geführt hat. Wann immer ich in irgendwelchen Schwierigkeiten war und bereit, die Initiative zu ergreifen, war der Herr so gut zu mir, mich zu leiten, um das Richtige zu tun. Viele Segnungen sind mir zuteil geworden, weil mich der

[1] vgl. 1 Könige 19,10

Herr so behutsam geführt hat, indem er mir Vorlieben für bestimmte Dinge gab, die mich Seinen Willen erkennen halfen.

Ein Beispiel: Am ersten Tag meiner Einschreibung für mein zweites Jahr an der Duquesne Universität ging ich zur Messe in die Kapelle. Nach der Messe sprach ich einen Studenten an, den ich von einem Vortrag des letzten Jahres her kannte. Ich fragte ihn, ob es irgendeine Organisation mit einer christlichen Orientierung an der Uni gebe. Gottes Vorsehung war es, daß dieser Student, Ed Fahrmeier, selbst mit in der Leitung der Chi Rho Gesellschaft tätig war. An diesem Nachmittag noch stellte er mir einige Chi Rho Mitglieder vor und ich begann, sehr enge Freundschaften in der Gruppe zu entwickeln. Chi Rho sorgte für gemeinschaftliche Zusammenkünfte, die auch geistlichen Nutzen brachten. Unsere Partys waren immer gut, und mit sauberem Spaß. Einige der stärksten Mitglieder von Chi Rho waren Pendler. Wir hatten den Vorteil, daß wir uns auch während des Sommers und der Semesterferien sehen konnten. Jedes Jahr hatten wir eine Weihnachtsfeier und ein Passahmahl.

Wie in jeder Gruppe gab es auch in dieser Cliquen unter den Mitgliedern, die zu gewissen Spannungen führten. Zu Beginn des Frühjahrs 1966, ich glaube es war im Februar oder März, wurde ein Studienwochenende für die Männer von Chi Rho auf dem Universitätsgelände abgehalten. Unsere beiden Berater von der Fakultät waren „Cursillistas“, und sie hatten einige ihrer Freunde eingeladen. Ralph Martin und Steve Clark kamen, um dieses Studienwochenende abzuhalten. Das Studienwochenende war am Cursillo angelehnt, und deshalb wurden zu diesem ersten Wochenende nur die Männer eingeladen. (Das ist ein Grundprinzip des Cursillo, daß endweder nur Männer oder nur Frauen teilnehmen.) Es waren etwa zwanzig Männer einschließlich Paul Gray, Ed Fahrmeier und Bob Meadows. Nach dem Wochenende hatten wir sogar einige Nachtreffen, nur für die Teilnehmer. Daraus entstanden lang anhaltende Freundschaften. Anschließend wollten die Frauen von Chi Rho unbedingt im nächsten Jahr ein Studienwochenende, an dem auch sie teilnehmen konnten.

In meinem eigenen Leben gab es etwa zu dieser Zeit eine Entwicklung, die auch auf die anderen Chi Rho Mitglieder Einfluß hatte. Es betraf einen Dienst an Alkoholikern in Hill, einem Stadtteil von Pittsburgh. Tom Verner, ein Student von Duquesne, arbeitete im St. Josefs-Haus der Gastfreundschaft, das heimatlosen Männern ein

Dach über dem Kopf anbot. In St. Josef traf Tom einen Mann namens Frank Fagan, einem trockenen Alkoholiker, der anderen Alkoholikern bei der Rehabilitation half. Frank sprach im Sommer 1966 zu einigen von uns an der Universität. Ich meldete mich freiwillig, Frank zu helfen, und in meinem letzten Jahr in Duquesne habe ich viele andere von Chi Rho für die Hilfe gewinnen können: Saubermachen, Anstreichen und Dienste in verschiedenen anderen Bereichen. Ich zog selber aus meinem Appartement aus und schlief auf dem Boden in einem der Häuser, die Frank für Alkoholiker gemietet hatte. Das war ein weiteres Abenteuer, in dem ich mich auf den Herrn verließ. Zu einem bestimmten Zeitpunkt war Frank in Finanznöten für seine Arbeit mit den Alkoholikern, und ich gab ihm mein Erspartes. Das war ein Schritt des Glaubens für mich, denn ich wußte, daß er es eventuell nicht zurückbezahlen konnte. Am nächsten Tag fand ich heraus, daß ich ein Stipendium bekommen hatte, das meine eigenen finanziellen Bedürfnisse abdeckte. Der Herr belohnte mein Vertrauen. Eine der Freiwilligen war Chris Heller, mit der ich im Dezember eine Freundschaftsbeziehung begann.
Dann geschah etwas, das sehr wichtig für mich wurde. Einer der Männer, denen wir bei der Rehabilitation zu helfen suchten, begann, meine Kleider mit einer Rasierklinge aufzuschlitzen. Das dritte Mal passierte es während der Sonntagsmesse, so daß ich nur noch die Kleider hatte, die ich auf dem Leibe trug. Als ich zurückkehrte, erzählte ich Frank, was geschehen war. Er traf sich gerade mit einem Besucher, der gekommen war, um in irgendeiner Weise zu helfen. Frank stellte mich dem Besucher vor, und bevor ich wußte, wie mir geschah, hatte mich dieser Mann und seine Freunde mit neuen Kleidern versorgt.
Dies war für mich eine konkrete Bekundung des Herrn, wie er für mich sorgen würde, wenn ich Ihm vertraute. Ich war sehr bewegt. Interessanterweise war der Tag, an dem ich meinen neuen Kleiderschrank erhielt, genau der 17. Februar 1967 – der Tag, an dem das Duquesne-Wochenende begann. Mit einem starken Bewußtsein, wie konkret der Herr für mich sorgte, brach ich zu den Einkehrtagen auf. Wenn ich zurückschaue, finde ich es interessant, daß ich eine Kamera zu dem Wochenende mitbrachte und ein paar Fotos schoß. In den drei Jahren College hatte ich nur knapp einen Film verschossen. Noch heute vergesse ich oft meine Kamera, sogar für wichtige Dinge wie die Schulabschlußfeiern meiner Kinder. Ich wußte, daß es dort

am Samstagabend eine Geburtstagsparty geben würde, und so dachte ich, ich könne die letzten vier Bilder auf dem Film für die Geburtstagsparty benutzen. Das einzige, was ich vom Freitag noch weiß, ist, daß ich einer Gruppe mein bewegendes Erlebnis vom Tage erzählte, von Fremden einen ganzen Schrank voll Kleidung geschenkt bekommen zu haben.

Von den Vorträgen am Samstag kann ich nichts sagen, aber am Abend blieb ich für eine ganze Weile in der Kapelle und erneuerte meine Beziehung zum Herrn. Schließlich ging ich runter, um bei der Party dabei zu sein. In dieser Zeit schoß ich ein Foto von Marybeth Mutmansky, sowie von Elaine Kersting und Annamarie Nacko, für die die Geburtstagsparty bestimmt war. Wie dem auch sei, irgendwie kam die Party nicht ins Laufen. Ich wunderte mich selbst: „Wird diese Geburtstagsparty jemals beginnen?“ Es schien, daß einige Leute zur Kapelle hinaufgingen, und so ging auch ich hinauf.

Ein Erlebnis, das ich dort in der Kapelle hatte, bewegte mich sehr. Doch für mich war es kein völlig neues Erlebnis mit dem Herrn. Es war eher eine Bestätigung meiner Beziehung mit Jesus, die im sechsten Schuljahr begann. Es war eine stille und tiefe Erneuerung meiner Lebensweihe an Gott, und keine erste Begegnung, wie es für einige der Studenten der Fall war. Dave Mangan und Patti Gallagher waren dort in der Kapelle zusammen mit einigen anderen.

Was ich in den anderen sah, die dort in der Kapelle beteten, war eine tiefe Frömmigkeit und Achtung gegenüber Gott. Wenn Menschen sich der Gegenwart des Herrn bewußt werden, zeigt es sich in ihren Gesichtern. Man kann sehen, daß sie ihn erfahren. Etwas sehr Wichtiges geschah für jeden. Ich wußte, daß es ein wichtiger Augenblick war. Darum entschied ich mich, die letzten drei Fotos für den nächsten Morgen aufzubewahren. Ich besitze nun die einzigen vier Fotos des Duquesne-Wochenendes.

Nicht jeder kam während des Samstagabends in die Kapelle. Es gab verschiedene Freundesgruppen, die während der Chi Rho-Einkehrtage anwesend waren. Manche der Leute fühlten sich schon sehr als Teil des Gesamten, andere versuchte der Studentenpfarrer mit einzubeziehen. Es gab sogar einige Mädchen vom La Roche College, die nur während des Tages kamen. Ich erinnere mich an einen Jungen aus Schottland, der bei diesem Wochenende ebenfalls anwesend war. Die Gruppe, die auf Einladung des Studentenpfarrers gekommen war, war in dieser Nacht auch nicht mit uns in der Kapelle und erlebte auch nicht, was dem Rest von uns widerfuhr. Das führte nach dem Wochenende zu Schwierigkeiten und einigen Spaltungen in Chi Rho selbst.

Ich erinnere mich, daß am Sonntag die Frau aus der Episkopalkirche zurückkam, die schon am Samstag zu uns gesprochen hatte. Ich glaube, daß sie und unsere Dozenten uns in einem Vortrag am Sonntagmorgen Ratschläge gaben, was wir in der Zukunft erwarten könnten. Verschiedene Schriftstellen aus dem ersten Korintherbrief, einschließlich der Stelle über den Vorrang der Liebe, wurden zitiert. Eines der Mädchen aus der Gruppe gab Zeugnis davon, daß sie an einem bestimmten Punkt der Einkehrtage einfach so weit von diesem Ort wegkommen wollte, wie sie konnte. Sie lief fort, und jemand anderes lief ihr nach, um sie zurückzubringen. Dann lief sie wieder weg, und sie wurde wieder ausfindig gemacht. Schließlich wurde mit ihr gebetet und man legte ihr die Hände auf. Ein ungeheurer Friede kam dann über sie. Dieses Zeugnis war für viele von uns sehr bewegend, und es war eines der ersten Male, daß wir jemanden von einer geistlichen Heilung Zeugnis geben hörten. Natürlich waren viele von uns geistlich unreif, und nach dem Wochenende wurde dieses Ereignis manchmal in einer Weise erzählt, wie es nicht sehr hilfreich war.

Nach dem Wochenende wuchs die Beziehung zwischen Chris Heller und mir. In dieser Zeit fanden Gebetstreffen statt, aber ich war nicht sehr aktiv an ihnen beteiligt. Mit anderen vom Duquesne-Wochenende blieb ich in engem Kontakt, und ich hörte, daß vieles in ihrem Leben geschah. In ihrem Enthusiasmus taten manche Leute bestimmte Dinge, denen die geistliche Reife fehlte. Aber es gab auch nicht viel Weisheit, wie man mit den intensiven geistlichen Erfahrungen dieser frühen Tagen umgehen konnte.

Chris und ich heirateten im August 1967. Mit einigen Mitgliedern von Chi Rho, die auf dem Wochenende gewesen waren, blieben wir in Kontakt. Chris und ich machten beide einen Cursillo mit und sind über die Jahre gelegentlich bei charismatischen Gebetstreffen gewesen. Dann zogen wir nach Donegal um, etwa fünfzig Meilen außerhalb von Pittsburgh, wo wir uns unserer Pfarrgemeinde sehr verpflichtet fühlen. Chris ist Kommunionhelferin und ich diene im Pfarrgemeinderat und als Lektor.

Was mir in den Jahren Sorgen gemacht hat, in denen ich die Charismatische Erneuerung habe wachsen sehen, war ihre Beziehung zur Katholischen Kirche. Für mich begann das Gute in der Kirche nicht erst mit dem Zweiten Vatikanischen Konzil. Es war immer da. Als Kind und als junger Mann kannte ich viele „heilige" Leute, die Gott in der Katholischen Kirche dienten. Als andere die Taufe im Heiligen Geist erfuhren und das Wort Gottes in der Schrift entdeckten, hätte ich mir gewünscht, daß sie auch die Kraft Gottes in den Sakramenten und Gottes Wahrheit in der Lehre und den Frömmigkeitsformen der Katholischen Kirche entdeckt hätten, einschließlich der Verehrung der Jungfrau Maria.

In meinem Leben war das Duquesne-Wochenende nur eines von vielen wichtigen Augenblicken mit dem Herrn, bei dem ich meine Hingabe an Ihn vertiefte. Es hat die gleiche Wichtigkeit wie andere geistliche Begegnungen, und jede dieser Begegnungen hat mich aufgebaut. Nur weil man ein bewegendes Erlebnis mit dem Herrn gemacht hat, hat man keine Garantie, daß man auch bis zum Ende bei Ihm bleiben wird. Deshalb ist jede Begegnung mit Ihm wichtig. Ich bete einfach, daß der Herr mir weiterhin auf die Schulter klopfen wird, und daß die „himmlische Meute" mir weiterhin nachjagen wird. Es besteht die beständige Notwendigkeit der Buße und der Erneuerung in dem Prozeß des Einswerdens mit Ihm.

Ich betreibe einen Bauernhof mit Schafen. Der Vergleich mit dem Guten Hirten und Seinen Schafen aus der Schrift ist für mich sehr lebendig geworden. Ich sehe, wie sehr die Leute wie Schafe sind. Sie sind stur. Sie erschrecken leicht und verstreuen sich. Schafe widerstehen jedem Versuch des Treibens, aber ein guter Hirte kann sie tatsächlich leiten. Wenn Schafe von der Herde getrennt sind, werden sie rasend. Sie müssen Teil einer Herde sein, sie müssen anderen nahe sein.

Genau wie Schafe einen Schäfer brauchen, der sie führt und schützt, so ist es auch mit uns. Wir brauchen jemanden, dem wir folgen können. Es ist wichtig, wer dieser jemand ist. Jesus Christus muß unser Hirte sein. Jesus Christus muß uns beim Namen rufen. Ich bin sehr gedemütigt, wenn ich mir die fortdauernde Barmherzigkeit und Geduld des Herrn vor Augen halte, die Er mir gegenüber, einem Seiner Schafe, von den frühen Jahren meines Lebens an bis heute, an den Tag gelegt hat.

# Die Verheißung gilt Dir und Deinen Kindern

## Ein Zeugnis von Gina Steinmetz Scanlon

*Gina Steinmetz Scanlon und ihr Mann Pat schlossen 1968 ihre Studien an der Duquesne Universität ab und waren Mitglieder von Chi Rho. Die Scanlons leben in Dover, Bundesstaat Delaware, und sind Eltern von drei Kindern. Gina lehrt Mathematik für die achte Klasse und Pat ist Rechtsanwalt in einer privaten Praxis.*

Mein Mann und ich sind gebürtige Pittsburgher und wir waren gemeinsam Studenten in Duquesne. Ich studierte Psychologie, während Pat mehrere Jahre in einem Seminar in Cincinatti gewesen war. Als junges Mädchen hatte ich für eine Weile darüber nachgedacht, Nonne zu werden, und hatte sogar den Traum, als Missionsschwester nach Afrika zu gehen. Als ich nach Duquesne kam und Chi Rho beitrat, half mir das, zu erkennen, daß ich auch als Laie Gott dienen kann. Pat kam 1965 an die Universität und schloß sich ebenfalls Chi Rho an.

Viele Mitglieder von Chi Rho waren auch in einer anderen Organisation an der Uni tätig, die sich Council of Interracial Friendship (COIF)[1] nannte. Unser großes Anliegen war die soziale Gerechtigkeit und die Gleichberechtigung der Rassen. Manchmal sangen wir in Gottesdiensten verschiedenster Konfessionen zusammen mit farbigen Männern und Frauen. Wir wollten Freundschaften zwischen den Rassen fördern. Die Anliegen von COIF flossen in Chi Rho ein und umgekehrt, da so viele von uns in beiden Organisationen aktiv waren.

Gleich in meinem ersten Jahr schloß ich mich Chi Rho an. Das hatte einen großen Einfluß auf mein Leben, da sich hier viele Freundschaften bildeten. Chi Rho half, ein festes Band der Gemeinschaft unter uns zu schmieden. Zu Ostern feierten wir immer ein Passahmahl – ein wirklicher Höhepunkt im Jahr.

Pat und ich heirateten im September 1966. In der Zeit der Einkehrtage im Februar 1967 war ich schon mit unserem ersten Kind schwanger. Es war eine extrem hektische Zeit mit vielen Umstellungen in meinem Leben. Ich gab Privatunterricht, war noch immer

[1] Rat für interkulturelle Freundschaft

Vollzeitstudent, gerade verheiratet und schwanger. Vor dem Wochenende fühlte ich mich nicht wohl, und ich kann mich wirklich nicht an irgendwelche besonderen Vorbereitungen erinnern, die wir für das Wochenende treffen sollten.

Nach dem Abendessen im Exerzitienhaus am Samstag, dem 18. Februar fühlte ich mich müde, und so ging ich früh zu Bett. Bis zum nächsten Tag bekam ich nichts mit von dem, was sich in der Kapelle ereignete. Am nächsten Morgen erzählten viele der Chi Rho Mitglieder, wie sie aufgeblieben waren und bis in die frühen Morgenstunden gebetet hatten. Die Leute schienen so begeistert von dem, was sich zugetragen hatte. Die ganze Sache brachte mich nur durcheinander. Ich war in Chi Rho bisher sehr aktiv gewesen, aber ich war mir nicht sicher, ob ich das alles glauben sollte.

Am Sonntag beteten die Leute füreinander mit Handauflegung. Ich wollte aber eigentlich nur weg. Dann kam eines der Mädchen und legte ihre Hände auf meinen Bauch, um für mein Baby zu beten. Obwohl ich zu dieser Zeit vor alledem Angst hatte, habe ich über die Jahre oft gedacht, daß das Kind, das ich während des Duquesne-Wochenendes trug, ganz besonders vom Heiligen Geist gesegnet war. Ich habe mich oft gewundert, ob das eine Folge des Gebetes gewesen sein könnte, das sie erhielt, als sie noch in meinem Bauch war.

Wenn ich über meine Reaktion während des Duquesne-Wochenendes und in den folgenden Tagen und Wochen nachdenke, erinnere ich mich, daß ich mir eine grundlegende Frage stellte: „Wenn eine Person wirklich an das Evangelium glaubt und an die Echtheit der Erfahrungen der frühen Kirche, dann müßte eigentlich das, was auf dem Duquesne-Wochenende geschehen ist, ganz natürlich sein." Dennoch war ich nicht sicher, ob ich es für mich selbst glauben konnte. Das Wochenende stürzte mich in eine Art innere Glaubenskrise. Es war eine schwierige Zeit. Ich sagte mir immer wieder: „Entweder du glaubst das, oder nicht. Wenn du es tust, wirst du eine Verpflichtung eingehen müssen, deinen Lebensstil zu ändern." Ich konnte andere Teilnehmer des Wochenendes sehen, wie sie Änderungen in ihrem Leben vornahmen, aber ich fühlte mich nicht bereit. Ich wußte in gewissem Maß, daß ich mich zu einem Narr machen würde, wenn ich diese Erfahrung mit dem Heiligen Geist annehmen würde. Ich war mir nicht sicher, ob ich das konnte. Es wäre nicht so einfach gewesen, wenn ich meine Lebensumstände betrachte. Mein Mann Pat war

nicht besonders an den Gebetstreffen interessiert, die aus dem Wochenende entstanden.
Einige Monate lang schaute ich mir immer wieder die Chi Rho Gebetsgruppe an und überlegte, ob ich den Schritt tun und dieses neue Wirken des Heiligen Geistes annehmen könne. Schließlich wandte ich mich ab und zog mich langsam ganz von Chi Rho zurück. Kürzlich fragte mich jemand, ob ich sagen könne, daß das Duquesne-Wochenende überhaupt keinen Einfluß auf mein geistliches Leben gehabt habe, da ich ja in der Charismatischen Erneuerung später nicht aktiv geworden sei. Ich muß sagen, daß das Duquesne-Wochenende tatsächlich ein Meilenstein für mich gewesen ist, denn bis zu dieser Zeit hatte ich mich immer als jemand eingeschätzt, der dem Glauben sehr verpflichtet war. Nach dem Wochenende fühlte ich mich, als ob meine Glaubenshingabe begrenzt sei, weil ich nicht gewillt war, diesen weiteren Schritt zu gehen, so wie es andere Chi Rho Mitglieder getan hatten.
Pat und ich beendeten beide 1968 unsere Studien in Duquesne. Eine Zeitlang lehrte Pat Afrikanische Geschichte an einem überwiegend von Schwarzen besuchten College, und ich arbeitete teilzeitlich als Sozialarbeiterin. 1970 erhielt ich ein Diplom in Sonderpädagogik, und Pat erreichte schließlich seinen Abschluß in Jura. Wir sind beide nach wie vor praktizierende Katholiken, aber wir sind nicht mehr so in kirchlichen Aktivitäten engagiert, wie wir das in unseren frühen Tagen bei Chi Rho waren.

# Amazing Grace

## Ein Zeugnis von Elaine Kersting Ransil

*Elaine Kersting Ransil studierte bis 1968 Englische Literatur an der Duquesne Universität. Sie und ihr Mann Lenny haben vier Kinder im Alter zwischen sechzehn und zweiundzwanzig Jahren. Sie leben in Erie, Bundesstaat Pennsylvania, wo Lenny der Rektor der Word of God Akademie ist. Elaine arbeitet als Entwicklungsspezialistin in der Personalabteilung einer Versicherung.*

Ich kam aus einer sehr religiösen, katholischen Familie und besuchte immer katholische Schulen. Als stellvertretende Kirchenorganistin verbrachte ich viele Stunden in der Kirche. Unglücklicherweise war meine Religion immer kopflastig. Ich kannte viel von Lehre und Dogma, hatte aber nicht die leiseste Idee von der Möglichkeit einer lebendigen, persönlichen Beziehung mit Jesus Christus.

Ich wußte, daß Gott existiert, aber er schien sehr entfernt zu sein. Er hatte gewisse Verhaltensstandards, von denen er erwartete, daß ich sie einhielt. Darin war ich nicht die Beste. Ich wechselte zwischen Ausbrüchen von sehr intensiven geistlichen Anstrengungen, verzweifelten Versuchen, „gut zu sein", die unvermeidlich scheitern mußten, und anderen Zeiten, wo das alles unmöglich schien.

Ich glaubte, daß Gott für die Heiligen und an besonderen Orten wie Lourdes Wunder wirkte, aber es schien, als ob er normalen Leuten wie mir nicht zur Verfügung stand. Als ich gefirmt wurde, hatte ich Hoffnungen, daß etwas geschehen würde, und daß ich danach irgendwie anders sein würde. Aber obwohl ich mich sehr genau beobachtete, änderte sich nichts, zumindest soweit ich das feststellen konnte.

Mein Hauptfach in Duquesne war Englische Literatur, und meine Pläne waren schwammig. Ich war zu idealistisch, um mir überhaupt eine Karriere in der Wirtschaft oder irgendetwas Praktisches vorstellen zu können. Ich wollte einfach etwas tun, um „der Welt zu helfen". Ich danke Gott, daß ich in meinem ersten Jahr in Chemie neben Marybeth Mutmansky saß, denn durch sie lernte ich Chi Rho kennen. 1964 schloß ich mich sofort und gerne an. Ich glaube, wir arbeiteten in jenem Jahr das Johannesevangelium durch. Die Verantwortung, eine Exegese eines Abschnittes vorzubereiten, wechselte reihum unter den Mitgliedern der Gruppe. Einige von uns waren ziemlich stark von Kommentaren abhängig, aber andere hatten schon mehr eigene Einsichten beizusteuern. Paul Gray und Mary Ann Springel waren in meiner Gruppe, und ich war erstaunt über das, was sie zu sagen hatten. Da ich die Bibel nicht sehr gut kannte, war das alles sehr neu und interessant für mich. Und doch, wenn ich es mir heute überlege, dann scheinen wir doch vieles aus unseren eigenen Gedanken und Bemühungen heraus getan zu haben, statt auf Jesus zu schauen.

Per Definition bestand die Gruppe aus Leuten, die daran interessiert waren, über Theologie und Philosophie zu diskutieren. Viele studierten diese Fächer. Es gab auch eine sehr starke Orientierung am Idealismus – der Welt helfen zu wollen, indem man unterrichtete, im Friedenskorps diente oder in einem Stadtviertel von Pittsburgh ein Haus für Alkoholiker reparierte. Ich war viel im Haus des Studentenpfarrers zu finden, da es für viele der Pendler eine Art Heimat darstellte. Es war ein Ort, wo man einfach mal ein paar Leute treffen konnte, und manchmal hielten wir dort auch reguläre Treffen ab. Für mich war Chi Rho nicht nur ein Club oder eine Nebenbeschäftigung – es war das Fundament oder das Band, das alles an der Universität zusammenhielt.

Den größten Teil meiner Zeit am College litt ich emotional. Es gab zwei schwierige Beziehungen, die nicht klappten. Mir scheint, daß es auch andere in Chi Rho gab, die ebenfalls Schwierigkeiten hatten. Wir wollten Leuten helfen, und wollten einander helfen, kamen aber mit leeren Händen. Und das war vielleicht das Schlimmste von allem – zu sehen, wie die ganze Welt sich abstrampelte, aber selber keine Kraft und keine Antworten zu haben. Warum sind wir überhaupt hier? Worum geht es eigentlich? Das hört sich alles etwas verrückt an, wie ich das jetzt zu beschreiben versuche, aber ich kann mich noch daran erinnern, daß ich äußerst niedergeschlagen über die Verfassung der Welt war. Nichts machte irgendeinen Sinn.

In meinem zweiten Studienjahr forschte ich sehr nach Antworten, die mich zufriedenstellen würden. Ich begann, einige von Alan Watts Büchern zu lesen und mich für Zen Buddhismus zu interessieren. Obwohl ich nicht bereit war, meinen Katholizismus aufzugeben und voll in den östlichen Weg zu tauchen, dachte ich, daß eine Synthese von beidem einige Vorteile bringen könnte. Ich schrieb ein Psychologiepapier über die Möglichkeiten des Zen Buddhismus und fand heraus, daß der Professor auch daran interessiert war, Zen mehr zu erforschen. Als ich meine Gedanken in einem Chi Rho Treffen äußerte, sagte einer unserer Berater von der Fakultät sehr fest, daß man als Jünger von jemandem nur dieser einen Person folgt, und nicht damit beginnt, anderes hinzuzufügen. Ein Jünger Jesu zu sein bedeute, daß man nicht Zen Buddhismus dazumixe oder irgendetwas anderes, das nicht im Evangelium steht. Ich hätte mich daran später in meinem Leben erinnern sollen.

Vom 17. bis 19. Februar 1967 gab Chi Rho ein Studienwochenende, und ich nahm teil in der Erwartung, daß es eine gute Zeit mit einer Gruppe von Freunden werden würde. Insbesondere hatte ich vor, viel Zeit mit John Rosenbaum zu verbringen, da wir gerade begonnen hatten, miteinander auszugehen. Ich nehme an, daß ich auch erwartete, für eine gewisse Zeit religiös wieder etwas aufgepäppelt zu werden, aber Erfahrung hatte mich gelehrt, daß sich solche Ausbrüche neuen Eifers immer als sehr vergänglich erwiesen.

Was mich an dem ersten Vortrag vom Freitagabend beeindruckte, war die Vorstellung, daß Gott heute so real, kraftvoll und gegenwärtig sein kann, wie Er es für Seine Jünger gewesen ist. Was Jesus war, ist Er heute noch; was Er gesagt hat, sagt Er heute; was Er getan hat, tut Er noch heute. Und das Königreich des Himmels besteht nicht in Worten, sondern in Macht. Gott will unsere Gebete beantworten, aber Er ist durch unseren Unglauben begrenzt. Nach dem Vortrag gingen wir alle hinauf zur Kapelle zu einem Fürbittgottesdienst. Nach jedem Gebetsanliegen sangen alle: „Gott Vater, höre unser Gebet; höre uns, Gottes Sohn; Heiliger Geist, höre unser Gebet, hab Erbarmen mit Deinem Volk, o Herr!“ Es schien, als ob alle von uns von der Vorstellung ergriffen waren, daß gläubiges Gebet eine Wirkung hat, da wir stundenlang weiterbeteten. Aber es kam uns nicht lang vor, weil wir so intensiv beteiligt waren.

Ich glaube, die Vorträge am Samstag waren darüber, wie man die Kraft des Heiligen Geistes empfangen konnte, um ein christliches Leben führen zu können. Wir schauten in die Apostelgeschichte und sahen die Änderungen, welche die Jünger erfuhren, als der Heilige Geist auf sie herabkam. Die meisten hatten das Sakrament der Firmung empfangen. Warum hatten wir die charismatischen Gaben dann nicht erlebt? Weil der Heilige Geist uns nicht gewaltsam überfällt, sondern auf unsere Einladung wartet. Wir hatten bereits den Heiligen Geist – ähnlich wie wenn man ein eingepacktes

Geburtstagsgeschenk besitzt – aber was nötig war, war eine Freisetzung des Geistes, oder in dem Bild gesprochen – das Geschenk auszupacken und es in Gebrauch nehmen. Waren wir gewillt, Gottes Kraft in uns freisetzen zu lassen?
Die Frage, die mein Herz durchbohrte, war: „Wer ist wirklich Herr über dein Leben?" Der Herr zeigte mir, daß meine Sünde nicht der Katalog von schlechten Sachen war, die ich getan hatte, sondern die ganze Orientierung meines Lebens. Mein ganzes Leben lang war ich immer sehr vorlaut, und ich mußte zugeben, daß das häufig nicht gerade tolle Früchte hervorbrachte. Vielleicht war ich zum ersten Mal jetzt in der Lage, die lautstarke Maske der Selbstgenügsamkeit fallenzulassen, weil ich schließlich erkannte, daß ich Lasten getragen hatte, die einfach zu schwer für mich waren. Meine Sündhaftigkeit lag in dem stolzen Bemühen, es selber zu tun, anstatt alles an den Herrn zu geben und es Ihn auf Seine Art machen zu lassen.
Bei der ersten Gelegenheit am späten Morgen oder im frühen Nachmittag nahm ich meine Bibel und ein Päckchen Papiertaschentücher und ging in die Kapelle. Während Gott mir die Wirklichkeit meiner Sünden zeigte, konnte ich nicht mit dem Weinen aufhören. Aber die Tränen waren gut, ich fühlte mich gereinigt. Jede Stelle in der Bibel, die ich aufschlug, schien direkt zu mir zu sprechen. Kein Wunder, daß ich mich so schlecht gefühlt hatte und depressiv gewesen war: Ich hatte für mich Lasten getragen, für meine Freunde und für den Rest der Welt ebenfalls. Jetzt fühlte ich mich befreit. Ich brauchte nicht mehr mein eigener Erlöser zu sein, und wieviel weniger der Erlöser der Welt – zu diesem Zweck war Jesus gekommen. O, Halleluja!
Ich wußte, daß Gott etwas Bedeutendes in mir begonnen hatte, und ich wußte auch, daß Er noch nicht damit fertig war. Es widerstrebte mir, so viel Zeit für etwas so Weltliches wie das Abendessen verschwenden zu müssen. Ich erinnere mich an meinen Gedanken, daß andere ebenfalls dieses Desinteresse an Nahrung zu fühlen schienen.
Am Samstagnachmittag hörte ich, daß es ein ernsthaftes Problem mit der Wasserversorgung des Hauses gab. Der Brunnen war ausgetrocknet, es gab kein Wasser, und ohne Wasser würden wir nach Hause gehen müssen. Nun, wir hatten gerade über die Macht Gottes gesprochen und über das Gebet im Glauben, bei dem man erwartet, zu erhalten, was man erbittet. Ich wußte, daß Gott mit uns noch nicht zu Ende war. Wir beteten, glaubten, daß Gott handeln würde und

dankten Ihm im voraus für das, was er tun würde. Es war die direkte Anwendung des gerade Besprochenen auf unsere Lebenssituation. So weit ich weiß, gibt es keine natürliche Erklärung für das, was dann geschah, aber am frühen Abend war das benötigte Wasser in Überfülle vorhanden. Ich war dankbar und beeindruckt, aber nicht wirklich überrascht.

Ich war so darin vertieft, was Gott mir zeigte, daß ich vermieden hatte, auch nur ein bißchen Zeit mit John zu verbringen. Natürlich fragte er sich, ob etwas nicht in Ordnung sei, und so redeten wir eine Weile. Ich versuchte ihm klar zu machen, daß es nichts Persönliches gegen ihn war, sondern ich nur habe frei sein müssen, um Zeit mit Gott zu verbringen.

Nachdem John und ich uns ausgetauscht hatten, gingen wir in den vorderen Raum im Erdgeschoß des Hauptgebäudes. Chris Strasser und ein Mädchen namens Tracy waren dort, und sie schienen unzufrieden. Denn es sollte eine Party stattfinden, aber keiner war daran interessiert. Da mein Geburtstag am 21. Februar ist, war ich eine von denen, für die die Geburtstagsfeier an diesem Abend stattfinden sollte. Das war mir egal. Solche Dinge erschienen mir unbedeutend angesichts dessen, was Gott gerade tat. Der einzige Ort, wo ich gerne sein wollte, war die Kapelle, und da strebte ich dann auch hin. Ich hatte den Eindruck, als ob Gott im Begriff war, etwas Großartiges zu tun, und es schien nur natürlich, dort auf Ihn zu warten.

Als ich gegen acht zur Kapelle kam, beteten schon viele andere dort. Ich kniete mich ebenfalls hin und dachte: „Ich verstehe dies alles nicht, aber was immer Du für mich hast, Herr, das will ich. Ich glaube; Herr, hilf meinem Unglauben!“ Nach einer Weile nahmen wir uns an die Hand, während wir rund um den Altar knieten. Paul Gray war auf einer Seite von mir. Plötzlich fühlte ich so etwas wie einen elektrischen Strom von seiner Hand in die meine fließen und durch meinen ganzen Körper strömen. Wieder weinte ich aus lauter Freude, als ich zum ersten Mal in meinem Leben die überwältigende Liebe Gottes spürte. Irgendwie fand ich mich flach vor dem Altar ausgestreckt, mit nur einem freudigen Gedanken in mir: „Preis sei Gott! Preis sei Gott! Preis sei Gott!“ Ich hatte kein Bewußtsein für die Zeit oder für Leute um mich herum. Ich war in die Gegenwart Gottes eingehüllt.

Irgendwann nach Mitternacht, vielleicht gegen eins oder zwei, wurde ich unfreiwilligerweise wieder auf die Erde geholt. Unser Pfarrer forderte mich auf, aufzustehen. Er sagte, wir könnten nicht die ganze

Nacht in der Kapelle bleiben. Wir sollten alle ins Bett. Wie sonderbar! Was ich gerade erlebt hatte, war so wunderbar, aber der Priester schien „geschafft" zu sein. Ich war so hellwach, so voller Freude, daß ich mir nicht vorstellen konnte, jetzt zu schlafen. Doch ging ich hinüber zum kleinen Haus, wo ich Annamarie und Marybeth traf. Wir fragten einander: „Du auch?", und wir hüpften vor Freude.
Am nächsten Tag war die Freude noch immer da. Ich fühlte mich wie die vertrockneten Knochen in Ezechiel 37, die wieder zum Leben erweckt worden waren. Ich wollte tanzen, ich wollte singen. Die geisterfüllte Frau aus der Episkopalkirche, die am Tag zuvor zu uns über Apostelgeschichte zwei gesprochen hatte, warnte uns, daß die Taufe im Heiligen Geist nicht mit sofortiger Heiligkeit gleichzusetzen sei, aber irgendwie war das schwer zu verstehen. Bevor wir nach Hause fuhren, kamen wir noch einmal zusammen und erzählten, was Gott an diesem Wochenende getan hatte. Es schien, als ob Gott die meisten von uns in mächtiger Weise berührt hatte. Ich hatte gehofft, daß sich jeder zum Herrn hingezogen fühlen würde – wie könnte man widerstehen? Ich habe mich immer gefragt, wie irgendwer von diesem Wochenende unberührt habe zurückkommen können. Aber ich glaube, auf einige traf es zu. Vor dem Wochenende war ich ein sehr guter Freund unseres Studentenpfarrers gewesen. Aber an jenem Wochenende hatte ich den Eindruck, daß er vor den dramatischen Manifestationen der Ausgießung des Heiligen Geistes Angst hatte. Sonderbarerweise habe ich die Sprachengabe an dem Wochenende nicht empfangen, zumindest trat sie nicht offen zu Tage. Was ich aber erlebte, war eine veränderte Wahrnehmung der Gegenwart Gottes, gefolgt von einer übersprudelnden Freude. In den nächsten Wochen suchte ich die Gabe des Sprachengebets und wurde immer wieder enttäuscht. Mein einziges Problem war, daß ich nicht verstand, daß ich selbst sprechen mußte, um in Sprachen zu reden. Ich erwartete, daß Gott einfach alles übernahm und es herauskommen lassen würde – und das geschah natürlich nicht. Ungefähr drei Wochen später, als wir gerade mitten in einem Gebetstreffen an der Universität für einen Priester beteten, wurde mir bewußt, daß ich nicht in Englisch betete. Seitdem habe ich keine Probleme mehr, in Sprachen zu beten. Manchmal schien ich die gleichen Dinge immer und immer wieder zu sagen. Zu anderen Zeiten floß es einfach immer weiter und weiter. Die Sprachenrede war nicht immer die gleiche.

Die Freude und Euphorie des Wochenendes dauerte eine lange Zeit an. Ich hatte einen großen Hunger nach der Schrift und nach Gebet. Gott schien direkt zu mir zu reden, wenn ich Sein Wort las. Ich schleppte meine Bibel überall mit, wohin ich auch ging (eine große, zehn Zentimeter dicke Jerusalemer Bibel!). Es war nicht ungewöhnlich für mich, mehrere Stunden am Tag zu beten und die Schrift zu lesen. Ich konnte nicht genug bekommen! Gott war Wirklichkeit. Ich wußte, was Erlösung bedeutete, und das war eine so aufregende Botschaft, daß sie es wert war, mitgeteilt zu werden. Also gab ich jedem Zeugnis, der stehenblieb und zuhörte. Ich wußte, daß die Kraft nicht von mir war, aber sie stand mir zur Verfügung. Ich glaubte wirklich, daß sich Gott um jedes kleine Detail in meinem Leben kümmerte, und daß ich mit jeder Bitte zu ihm kommen konnte, ob groß oder klein. Ich war nach wie vor Studentin, mitten in meinem dritten Jahr. Unglücklicherweise war ich so begeistert über all diese wunderbaren Dinge, die Gott tat, daß ich immer bereit war, die Vorlesung zu schwänzen, um Zeugnis zu geben. Es war aufregend, Dinge zu tun, weil ich mich „vom Heiligen Geist geführt" fühlte. Aber was ich eigentlich brauchte, war, in meinem Leben etwas mehr Disziplin zu lernen. In jenen Tagen war ich mehr als nur ein bißchen unausgeglichen – woran ich mich noch gut erinnere.
Als ich meinen Eltern erzählte, was sich auf dem Wochenende zugetragen hatte, dachten sie, daß ich total ausgeflippt sei. Es hörte sich sehr verrückt für sie an. Am Ende entschieden sie sich, daß es für mich okay sei – aber nicht für sie. Einer meiner Brüder und meine Schwester empfingen auch die Taufe im Heiligen Geist und wurden in der Erneuerung aktiv, aber das war mehrere Jahre später. Interessanterweise kamen viele meiner Onkeln und Tanten, Cousins und Cousinen Jahre danach zur Charismatischen Erneuerung – doch nicht durch irgendein direktes persönliches Zeugnis von meiner Seite.
Die Reaktionen meiner Kommilitonen waren gemischt. Einige von ihnen begrüßten diese neue Dimension begeistert, andere zogen sich höflich zurück. Ich erinnere mich konkret an eine Unterhaltung zwischen Marybeth Mutmansky, mir und Herrn und Frau Dr. Pausen, beide Lehrer der Philosophie. Ich kam nicht sehr gut an, milde gesagt. Pater Anton Morganroth CSSp blieb unbeteiligt, aber in einer distanten Weise tolerant.
Was das Büro des Studentenpfarrers betrifft, gab es ein unmißverständliches Zurückziehen nach dem Wochenende. Der Studenten-

pfarrer wollte nichts damit zu tun haben. Für den Rest der Zeit, in der ich in Duquesne studierte, war es sehr schwer für uns, die wir die Taufe im Heiligen Geist empfangen hatten, mit den anderen vom Büro des Studentenpfarrers zusammenzuarbeiten. Wir hatten nun eine andere Vision. Eines der großen Nachrichtenmagazine, ich glaube es war die Times, hörte von dem Wochenende und wollte eine Story darüber schreiben. Sie nahmen Kontakt mit unserem Studentenpfarrer auf, aber das war das Letzte, was er wollte, und die Story wurde nie geschrieben. Soweit ich mich erinnern kann, ist das, was Gott durch die Taufe im Heiligen Geist begonnen hat, nie von der Duquesne Universität in irgendeiner Weise angenommen oder gefördert worden.

Was die geistlichen Gaben betrifft, erinnere ich mich an eine Menge ungewöhnlicher physischer Empfindungen, z. B. das Brennen der Handflächen. Es schien als ob ich in gewissen Dingen und in anderen Leuten „die Geister unterscheiden" konnte, und ich habe keine Ahnung, wieviel oder ob überhaupt irgendetwas davon echt war. Es gab „Eindrücke" oder „Führungen", dies oder jenes zu tun. Wir erzählten einander unsere Erfahrungen und versuchten herauszufinden, was echt war und was nicht. Schließlich erkannten wir, daß die Heilige Schrift der Maßstab war und alles andere von diesem Wort her beurteilt werden mußte.

Die erste Erfahrung mit „geistlicher Kampfführung", an die ich mich erinnere, war das Zeugnis von dem Mädchen, das an dem Wochenende selbst Gebet um Befreiung erhielt. Später wurde ich in einige sehr intensive Befreiungsgebete für einige von Mary Ann Springels Kommilitonen einbezogen, die sich sehr auf Zauberei eingelassen hatten. Es war klar, daß die Taufe im Heiligen Geist auch Satan zum Gegenangriff aufstachelte, aber Gott hatte uns für diesen Kampf ausgerüstet.

Nach dem Wochenende hielten wir unsere Gebetstreffen nicht mehr lange an der Universität ab. Sie wurden Freitagabend in der Wohnung einer der Berater der Fakultät veranstaltet, aber ich konnte gewöhnlich nicht an ihnen teilnehmen, weil ich am anderen Ende der Stadt in einer Kirche die Orgel spielen mußte. Ich war vielleicht ein- oder zweimal dort.

Was mich wirklich erstaunt, wenn ich so zurückschaue, sind die Gebetstreffen selber. Es schien einfach das Naheliegendste in der Welt zu sein, sich weiterhin zum Gebet zu treffen. Aber die Treffen

waren völlig unstrukturiert. Es gab kein geplantes Programm, keinen Musikdienst. In der Zeit, in der ich teilnahm, gab es nicht einmal jemanden, der Gitarre spielte. Jeder konnte ein Lied anstimmen, eine Schriftstelle lesen, ein Zeugnis geben oder eine Einsicht mitteilen, die der Herr ihm gegeben hatte. Gewöhnlich schlossen wir ab mit dem Gebet um den Heiligen Geist für jeden, der daran interessiert war, oder wir beteten für irgendeine andere Not. Die Treffen dauerten meist mehrere Stunden, und doch schien die Zeit sehr schnell zu vergehen. In jenen Tagen dachte ich, daß ich nur jemanden überreden müßte, zu so einem Gebetstreffen zu kommen und es selbst mitzuerleben, und dann würde er schon automatisch sein Leben Jesus geben und im Heiligen Geist getauft werden.
Kurz nach dem Wochenende ging John Rosenbaum auf die Marineoffiziersschule. Für eine Weile blieben wir in Kontakt, brachen die Beziehung jedoch im Herbst 1967 ab. Bei einer Weihnachtsfeier bei Karin Sefcik brachte mich Gott dann mit Lenny Ransil zusammen. Wir begannen, uns regelmäßig zu sehen, und im August 1968 heirateten wir. Lenny war der Freund mehrerer Chi Rho Mitglieder und hatte sogar einige von ihnen im Februar 1967 zum Exerzitienhaus „The Ark and the Dove" gefahren. Es war für ihn selbst nicht möglich gewesen, an den Einkehrtagen teilzunehmen, weil er an Wochenenden in einer Combo Saxophon spielte. Obwohl er zu einem der Gebetstreffen nach dem Wochenende gekommen war, wurde er „von all dem emotionalen Zeug" abgestoßen. Als ehemaliger Seminarist und guter Katholik fühlte er kein Bedürfnis danach. Da Lenny nicht an Gebetstreffen interessiert war, hatte ich die Wahl, allein zu gehen oder den Freitagabend mit ihm zu verbringen. Das war keine Frage der willentlichen Zurückweisung Gottes oder des pfingstlichen Erlebnisses, sondern trotz meiner guten Absichten driftete ich einfach weg. Ich hatte mir das Gebet noch nicht zur Regel gemacht, also auch dann zu beten, wenn ich mich nicht danach fühlte oder wenn es nicht in meine Pläne paßte. So hörte ich Anfang 1968 auf, zum Gebetstreffen zu gehen, und 1969 zogen wir fort.
Manchmal hatte ich in den folgenden Jahren Gelegenheit, mit jemandem über das Wochenende zu sprechen, und ich erkannte dann, was für ein wichtiges und kraftvolles Ereignis es gewesen war. Aber ich mußte auch erkennen, daß sich als Resultat meine Vorstellungen zwar wesentlich verändert hatten, mein Lebensstil aber hatte sich überhaupt nicht geändert. Und weil ich Gebet und ein Leben im

Geist nicht durchgehalten hatte, schien die Erfahrung jetzt weit weg. In unserem frühen Eheleben begannen Lenny und ich, uns für orientalische Philosophie, gesunde Ernährung und Vegetarismus, psychische Gedankenübertragung, Astrologie, Spiritismus und andere okkulte Praktiken zu interessieren. Wir waren geistlich hungrig, und weil wir nicht sehr tief in einem Lebensstil des Gebetes verwurzelt waren, sanken wir tiefer und tiefer in den Treibsand des Okkultismus. In dem ganzen Prozeß haben wir nie eine bewußte Entscheidung getroffen, uns vom Christsein abzuwenden. Wir mischten nur beständig andere Dinge mit hinein. Wir erkannten nicht, wie hinterhältig Satan ist – er verstellt sich wirklich als ein „Engel des Lichts". Wir dachten, das Gute vom Bösen schon unterscheiden zu können, denn wir waren intelligente Leute und würden sicherlich das Übel erkennen, wenn wir es sahen. Falsch! Der einzige Weg, wie wir unterscheiden können, besteht durch das Wort Gottes. Wenn ich wirklich diese psychologischen Studien von der Schrift her beurteilt hätte, wäre ich nie in sie hineingeraten.

Andererseits war meine Gotteserfahrung an dem Wochenende so mächtig gewesen, daß es in einigen Bereichen als Prüfstein diente. Ich wußte, daß Gott eine Person war, und keine unpersönliche „Kraft". Ich wußte auch, daß Gott Gebete hörte und erhörte. Und das war es schließlich, was die Veränderung für uns brachte. Durch die Gebete unserer christlichen Freunde und Verwandten durchdrang der Herr unsere Verwirrung und leitete uns zu dem Gebet: „Herr, zeig uns die Wahrheit, was auch immer die Kosten sein mögen. Wenn wir falsch liegen, wollen wir uns ändern." Und der Herr zeigte es uns. Im März 1972 wurde Lenny davon überzeugt, daß nicht nur keine Antworten bei Edgar Cayce zu finden waren, sondern auch, daß es auch für ihn in der Taufe im Heiligen Geist etwas zu entdecken gab, obwohl er eine Sorge zum Ausdruck brachte: Was ist, wenn Gottes Plan für sein Leben ein anderer sein sollte als der, den er sich so sorgfältig zurecht gelegt hatte? Am folgenden Tag, nachdem Lenny betete und den Heiligen Geist empfing, geschahen zwei Dinge: Erstens erwachte er mit einem Loblied für Gott auf seinen Lippen, und zweitens fand er heraus, daß sich ein größeres Problem an der Montessori Schule an der er arbeitete, zusammenbraute. Dies kostete ihm schließlich auch seinen Job. Aber in all den Wirren der folgenden Wochen gab der Herr ihm Frieden und die Erkenntnis, daß Er das ganze Geschehen in Seiner Hand hatte.

Alles das zu erzählen, was der Herr in den folgenden zwanzig Jahren für uns getan hat, würde selbst ein Buch füllen, und so will ich nur sagen, daß die Taufe im Heiligen Geist der Dreh- und Angelpunkt in meinem Leben war. Ich lernte den Herrn Jesus Christus kennen, und nichts ist geblieben, wie es war.
Ich habe auf so viele konkrete Weisen die Hand Gottes auf meinem Leben gesehen: Heilung von Krebs, neue Hoffnung und Sinn anstelle von lähmender Depression, erneuerte Hingabe in der Ehe anstatt Scheidung, die unausweichlich schien, Kinder, die sich für Jesus entschieden haben, statt sich der Leere der Welt hinzugeben, eine Arbeit in einer großen Firma, die mir wirklich Freude macht. Ich weiß, daß Gott einen Sinn für mein Leben hat. Ich hab mich Ihm gegeben. Er nahm mich auf und würde mich nie fallenlassen. Selbst wenn ich untreu bin, Er ist immer treu.
Gott hat große Dinge getan, und ich habe nichts getan, wodurch ich es verdient hätte. Es ist reine Gnade. Ich muß an das folgende Lied denken: „Er gab mir Schönheit statt Asche, Freudenöl statt Trauer, Er gab Lobgesang für einen betrübten Geist.“[1] Er tut es wirklich!

[1] vgl. Jes 61,3

# Dynamit!

## Ein Zeugnis von David Mangan

*David Mangan schloß 1966 seine Studien an der Duquesne Universität mit einem Baccalaurat in Mathematik und Physik ab. David und seine Frau Barbara leben in Ann Arbor, Bundesstaat Michigan, zusammen mit ihren fünf Kindern. Zusammen mit Ken Wilson ist er Autor des Buches „Leben im Geist Seminar für Kinder und Teenies“[1]. Sein Zeugnis wurde ursprünglich auf einem Tag der Erneuerung in Pittsburgh gegeben.*

Das erste, was ich gern tun würde, ist, einen kleinen Anspruch bezüglich meines Dabeisein in die Anfänge der Charismatischen Erneuerung aufzugeben. Ich fühle mich immer, als ob ich etwas beanspruche, worauf ich keinen Rechtsanspruch habe. Es gibt im Baseball eine Regel, die besagt, daß ein Läufer automatisch out ist, wenn er zwischen den Grundlinien von einem geschlagenen Ball getroffen wird. Der Feldspieler, der ihm am nächsten steht, bekommt die Punkte dafür, obwohl er nie den Ball berührt hat. Genau so fühle ich mich. Ich war am Ort, als Gott handelte. Ich stand zufällig in der Nähe, und so wird es mir als Verdienst angerechnet, obwohl es mir nicht zukommt.

Es ist auch wichtig, hervorzuheben, daß dies nicht das erste Mal war, daß Gott in dieser Weise unter Katholiken wirkte. Es gab einzelne Katholiken, die lange vor dem Duquesne-Wochenende im Heiligen Geist getauft worden sind. Dennoch, bedeutsam bleibt, daß Gott sich entschlossen hat, dieses Ereignis für ein besonderes Werk zu gebrauchen.

Zur Zeit des Wochenendes, ich hatte bereits meine Studien an der Duquesne-Universität abgeschlossen, wurde ich eingeladen, teilzunehmen. Zu der Zeit war ich zweiundzwanzig. Ich wurde gebeten, einen der Vorträge über den Heiligen Geist zu halten. Obwohl ich in meiner Pfarrgemeinde sehr aktiv war, – ich gab zu der Zeit Katechismusunterricht – gab ich den Vortrag wieder ab. Ich erkannte, daß ich selbst nicht viel über den Heiligen Geist wußte. Alles, was ich sagen konnte, war in drei Sätzen zusammenzufassen, welche im

[1] 1992 in Deutsch erschienen bei Edition Kairos, Wiesbaden

Katechismus standen. Ich hatte selber sehr viele Fragen über das Wirken des Heiligen Geistes. In der Hoffnung, daß ich während des Wochenendes mehr lernen würde, verschob ich sogar meinen Katechismusunterricht zu diesem Thema.

Ich hatte die geforderten Kapitel aus der Apostelgeschichte und das Buch „Das Kreuz und die Messerhelden" von David Wilkerson gelesen, aber ich muß ehrlich sein: Obwohl „Das Kreuz und die Messerhelden" viele Hinweise auf die Taufe im Heiligen Geist und die geistlichen Gaben enthält, ist alles nur an mir vorbeigerauscht. Nach der Lektüre hatte ich noch immer keine Ahnung, was die Sprachengabe war.

Es ist auch wichtig, zu wissen, daß einige der Teilnehmer des Duquesne-Wochenendes in einer Krise standen. Ich erinnere mich, daß einige überlegten, aus der Kirche auszutreten und sich von Gott abzuwenden. Damals habe ich das nicht erkannt. Ich für meine Person fühlte, daß ich einige Dinge vermißte, und ich war offen dafür, sie von Gott zu erhalten. Ich hatte einen sehr einfachen Glauben.

Als kleines Kind hatte ich Erfahrungen mit Gott gemacht. Nach der Messe hatte ich oft die Gegenwart des Herrn in einer sehr wirklichen Weise gespürt. Ich dachte immer, daß jeder mit ähnlichen Erfahrungen wie diesen aufwachsen würde. Nie habe ich darüber gesprochen, denn ich redete nie über solche Dinge. Es überraschte mich auf dem Duquesne-Wochenende, daß einige Leute überlegen konnten, sich von Christus abzuwenden. Das machte für mich keinen Sinn. Christus ist realer, als irgendetwas anderes. Als Kind hatte ich mein Leben dem Herrn gegeben. Auf dem Weg als Christ hatte ich verschiedene Standpunkte vertreten. Ich sagte mir, wenn ich den Heiligen Geist nicht verstehe oder die Kraft Gottes in meinem Leben fehlt, dann ist das mein Problem. Es war nicht Gottes Schuld. Ich war derjenige, der etwas korrigieren mußte. Das war die Haltung, die ich zu den Stillen Tagen mitbrachte. Ich mußte herausfinden, was das Problem war, und Gott etwas daran tun lassen.

Jede Zusammenkunft während des Wochenendes begannen wir mit der selben Hymne zum Heiligen Geist. Wir sangen sie in der alten gregorianischen Art, die ich sehr mag und manchmal noch immer in meiner Gebetszeit verwende.

Wir hatten vier Referate während des Wochenendes, je eines zu den vier ersten Kapiteln der Apostelgeschichte. Der erste Vortrag verblüffte mich sehr. Es war der Vortrag, den ich hätte geben sollen. Der

Referent gab mir viel Einblick. Woran ich mich wirklich genau erinnern kann, ist sein Kommentar zu Apostelgeschichte 1,8: „Aber ihr werdet Kraft empfangen, wenn der Heilige Geist auf euch gekommen ist." Er bezog sich auf das griechische Wort für Kraft, das auch für Dynamit benutzt wird. Mit anderen Worten, das Dynamit des Heiligen Geistes würde auf dich kommen. Das war es, was er sagte: Dynamit! Nun, Ich liebte Gott und versuchte, andere zu lieben, aber ich konnte mein Leben kaum mit Dynamit vergleichen. Wieder traf ich schnell die Schlußfolgerung, daß das Problem bei mir liegen mußte. Ich war sicher, daß Gott seinen Teil tat.
Der zweite Vortrag ging über das Ereignis von Pfingsten. Sie denken vielleicht, daß das ein besonders begeisterndes Referat gewesen sein muß. Ich hielt die Sprecherin für eher dürftig. Sie war eine Frau, die einige unserer Dozenten kannten. Für uns war sie unbekannt. Alles, woran ich mich erinnern kann, war, daß sie Apostelgeschichte zwei vorlas und sagte: „Und dies geschieht heute noch." Sie sprach fünfzehn oder zwanzig Minuten lang. Wenn du Student bist, bist du eher an lange Referate gewöhnt. Doch das war für mich nur ein wenig Geplänkel. Ich dachte mir: „Es muß da noch mehr geben, als das, was sie da sagt."

Wir machten uns während der Referate Notizen. Dies habe ich in mein Notizbuch hineingeschrieben. Es war fast wie eine Trotzreaktion auf das, was sie sagte: „Ich will jemanden in Sprachen sprechen hören ... MICH!" In der nächsten Zeile steht: „Sei ein Narr für den Herrn." Beides sollte sehr schnell eintreffen!
Ich habe keine weiteren Notizen vom Duquesne-Wochenende. Es gab zwei weitere Referate, aber ich schrieb nicht mehr mit. Nach dem Vortrag über Apostelgeschichte zwei hatten wir Gesprächsgruppen. Ich ging in meine Gruppe und wollte dort herausfinden, warum ich kein „Dynamit" hatte. Ich war noch immer über die Sache mit dem Dynamit am Nachdenken und kam zu folgendem Schluß: Ich überlegte, daß ich als Katholik den Heiligen Geist in der Firmung empfangen hatte. Als jemand, der in Mathematik und Physik trainiert worden war, hatte ich eine Tendenz zum Analytischen. Ich wußte, daß es drei Faktoren sein mußten, damit ein Sakrament wirksam ist. 1) Es muß ein gültiges Sakrament sein. 2) Es muß durch einen rechtmäßigen Vertreter gespendet sein. 3) Es muß im Glauben empfangen werden. Der letzte Punkt schien das Problem zu sein –

ich, mein Mangel an erwartendem Glauben. Ich dachte, daß müsse es sein, warum ich kein „Dynamit“ hatte.
Daher machte ich in meiner Gesprächsgruppe einen Vorschlag. Ich sagte: „Ihr wißt doch, jedes Jahr erneuern wir zu Ostern unsere Taufgelübde, weil wir als Kleinkinder getauft wurden, und wir müssen diese Gelübde uns zu Eigen machen, wenn wir erwachsen werden.“ Ich kann nicht einmal sagen, ob ich im sechsten Schuljahr überhaupt mitbekam, was vor sich ging, als ich gefirmt wurde. Ich hatte die Vorbereitung mitgemacht und hatte alle Fragen beantwortet, aber irgendwie erinnere ich mich, daß es mich mehr beschäftigte, welches Geschenk ich von meinem Taufpaten bekommen würde als welche Gaben ich von Gott empfangen könnte. Ich sagte also zu den anderen: „Ich denke, wir müssen unsere Firmung erneuern.“ Ich war entschlossen es zu tun. Bedenken Sie – ich hatte nie über die Taufe im Heiligen Geist oder das Sprachengebet gehört. Ich hätte nicht gewußt, wie ich darum hätte bitten können. Daher habe ich nur gesagt: „Ich möchte meine Firmung erneuern.“ Ich dachte, das sei eine tolle Idee. Als wir in die große Gruppe zurückkehrten, um uns über die Ergebnisse der Gesprächsgruppen auszutauschen, wurde auch meine Idee vorgeschlagen. Einige Leute meinten, daß ich die Dinge etwas zu ernst nahm. Ich erinnere mich, daß ich enttäuscht war, daß andere meine Idee nicht wirklich akzeptierten.
Nach dem Mittagessen ging ich mit Patti Gallagher auf einen Spaziergang. Sie war mit mir in der Gruppe gewesen. Wir sprachen über meinen Vorschlag und darüber, wie wenig Leute die Idee mochten. Ich kam gleich dort zu dem Schluß, daß ich es tun würde. Ich dachte, ich könnte den Studentenpfarrer ansprechen und ihn fragen, was ich tun sollte. Ich traf diese Entscheidung in meinem Herzen, hatte aber nicht die Zeit, sie in die Tat umzusetzen. Wissen Sie, Gott ist so schnell, Er kommt uns immer mit Seinem Handeln zuvor.
Zurück im Exerzitienhaus wurde ich mit einigen Neuigkeiten begrüßt. Einer der Leiter suchte gerade ein paar Leute zusammen, als ich eintrat. Die Wasserpumpe, die dieses Exerzitienhaus versorgte, war defekt. Es gab kein Wasser. Er bat uns, in die Kapelle zu gehen und zu beten. Das war sehr schwierig für mich. Obwohl ich viel betete, hatte ich, glaube ich, noch nie für etwas ganz Konkretes gebetet, wofür ich wirklich sofort eine Antwort brauchte. Ich konnte für die Bekehrung Rußlands beten, das war leicht. Du brauchtest dich nicht mit der Tatsache zu beschäftigen, daß es am nächsten

Morgen noch nicht geschehen war. Mit dieser Art von Gebeten kann man schön ruhig bleiben. Einige von uns versammelten sich in der Kapelle, und als wir zu beten begannen, machte ich eine interessante Erfahrung.

Ich begann, Gott für die Antwort zu danken! Niemand hatte mir je theologisch darüber etwas gesagt. Diese Lehre kam in der Charismatischen Erneuerung erst später. Ich hatte einfach diese innere Überzeugung, daß unser Gebet beantwortet war. Als ich dies zu denken begann, war es fast so, als ob ich mich selbst bei etwas ertappte, und ich überlegte mir, wie seltsam es ist, so überzeugt zu sein. Als wir zu beten aufhörten, war ich so sicher, daß Wasser da war, daß ich zur Küche herunterlief und den Wasserhahn aufdrehte. Es spritzte mit größerer Kraft heraus, als zuvor! Nach dem Wochenende wurde mir gesagt, daß während unseres Gebetes ein Mechaniker gekommen war und das Problem behoben hatte. Wir waren aber ins Gebet geschickt worden mit der Versicherung, daß bis Montag kein Mechaniker kommen könne. Die Tatsache, daß Wasser da war, nachdem wir gebetet hatten, machte natürlich einen großen Eindruck auf mich. Als ich das Wasser herausschießen sah, entschied ich mich, etwas zu tun, was ich noch nie zuvor getan hatte: Ich beschloß, Danke zu sagen. Meine Danksagung sollte ebenso laut sein wie meine Klage. Ich ging zurück zur Kapelle und dankte Gott für das, was er getan hatte. Als ich in die Kapelle eintrat, war es mir, als ob ich in eine Mauer lief. Ich war gerade erst dort gewesen und hatte die Gegenwart des Herrn in keiner ungewöhnlichen Weise gespürt. Aber als ich die Tür dieses Mal öffnete, gab es etwas bedeutend anderes. Bis zum heutigen Tag weiß ich nicht, wie es dazu kam, daß ich schließlich auf dem Boden lag, aber es war so. Ich weiß nicht, ob es vor allem ich selbst war, der sich vor dem Herrn zu Boden warf, oder ob es der Herr war, der mich in seiner Gegenwart niederstreckte. Was ich nur sagen kann, ist, daß die Gegenwart des Herrn so mächtig und offenbar war, daß es das einzig Angemessene war, mit dem Gesicht am Boden zu liegen. Und da war ich. Für einen ruhigen, stillen und zurückhaltenden Mathematiker war das eine sehr wilde Erfahrung. Man hätte die Gegenwart des Herrn mit dem Messer schneiden können. Ich hatte keine Worte, ich hatte keine Theologie, alles, was ich sagen konnte, war: „Das ist es! DYNAMIT! Das ist es!"

Ich stand auf und verließ die Kapelle, und mit einem dummen Grinsen auf meinem Gesicht watschelte ich nach unten. Es war

Samstag, der 18. Februar 1967, der Geburtstag meines Bruders Tom. An diesem Abend sollte eine Party für verschiedene Leute stattfinden, die Geburtstag hatten. Tom war nicht da. Er war in der Türkei im Friedenskorps. Aber jeder Teilnehmer der Stillen Tage kannte ihn, und er stand auf der Geburtstagsliste, um gefeiert zu werden. Alle versuchten, in eine Geburtstagsstimmung zu kommen, aber ich war dann – nach der Erfahrung in der Kapelle dazu nicht mehr in der Lage. Während andere umherstanden und sich unterhielten, hatte ich mich gegen die Wand gelehnt und versuchte, nicht vornüber zu fallen, denn ich fühlte mich noch immer wirklich wackelig auf den Beinen. Ich dachte bei mir, „Mangan, jetzt bist du wirklich ausgeflippt. Mathematiker verhalten sich nicht so..."
Jeder setzte seine Unterhaltung fort, doch ich hörte gar nicht, was sie sagten. Ich hatte dieses innere Erlebnis, und die ganze Zeit war ich am Lächeln. Dann begann ich, die ganze Sache anzuzweifeln. Ich sagte mir: „Das war nicht echt. Ich bin sicher nur eingeschlafen." Als Mathematiker war es das Natürlichste, zurück ins Labor zu gehen und es noch einmal zu versuchen. „Mal schauen, ob dieses Experiment gültig war."
Noch immer wackelig auf den Füßen bahnte ich mir den Weg an der Wand entlang, zurück zum Treppenhaus und zur Kapelle. Ich trat in die Kapelle ein und „Wums" lag ich wieder am Boden. Ich sagte zu mir selber, „Das ist es. Das ist mit Sicherheit die Antwort auf meine Gebete." Ich war wieder in der Gegenwart der Herrn.
Nach einer Weile verließ ich wieder die Kapelle, ging hinunter, lehnte mich an die Wand, grinste alle Leute an und wieder machten sich Zweifel breit. Ich stand da und dachte: „Oh, das kann nicht richtig sein. Irgendetwas muß ich in der Kalkulation übersehen haben." Ich ging wieder hinauf, betrat die Kapelle, „Wums!" Alles wiederholte sich noch einmal.
Dann geschah etwas Interessantes. Ich wußte nichts über die Gabe der Sprachenrede, aber ich hatte das Gefühl, als müsse ich etwas ausdrücken. Ich saß da auf dem Boden und wußte nicht genau, wie ich es tun sollte. Und so stimmte ich ein Geschrei an – so laut, wie meine Lungen es verkraften konnten. Ich gab einen meiner kräftigsten Freudenschreie von mir, den Sie je von mir hätten hören können. Später fand ich heraus, daß es auf der ganzen Länge des Exerzitienhauses gehört wurde, und jeder war sich sicher, daß ich ausgeflippt sei. Irgendwer kam in die Kapelle gerannt und wollte wissen,

was mit mir nicht in Ordnung ist. Ich hatte nur ein friedliches Grinsen auf meinem Gesicht. Alles was ich sagen konnte, war „Es ist so gut. Es ist so gut, und das ist einfach großartig. Dies ist es, warum ich gekommen bin, und es ist die Wahrheit."

Meine Theologie mag vielleicht schwach gewesen sein, aber mein Erlebnis war echt. Ich bezweifelte nicht mehr, daß es real war. Aber ich begann mich zu fragen. „Bin ich allein? Bin ich verrückt? Konnte ich allein vor Gott stehen?" Es schien, als ob alle anderen eine Krise hatten. Als ich im Hause umherging, sah ich Patti Gallagher die Treppen herabkommen. Ich wollte ihr erklären, was geschehen war – doch als wir einander anschauten, erkannte ich den gleichen Ausdruck in ihrem Gesicht. Ich fragte sie, „Du auch?" Sie antwortete, „Ja, ich auch." Das war alles, was wir austauschten, aber wir verstanden vollkommen, was vorgefallen war. Und schließlich war ich beruhigt, daß ich nicht allein war.

Ich ging zu den Leitern der Einkehrtage und erzählte ihnen mein Erlebnis. Einer von ihnen fragte: „Haben Sie versucht, in Sprachen zu reden?" „Was ist das?" antwortete ich. Ich erwähnte, daß ich vor meinem Kriegsgeschrei versucht hatte, etwas in einer Sprache zu sagen, die kein Englisch war. Da ich nicht wußte, was es war, hatte ich aufgehört. Er erzählte mir, daß die Sprachengabe in der Schrift zu finden sei, und wenn es wieder passieren würde, sollte ich ihr freien Lauf lassen. Genauso hat er es nicht gesagt, aber so ungefähr habe ich es aufgeschnappt. Beim nächste Mal ließ ich ihr freien Lauf.

Ich möchte Ihnen jetzt noch einige Fakten über das Duquesne-Wochenende mitteilen – denn manchmal wird ein zurückliegendes Erlebnis in einer romantischeren Weise beschrieben, als es wirklich geschehen ist. Was ich vorher erzählt habe ist völlig korrekt, was meine eigene Erfahrung betrifft. Von den dreißig Leuten auf dem Wochenende wurden aber nur etwa die Hälfte im Heiligen Geist getauft. Es gab einige Leute dort, die dachten, wir seien verrückt geworden, und andere verließen die Charismatische Erneuerung in den ersten Tagen wieder. Es war eigentlich eine schwierige Erfahrung. Und doch tat der Herr ein mächtiges Werk unter uns.

Nachdem man im Heiligen Geist getauft worden ist, lebt man gewöhnlich für eine Weile in einem Hochgefühl. Mein Hochgefühl dauerte mindestens neun Monate bis zu einem Jahr. Ich hätte nie gedacht, daß ich je wieder herunterkommen würde, aber als ich dann herunterkam, geschah es so, wie bei jedem anderen auch. Vielleicht hat mir der Herr diese lange Zeit gegeben, weil es der Beginn der Charismatischen Erneuerung war und er mich sehr freundlich führen wollte. Als ich herunterkam, war ich überzeugt, daß ich eine echte Begegnung mit dem Herrn gehabt hatte. Ich konnte das nicht mehr bezweifeln. Es war tief in mir verwurzelt. Ich war fähig, mich jetzt einem Leben des Gebetes und Dienstes zu widmen. Als mich die harten Seiten des Christseins zu treffen begannen, war es mir möglich, mich damit auseinanderzusetzen und sie anzunehmen und weiterzugeben. Ich glaube, ich brauchte diese neun Monate, um dafür bereit zu werden.

Gleich nach dem Wochenende hatte ich drei grundlegende Unsicherheiten, mit denen ich fertig werden mußte. Die erste habe ich schon erwähnt, aber sie war noch immer da: „War ich allein?" Eine zweite sehr wichtige Frage für mich war: „Kann ich Katholik bleiben?" Die dritte Frage war: „Was werden die Menschen von mir denken?" Ich war nicht so stark, als daß ich nicht von den Meinungen anderer Leute beeinflußt wurde. Ich will Ihnen jetzt sagen, wie ich diese Fragen beantwortet habe.

Die erste war mit Gottes Hilfe sehr einfach zu beantworten. Ich fand heraus, daß es noch andere Leute wie mich gab. Es mögen damals noch wenige gewesen sein, aber ich war zufrieden. Heute gibt es mehr Leute mit dieser Erfahrung als ich zählen kann. Sie sind wie der Sand am Meer. Gott sorgte sich sehr schnell um mein Einsamkeitsproblem.

Die zweite Frage war eine sehr wichtige: „Konnte ich Katholik bleiben?" Zu jener Zeit war es sehr unpopulär, Charismatiker zu sein, und in bestimmten Kreisen war es auch nicht sehr populär, Katholik zu sein. Ich wuchs in einer gut katholischen Familie auf. Als ich mich in pfingstlichen Kreisen – wie das damals genannt wurde – aufhielt, entdeckte ich, daß ich herausgefordert wurde. Es war sehr weit verbreitet, zu sagen: „Du hast die Taufe im Heiligen Geist empfangen? Toll! Wann wirst du aus der Katholischen Kirche austreten?" Wie sehr ich diese Kommentare auch zur Seite schob, sie forderten mich doch heraus. Die Frage, die man mir oft stellte, lautete: „Was würdest du tun, wenn Gott dir sagen würde, du sollest deine Kirche verlassen?" Eine solche Frage flößt viel Angst ein, besonders wenn man gerade gesagt hat: „Herr, ich werde alles tun, was Du willst." Aus der Kirche auszutreten hätte für mich bedeutet, mir mein Herz auszureißen. Das war also eine sehr schwere Frage für mich.

Durch diese Krise geschahen jedoch einige sehr gute Dinge. Ich erkannte, daß Gott diese Frage gar nicht stellte, und das gab mir großen Frieden. In der Katholischen Kirche hatte ich den Herrn als Kind erfahren, und dort war es auch, wo ich den Herrn mit Macht hatte handeln sehen. Ich denke, als ich zu dieser Erkenntnis kam, wurde ich schließlich zu einem erwachsenen Katholik. Das war ein wichtiger Tag für mich. Ich wurde ein Katholik nicht nur aufgrund meiner Geburt, sondern aufgrund meiner eigenen Entscheidung. Es ist in Ordnung, ein Katholik durch Geburt zu sein, aber in der Firmung sollte man ein Katholik aufgrund eigenen Entschlusses werden. Ich nahm als Erwachsener meinen Platz als ein „Soldat Christi" ein, nachdem ich durch diese Periode gegangen war, in der meine Entscheidung, Katholik zu sein, in Frage gestellt wurde. Etwas Wichtiges kam damit zum Abschluß. Es war die Erfüllung meines Gebetes um Erneuerung meiner Firmung. Die Phase der Unsicherheit war ein Teil davon. Als Erwachsener stand ich auf und erklärte: „Genau das bin ich im Herrn, und ich bin stolz darauf."
Was die Frage nach der Meinung anderer über mich angeht, kam ich mit Hilfe der Gnade Gottes zu dem Entschluß, daß es mir egal sein sollte, solange ich Gott gehorsam war. Ich bin nicht selbst darauf gekommen. Ich brauchte für diese Erkenntnis eine ganze Portion Gnade. In diesem Bereich lege ich noch immer Schicht um Schicht frei, da muß ich noch wachsen. Ich lerne, mich nicht von dem beeindrucken zu lassen, was andere Leute über mich denken, lerne, im Herrn standhaft zu sein. Ich lerne, dort zuzuschlagen, wo Er es mir sagt und herauszufinden, was Gott tut, um Ihm darin zu folgen. So will ich mein Leben leben.

Im ersten Jahr standen wir vor der Situation, daß alle Leiter aus der Stadt wegzogen. Wir brauchten einen neuen Leiter, und ich wollte gerne eine bestimmte Person ausgewählt sehen. Ich wollte zu Füßen einer weisen Person sitzen und lernen. Als wir darum beteten und fasteten, hörte ich den Herrn zu mir sagen: „Du bist es." Meine Reaktion war, „Niemals – nicht dieses Kind! Du siehst nicht, was ich nicht weiß, Herr. Du erkennst nicht, wie dumm ich bin und wie unreif. Aber es blieb dabei, ich behielt das Gefühl, als ob der Herr sagte, „Du bist es." Ich tat damals etwas, was ich heute nicht mehr wagen würde. Ich sagte: „Herr, erwarte bitte nicht, daß ich irgendetwas äußere, daß ich Leiter sein soll. Wenn Du willst, daß es

geschieht, dann mußt Du das machen, Du bist an der Reihe. Ich kann das nicht tun!"
Als die Gebetsgruppe zusammenkam, um ihre Eindrücke auszutauschen, wies jeder auf mich und sagte: „Gott will, daß David unser neuer Leiter wird." Ich nahm es als Gottes Willen an.
Den Sommer 1967 verbrachte ich zusammen mit anderen von Duquesne in einer Hausgemeinschaft in Mount Vernon, Bundesstaat New York. Es war für mein Leben eine sehr lehrreiche Erfahrung, sowohl in einer Gemeinschaft zu leben wie auch, ein Narr für Gott zu sein. Ich kann mich daran erinnern, wie wir auf die Straßen gingen, um zu evangelisieren – ohne überhaupt zu wissen, was wir sagen sollten. Also beschlossen wir, noch einmal umzukehren, zu beten und herauszufinden, was die frohe Botschaft überhaupt ist – in einer einfachen Form, um mit anderen Menschen darüber sprechen zu können. Nach einigen Treffen gingen wir wieder hinaus und konnten das Evangelium in einer einfachen und klaren Form weitergeben.
Wir gingen in der frühen Periode der Charismatischen Erneuerung durch mehrere Lernphasen. Die erste Phase kann wahrscheinlich mit „Faszination über die geistlichen Gaben" überschrieben werden. Sie erschienen uns fast wie eine Art neues Spielzeug. Beispielsweise war es faszinierend, in Sprachen zu reden. Ich erinnere mich an das Gebet für einen Linguisten aus Frankreich. Er erklärte mir, „Du betest in einer archaischen Form des Französischen, die heute nicht mehr in Gebrauch ist. Ich dachte, „Wow, das ist ja spitze! Ich möchte das noch einmal machen." Daß das Sprachengebet den Herrn verherrlichen sollte, war mir irgendwie entschwunden in dem Augenblick. Einmal betete jemand bei einem Gebetstreffen laut in Sprachen. Dann stand ein anderer auf und interpretierte es. Schließlich sagte eine dritte Person, die beide Sprecher vor ihr nicht kannte, „Das war diese bestimmte Sprache, und die Interpretation war sehr exakt." Ich war wirklich begeistert. Du kannst dann schnell sagen, „Das ist wirklich spitze. Laßt es uns noch einmal machen. Aber kannst du mir sagen, was eigentlich die Botschaft war?" Es dauerte eine Weile, bis wir nicht mehr von diesen Dingen fasziniert waren, sondern vom Herrn.
Ich glaube, als wir die Faszination für die Gaben überwunden hatten, kam die Gefahr auf, die geistlichen Gaben als Banalität zu behandeln. Beispielsweise gibt es eine einfache Prophetie, die ich häufig hörte. Sie lautet: „Mein Volk, ich liebe Euch." Die Leute tendieren dahin,

dieses prophetische Wort nicht mehr zu beachten, und das ist tragisch. Gott liebt Dich! Ich glaube, ich habe diese Prophetie in fast jedem Gebetstreffen, das ich besucht habe, gehört. Denken sie niemals, daß dies ein unbedeutendes Wort von Gott ist. Wissen Sie, warum Er es uns immer wieder sagt? Weil wir es nicht glauben. Verachte niemals eine Prophetie, auch wenn es einfache, prophetische Worte sind.
Gott erneuerte unser Bewußtsein für geistliche Gaben, weil wir sie kennen sollten, um in unserem geistlichen Leben zu wachsen. Sie sind keine Dekorationsobjekte oder zusätzlich gegebene Schaustücke. Wenn die Apostel und Maria im Obergemach geistliche Gaben und Erkenntnis nötig hatten, dann brauchen wir sie auch. Wenn Sie sagen, „Ich brauche das nicht", dann sagen Sie im Grunde, „Ich bin besser, als jene. Vielleicht brauchte Petrus die Gaben, vielleicht auch Maria, ich aber brauche sie nicht." Sind wir da nicht töricht? Die Apostel brauchten Geistesgaben. Ich brauche sie. Sie brauchen sie!
Wenn ich mein Zeugnis jetzt abschließe, möchte ich noch sagen, daß es wichtig ist, die Charismatische Erneuerung als ein Werk Gottes anzusehen. Das heißt nicht, daß alles, was geschehen ist, Gottes Wille war. Dank sei Gott, daß er uns nicht hinauswirft, wenn wir mal den Weg verfehlen. Er ist sehr geduldig, sehr freundlich, sehr liebevoll. Deshalb sollten Sie weder auf das herabschauen, was Gott getan hat, noch auf die Art und Weise, wie er es getan hat.
Wenn ich in die Vergangenheit schaue, dann schätze ich sie. Doch wir können nicht in der Vergangenheit leben. Wir müssen jetzt mit Gott in Berührung sein, in diesem Moment. Ich schätze die Dinge sehr, die Gott in den ersten Tagen der Charismatischen Erneuerung getan hat, auch wenn es viele schmerzhafte Lektionen gab. Ich habe nicht den Wunsch zurückzugehen, nicht den leisesten. Die guten alten Zeiten sind heute. Die guten alten Zeiten sind die, in denen Gott handelt, und nicht die, wo er einmal gehandelt hat. Gott ist ein dynamischer Gott, immer in Bewegung, und ich will bei Ihm sein. Ich verpflichte mich, bei Ihm zu sein.
In der letzten Analyse ist das Kriterium, mit der wir die Charismatische Erneuerung beurteilen, das gleiche, welches wir auch zur Bewertung aller anderen Dinge anwenden: Die beiden großen Gebote: Liebe Gott, und liebe deinen Nächsten! Hilft Ihnen die Charismatische Erneuerung, Gott zu lieben? Hilft sie Ihnen, den Nächsten zu lieben?

Wenn sie diese beiden Dinge tut, dann ist sie ein überwältigender Erfolg. Wenn sie es nicht tut, dann mag sie vielleicht mächtige Feuerwerke entfachen können, aber sie tut nicht, was Gott will. Ich glaube, das ist es, was Gott in uns hervorbringen möchte: Er versucht, uns zu einem Volk zu formen, das Ihn liebt und das einander liebt. Und das ist der Weg, die Welt zu gewinnen.

# DRITTER TEIL

# Auch wir haben Ihn gesehen

*Wenn aber der Beistand kommt,*
*den ich euch vom Vater aus senden werde,*
*der Geist der Wahrheit, der vom Vater ausgeht,*
*dann wird er Zeugnis für mich ablegen.*
*Und auch ihr sollt Zeugnis ablegen,*
*weil ihr von Anfang an bei mir seid.*
*Joh 15,26 f*

# Nicht durch Heer oder Kraft, sondern durch meinen Geist

## Ein Zeugnis von Peter Collins

*Peter Collins schloß 1966 sein Studium an der Notre Dame Universität ab und ist im Besitz eines Diploms für Rohstoffökologie von der Universität Michigan. Peter ist gebürtiger Kanadier aus Toronto und lebt mit seiner Frau Linda und zwei Töchtern in Ann Arbor, Bundesstaat Michigan. Er ist einer der Gesellschafter einer Forschungs- und Ingenieurfirma, die sich auf ökologische Studien spezialisiert hat.*

Dieser Bericht betrifft Ereignisse aus den Jahren 1966 und 1967, an denen ich direkt beteiligt war. Obwohl sie schon Jahre zurückliegen, bin ich überzeugt davon, daß sie ziemlich genau sind. Sicherlich wird das Erinnerungsvermögen mit fortschreitender Zeit schwächer, doch ich erinnere mich an diese Geschehnisse, als wenn sie sich vor einem Monat ereignet hätten. Daß das so sein konnte, liegt, glaube ich, in der Natur der Ereignisse selbst. Sie veränderte in kürzester Zeit meine gesamten Lebensziele gravierend. Zudem erkannte ich schon 1968, daß diese Begebenheiten wegen der großen Freisetzung des Geistes Jesu in der gesamten römisch-katholischen Kirche sehr bedeutsam waren. So habe ich also wie viele der Jünger Jesu in den letzten 2000 Jahren „diese Dinge in meinem Herzen bewahrt".
Was waren das für Ereignisse? Es waren Begegnungen und Gespräche mit anderen Christen – Begegnungen, die mit dem Gefühl erfüllt waren, daß wir eine gute Nachricht für andere hatten. Die Nachricht bestand in dem, was der Heilige Geist in unser aller Leben tun wollte und wie die Gaben des Heiligen Geistes beschaffen waren, um christliche Gemeinschaft zu bauen. Das alles war sehr faszinierend – so faszinierend, daß es die Richtung meines Lebens und das meiner Freunde änderte. Für mich sind lebensändernde Erfahrungen nicht so leicht zu vergessen. Selbst nach fünfundzwanzig Jahren blieben Details von Unterhaltungen, die Räume, in denen sie stattfanden, was grob gesagt und getan wurde ziemlich klar in meiner Erinnerung. Aber ich will den Leser und den Historiker selbst entscheiden lassen.
Im Juni 1966 ging ich nach meinem Abschluß an der Universität Notre Dame nach Toronto zurück. Ich hatte wieder eine Sommerarbeit in der Verkehrstechnischen Abteilung der Stadt Toronto. Es

war mein zweiter Sommer, in dem ich als Analytiker der städtischen Verkehrszählung tätig war. In diesem Sommer plante ich jedoch, nur sechs bis acht Wochen zu arbeiten, denn ich wollte als Freiwilliger in der Universitätsseelsorge der Katholischen Kirche mitarbeiten.

Michel Fitzgerald, ein Kommilitone von Notre Dame und ich waren für die Universitätsseelsorge in Chicago als Laienmitarbeiter angenommen worden. Seit unserem Abschluß im Juni wußten wir nicht mehr, als daß wir in einigen Wochen an der Einführung teilnehmen sollten, die in San Antonio stattfand. Unser Einsatzort würde dann die Universität von Colorado in Boulder sein. Wir wußten aber noch ein weiteres Faktum über die Orientierungsphase: Ein Teil des Programms sollte von Steve Clark und Ralph Martin gestaltet werden – zwei Männer, die Michael und ich noch von Notre Dame her kannten und als ältere Brüder im Herrn schätzten.

Meine Sommerarbeit – so dachte ich – würde überwiegend aus Routine bestehen – Routine, die an Langeweile grenzte. Ich erwartete wirklich gar nichts, brauchte aber dringend ein paar Dollars! Bald nach Beginn der Arbeit geschah jedoch etwas, was mich diesen Sommer nicht so schnell vergessen ließ.

Eines Tages nahm Bruce Robertson, der das automatisierte Programm zur Verkehrszählung verwaltete, mich und einen weiteren Sommerarbeiter mit hinaus, um einige Verkehrszähler zu überprüfen. Er hatte die Arbeit so geplant, daß wir unser Mittagessen unten bei den nationalen Ausstellungshallen einnehmen konnten, direkt am Wasser.

Zur Mittagszeit, als wir zum Park kamen, wurde der Verkehrsstrom langsamer. Das war hauptsächlich auf eine Freiluftversammlung der Zeugen Jehovas zurückzuführen, die das Stadion bei den Ausstellungshallen füllten. Wir fanden ein schönes Plätzchen im Park, um unser Mittagessen zu verspeisen, und bald schon kam das Gespräch auf die Versammlung nebenan.

Der andere Ferienarbeiter, der ein College in Indiana besuchte, begann die Zeugen Jehovas wegen einiger ihrer Überzeugungen und Praktiken zu kritisieren. Insbesondere verurteilte er die Position der Zeugen bezüglich des Militärdienstes: Die Zeugen Jehovas behaupteten, daß sie alle Voraussetzungen für den Ersatzdienst erfüllten, und daher nicht zum Dienst in der U.S. Armee einrücken müßten. Da der Vietnamkrieg rapide eskalierte, war dies ein wichtiges Thema für ihn, und für ihn war der Glaube der Zeugen Jehovas nur ein Vorwand.

Ich erklärte ihm, daß viele Christen jene Abschnitte des Neuen Testaments lesen, die ihnen sagen, daß allen, die Jesus folgten, ein gewisser Dienst anvertraut sei. Für mich, einem Christen, machte die Position der Zeugen Jehovas, etwas von ihrer Religion her zu begründen, einen gewissen Sinn. Wenn einem seine Religion so wichtig ist, wie man behauptet, dann ist es logisch, daß er viel Zeit für gewisse Dienste und auch für Werbung einsetzen wird, sagte ich.
Er widersprach heftig, und nach dem Essen ging er hinunter zum Wasser. Trotzdem, in gewisser Weise wirkte die Erklärung. Ein Resultat war, daß Bruce wußte, daß ich, so wie er, Christ bin. So begann er gleich darauf, mich über meinen Glauben an Jesus auszufragen. Als wir zur Arbeit zurückkehrten, lud er mich ein, am Sonntag mit ihm und seiner Frau zur Kirche zu gehen.
Ich denke, daß Bruce gemerkt hatte, daß ich ein katholischer Christ war und Jesus Christus als meinen Herrn und Erlöser angenommen hatte, und daß ich deshalb in der Universitätsseelsorge helfen wollte, wo ich evangelisieren und christliche Gemeinschaft fördern würde. Das war nicht, was er von Katholiken zu erwarten gewohnt war. Doch Bruce dachte, daß seine Kirche, die Stone Kirche an der Davenportstraße etwas hatte, woran ich interessiert sein könnte.
An diesem Sonntag machte die lebhafte Anbetung, insbesondere der Gesang großen Eindruck auf mich. Die Predigt war sehr gut – klar und auf die Kraft Gottes in unserem Leben zentriert. Was mich besonders beeindruckte, war eine Schrift auf einem weißen Holzbogen, der den Altarraum vom Kirchenschiff trennte. Dort stand eine Schriftstelle aus Sacharja 4,6: „Nicht durch Macht, nicht durch Kraft, allein durch meinen Geist! – spricht der Herr der Heere." Am Ende des Gottesdienstes bat der Pfarrer einen Mann aus der Versammlung, den Gottesdienst mit einem Gebet abzuschließen, und ein kurzes, aber kräftiges Gebet erschallte, laut, sicher und klar.
Mein Eindruck war, daß der Grad des Engagements der Gottesdienstbesucher sehr hoch war. Das war einerseits von den Gesichtern ablesbar, die der Predigt intensiv folgten, außerdem an dem starken Gesang aller (für mich als Katholiken hörte es sich so von Herzen, so gut an) und am öffentlich freien Gebet des Pfarrers und anderer. Das waren die Dinge, die Erneuerungsbewegungen wie die Liturgische Bewegung oder der Cursillo den Katholiken nahe bringen wollten. Für mich traf die Schriftstelle auf dem Bogen genau das, was ich dort erlebte.

Nach dem Gottesdienst sprachen Bruce und ich mit Pastor Vaters, und als wir die Kirche verließen, gab er mir ein Buch, das gerade erschienen war, so sagte er mir. Bruce fügte hinzu, er habe es selbst noch nicht gelesen. Das Buch hieß „Sie sprechen in anderen Zungen" von John Sherrill. Ich erinnere mich, daß meine Reaktion – kein Enthusiasmus, nur ein Hauch von Neugierde – mich innerlich mahnte: „Sei dankbar, akzeptiere es höflich!"

Um etwa zehn Uhr am selben Sonntagabend langweilte ich mich, aber es gab nichts im Hause, was ich lesen konnte und mich interessierte. Dann erinnerte ich mich an das Buch von Sherrill. Ich fragte mich, was es enthalten würde. Es schien mir, daß es nichts Schwieriges sein konnte, denn es war nur ein Taschenbuch. So holte ich es her und begann zu lesen.

Wie viele andere, die „Sie sprachen in anderen Zungen" zu lesen begonnen hatten, konnte ich es nicht mehr weglegen. Nach nur wenigen Kapiteln mußte ich zugeben, daß es – in unserer Zeit – viele Christen gab, die die Gaben des Heiligen Geistes erlebten, und es gab sie in jeder denkbaren christlichen Kirche, Gemeinschaft oder Splittergruppe. Und dies war völlig neu für mich.

Gegen Mitternacht war die erste Neugier einer Begeisterung gewichen. Dieses Buch erzählte, wie Gott das Leben anderer Menschen verändert hat, wie Sein Geist die Apostel Jesu zu effektiven Aposteln, Pastoren, Evangelisten und Dienern in Seiner Kirche machte – und das auf eine mir unbekannte Weise. Ich hatte nie davon gelesen oder es selbst miterlebt. Obwohl ich kein Theologe war, konnte ich in dem Buch keine Darlegung finden, die mit der Lehre der katholischen Kirche im Widerspruch gestanden hätte, soweit ich sie kannte. Schließlich war das meiste einfaches und persönliches Zeugnis von Menschen, die den Heiligen Geist in ihrem Leben erfahren hatten. Irgendwann zwischen zwei und drei Uhr morgens kam ich zum Ende des Buches und nickte ein. Meine Gedanken drehten sich noch weiter um Sherrills fesselnden Bericht.

Am Montag morgen ging ich zur Arbeit und erzählte Bruce sofort, daß ich das Buch beendet hatte. In der Kaffeepause erzählten wir einander von unserem Verständnis der Gaben des Geistes. Ich erinnere mich, daß er mir eine Frage stellte: „Ist das vielleicht etwas, was du für dich selber wünschst?" Ich sagte „Ja".

Zu jener Zeit hatte ich nur noch drei Wochen in Toronto, bevor ich nach San Antonio zur Schulung abreisen würde. In dieser Zeit

besuchte ich die Stone Kirche noch einmal. Ich erfuhr, daß sie Mitglied der pfingstlichen Assemblies of Canada war. Kurz bevor ich Toronto verließ besuchte ich ein Picknick der Gemeinde in einem Park der Stadt. Ich erinnere mich an zwei Dinge in dieser Nacht: Bruce, seine Frau, Pastor Vaters und ich sprachen sehr ernsthaft über das Leben im Geist, und ich erkannte, daß ich wirklich das wollte, was sie hatten.
So zog ich also im späten Juli 1966 mit der Vorfreude auf den Start der Schulung der Freiwilligen nach San Antonio. Ich wußte, daß die Universitätsseelsorge der Ort war, an dem ich dienen wollte. „Sie sprechen in anderen Zungen“ hatte ich bei mir, ich wollte es Steve Clark und Ralph Martin geben, wenn wir uns in San Antonio treffen würden. Ich wünschte mir, daß sie davon erfuhren und fragte mich, was sie davon halten würden.
Kurz nach der Ankunft von Steve und Ralph fanden sich Michael Fitzgerald und ich im Zimmer von Steve ein. Es befand sich in dem Schlafsaalgebäude des Colleges, wo auch die Schulung abgehalten werden sollte. Wir hatten viele Neuigkeiten auszutauschen, und Michael und ich waren sehr interessiert an den Erfahrungen, die Steve und Ralph in der Universitätsseelsorge an der Michigan State Universität in East Lansing gemacht hatten. Ich brachte „Sie sprechen in anderen Zungen“ mit auf sein Zimmer.
Steve hatte auch ein Buch für mich und Michael. Als wir ihnen „Sie sprechen in anderen Zungen“ übergaben, überreichten sie uns „Das Kreuz und die Messerhelden“. Wir erkannten sofort, daß beide Bücher vom selben Autor[1] geschrieben waren. Michael steckte „Das Kreuz und die Messerhelden“ ein und am Ende unseres Trainings nahmen wir es mit nach Boulder, Bundesstaat Colorado.
In Boulder stiegen wir am Newman Center in die Seelsorge ein, und die Zeit verging im Fluge. Bald war es Mitte April 1967. Wir erhielten einen Brief von Steve Clark, der nie schrieb, ohne einen sehr guten Grund dafür zu haben. Es war ein kleines, weißes Blatt mit nur wenigen Sätzen. Steve schrieb, daß er und einige andere im Heiligen Geist getauft worden waren! Er unterschrieb den Brief mit „Halleluja, Steve“.
Michael und ich wunderten uns: worauf hatten sich Steve und Ralph eingelassen? Aber ich selber glaubte, es zu wissen, denn es hörte sich

[1] John Sherrill ist Coautor des Buches zusammen mit David Wilkerson

so an wie das, was in „Sie sprechen in anderen Zungen“ beschrieben war. Und doch wunderten wir uns.
Innerhalb weniger Tage erfuhr ich, daß Pastor Larry Christenson am Pfingstsonntag in einer örtlichen lutherischen Kirche sprechen sollte. Zu dieser Zeit wußte ich schon, daß er in der Erneuerungsbewegung aktiv war, für die die Erfahrung der Taufe im Heiligen Geist zentral war. Als ich erfuhr, daß er am selben Abend auch an der Universität sprechen würde, entschloß ich mich gleich, ihn anzuhören.
Der Abend des Pfingstsonntags, es war der 15. Mai, kam sehr schnell. Ich ging allein hin, denn Michael war verhindert. An diesem Abend hörte ich zum ersten Mal eine grundlegende Theologie über die Taufe im Heiligen Geist. Sie hörte sich so logisch an und schien etwas erstrebenswertes zu sein. Nach Larry Christensons Vortrag blieb ich noch, um seine Antworten zu Fragen aus dem Publikum zu verfolgen. Schließlich waren alle anderen gegangen und wir zwei sprachen über die Taufe im Heiligen Geist. Er fragte mich, ob er für mich um die Taufe im Heiligen Geist beten solle und ich sagte ja.
Sofort nach dem Gebet von Larry Christenson bekam ich ein intensives Empfinden Gottes. Es könnte beschrieben werden als Ehrfurcht vor Ihm, aber verbunden mit einer Empfindung von Freude. Es war gekennzeichnet von einem Bewußtsein größerer persönlicher Kenntnis Seiner Person, größerer Kraft von Ihm und Hochachtung vor Ihm. Nach dem Gebet fragte mich Larry Christenson, ob ich etwas fühlte, und ich sagte es ihm. Er fragte mich dann, ob ich spürte, daß ich in Sprachen beten wolle. Ich sagte ihm, daß ich mir nicht sicher sei. So schlug er vor, ich sollte einfach die Silben wiederholen, die er vorbetete.
Dafür war ich jedoch zu befangen. Larry schlug vor, ich sollte einfach hinaus in den nahegelegenen ummauerten Hof gehen und dort beten. Ich ging hinaus und schaute auf, noch immer sehr im Bewußtsein von Gottes Nähe. Es war eine sehr klare Nacht, die Sterne waren sichtbar, und unter ihrem Dach war der ideale Ort zum Beten. Ein Sturzbach von Stimmen kam heraus, Silben und Wörter, die ich nicht verstand, aber dennoch aussprechen wollte. Ich betete dort draußen eine ganze Weile, und ging dann wieder hinein, um Larry Christenson noch einmal zu treffen. Nach ein paar Ratschlägen zum Abschied, die Larry mir gab, verabschiedeten wir uns und ich ging zu meinem Appartement.

In den nächsten Tagen tauschten Michael und ich uns über das Geschehen dieses Abends aus. Er wußte, daß ich ein Erlebnis mit Gott gehabt hatte. Für mich wurde es zu einem unwiderstehlichen, kontinuierlichen Bewußtsein von Gottes Gegenwart. Er fragte mich, ob ich in Sprachen gebetet hätte, und ich antwortete, daß das zutraf. Michael zeigte sich vom Empfinden des Betens und des Lobes beim Sprachengebet tief bewegt. Er begann, um die Gabe zu beten, und einige Wochen später empfing er die Sprachengabe während eines Gebetes für mich. Michael wiederum erzählte seine Erfahrung am Mittagstisch einer Studentin – Ardell Bell. Gleich nach ihrer Unterhaltung empfing Ardell die Gabe des Sprachenredens, als sie auf dem Weg in die Vorlesung war.

Diese Ereignisse und deren Reflexion und Diskussion überzeugten Michael und mich, daß wir zu den Studenten direkt über die Kraft des Heiligen Geistes reden mußten. Wir mußten sie auf Gottes Gabe, die Er für sie bereit hatte, aufmerksam machen. Aber das Semester stand kurz vor seinem Ende, und wir gingen nach Chicago zur Schulung für ein zweites Jahr in Boulder. Wir waren neugierig, was uns die Freunde aus erster Hand von Chicago und East Lansing berichten konnten und wollten ihnen auch von den Ereignissen in Colorado erzählen.

So war im Sommer 1967 die erste Gelegenheit, unsere Erfahrungen mit anderen Katholiken auszutauschen. Einige von ihnen hatten wesentlich mehr theologische Ausbildung erhalten und auch praktische Erfahrung in pastoraler Arbeit. Wir lernten viel von ihnen. Im September 1967 hatten Michael und ich ein Bewußtsein von unserer Arbeit und unseren Zielen, die sich in nur zwölf Monaten sehr verändert hatten.

Natürlich ist das nicht das Ende. Es ist nur ein Teil einer viel größeren Geschichte – der Geschichte über die Erneuerung von Katholiken in der ganzen Welt. Diesen Teil der Erzählung aber überlasse ich anderen.

# Erfahrung mit dem Heiligen Geist

## Ein Zeugnis von Dr. Patrick Bourgeois

*Dr. Patrick Bourgeois war einer der Fakultätsangehörigen, der die Taufe im Heiligen Geist in der Chapel Hill Gebetsgruppe im Januar 1967 empfing, das dem Duquesne-Wochenende unmittelbar vorausging. Er erhielt sein Baccelaureat in Philosophie und sein Diplom in Religion vom Notre Dame Seminar in New Orleans, Bundesstaat Louisiana. Ein zweites Diplom erlangte er in liturgischer Theologie von Notre Dame und seinen Doktortitel erhielt er von Duquesne. Dr. Bourgeois ist gegenwärtig Professor für Philosophie an der Loyola Universität in New Orleans, wo er auch zusammen mit seiner Frau Mary und seinen zwei Kindern lebt. Durch seine Unterstützung war er eine Schlüsselperson für die Ausbreitung der Katholisch-Charismatische Erneuerung, als sie in New Orleans ihren Anfang nahm.*

Ende 1966 nahm ich an einem Cursillo teil. Das war einerseits ein bereicherndes Erlebnis christlicher Gemeinschaft, aber auch ein Schritt auf dem Weg zu weiterem Wachstum. Kurz danach konnte mich ein Kollege überreden, zwei Bücher zu lesen: „Das Kreuz und die Messerhelden“ von David Wilkerson und „Sie sprechen in anderen Zungen“ von John Sherrill. Die Tiefe des persönlichen und erwartenden Glaubens, die in diesem Buch zum Ausdruck kam, beeindruckte mich sehr.

Nachdem ich die Bücher gelesen hatte, luden mich, derselbe Kollege und ein Freund von ihm, zu einem Charismatischen Gebetstreffen in der Wohnung von Miss Flo Dodge im Stadtteil North Hills ein. Sie hatten ein Mitglied der Gruppe getroffen und waren eingeladen worden teilzunehmen. Ich ging zu diesem ersten Treffen, obwohl ich einen extrem vollen Stundenplan hatte, da ich sowohl hauptberuflich Theologie dozierte und gleichzeitig noch Student der Philosophie war. Ich ahnte aber, daß dieses Treffen eine Gelegenheit für etwas sehr Wichtiges sein könnte, und das wollte ich nicht verpassen. Ich erinnere mich, diese Wichtigkeit gespürt zu haben, als ich mit diesen Kollegen sprach. Das erste Treffen fand ich sehr interessant. Ich hatte zuvor in Notre Dame ein paar kleinere Erfahrungen mit spontanen Gebetstreffen gemacht und war davon sehr beeindruckt gewesen.

Der erste Besuch der Gruppe in North Hills gab mir den Eindruck, daß diese Leute etwas einzigartiges im christlichen Leben gespürt hatten. Es war schwer herauszufinden, was es wirklich war, aber es schien mit etwas aus David Wilkersons Buch verwandt zu sein. Ich kann mich an nichts Spektakuläres bei dem ersten Treffen in North Hills erinnern, aber ich erinnere mich, daß ich für einige Stunden nachher mit einem der Kollegen in dessen Wohnung sprach, und dann noch in der ganzen Woche vor dem nächsten Treffen. Seine Erfahrungen mit Protestanten in seiner Jugend wurde so etwas wie ein psychologisches Hindernis, das überwunden werden mußte, bevor wir das nächste Mal zum Treffen zurückkehren konnten. Da ich eine streng katholische Herkunft hatte, war das kein Problem für mich. Nachdem wir aber seine Vorbehalte durchgearbeitet hatten, waren wir beide empfänglicher für das zweite Treffen in der folgenden Woche.

Das Herausragendste an diesem Treffen, zu dem nur zwei von uns vieren zurückkehrten, war die Taufe im Heiligen Geist. Die Mitglieder der Gruppe beteten begierig für uns. Das intensive Gebet einer kräftigen Gemeinschaft entlockte eine tiefe innere Antwort. Die Auswirkungen dieses Geschehens auf diesen Kollegen und mich selbst sind heute sehr gut bekannt.

Der wichtigste unmittelbare Effekt war nicht so ersichtlich, aber es war eine Erfahrung, die mir eine innere Ausrichtung gab, und die langsam in den nächsten Tagen aus der Tiefe meines Seins emporkam. Ich war mir ziemlich bewußt, daß es oberflächlich wäre, wenn man es ein emotionales Erlebnis nennen würde, es sei denn, eine zutiefst persönliche, geistliche Emotion wäre gemeint.

Es war eine gute Erfahrung der vollkommenen Einheit der Tiefen meines Seins, die zu dem Erhabenen (Gott)[2] gezogen wurden. Ich wußte, daß einige naturalistische Psychologen einige fertige Erklärungen für dieses Erlebnis haben könnten, aber ich war mir auch bewußt, daß sie große Schwierigkeiten haben würden, ihren Ursprung zu „erklären". Das Resultat war, daß ich die Schrift nehmen oder zu beten beginnen konnte, aber nur mit Schwierigkeiten wieder aufzuhören vermochte.

Zwei Überlegungen stechen hervor, selbst nach fünfundzwanzig Jahren. Einmal war es eine interkonfessionelle Gebetsgruppe. Als so

[2] Anm. d. Übersetzers

etwas wie antiintellektuelle Aussagen in einem der Treffen gemacht wurden, unterband sie jemand einfühlsam aber fest als unpassend. Ferner ist eine der theologischen Überlegungen, die mich von Anfang an beeindruckt hat, daß das intensive Erlebnis der Entfachung oder der Freisetzung des Geistes in solcher Weise sich innerhalb dieser lebendigen Erfahrungen ereignet, daß man sie nicht auf eine einzige Theologie begrenzen kann. Dies ist mir immer als äußerst wichtig erschienen, weil es zeigt, daß dieses Erleben innerhalb bestimmter Grenzen einen Pluralismus der Theologien auf einer sekundären Ebene der Reflexion erlaubt. Für mich weist das darauf hin, daß das Erlebnis nicht eindeutig zu einer fundamentalistischen Theologie führen muß. Man könnte sagen, die Ebene des Erlebens ist prätheologisch, aber niemand, auch nicht auf dieser grundlegenden, vortheologischen Ebene, ist ohne theologische Voraussetzungen, selbst wenn sie völlig unbewußt und sublim sind. Tatsache ist, daß dieses Erleben innerhalb unterschiedlicher theologischer Konzepte geschieht, und auf dieser grundlegenden, vortheologischen Ebene.

Dieser zweite Punkt weist hin auf das Erleben meines Kollegen, der zunächst so viele Schwierigkeiten damit hatte, seinen emotionalen Widerstand aus seiner Vergangenheit mit Nichtkatholiken zu überwinden. Er wurde offensichtlich ein halbes Jahr lang zu einem gesalbten Leiter der Pittsburgher Gruppe von Katholiken, bis er wegen weiterer Studien die Stadt verließ. Nach dem Duquesne-Wochenende besuchten wir weitere Gebetstreffen in North Hills. Dann begann dieser Kollege – als Antwort auf ein offensichtliches Bedürfnis – am Freitagabend Gebetstreffen in seinem eigenen Haus abzuhalten, bis er uns verließ. Seine Rolle in meinem Leben, im Leben der Duquesne-Gemeinschaft und in der Charismatischen Erneuerung in der katholischen Tradition waren von zentraler Bedeutung.

Vielleicht sollte ausdrücklich erwähnt werden, daß ich das Duquesne-Wochenende nicht selbst besucht habe. Während ich mich daran erinnere, das Gefühl gehabt zu haben, das Gebetstreffen in North Hills besuchen zu müssen, erlaubte es meine Position als hauptberuflicher Dozent und Student nicht, weitere Zeit aufzuwenden. Ich fühlte, daß ich mir nicht die Zeit nehmen sollte, dorthinzugehen. Ferner war ich nicht so stark in die Arbeit mit den Studenten von Chi Rho eingebunden, wie es meine beiden Kollegen waren. Später aber beteiligte ich mich sehr in der Gruppe, nachdem wir begonnen hatten, unser eigenes Hausgebetstreffen am Freitagabend abzuhal-

ten, das für uns an Stelle des wöchentlichen Treffens in North Hills stattfand.
Tatsächlich wurde mein Engagement so stark, daß mir als ernsthaftem Student und angehendem Gelehrten in aller Schärfe bewußt wurde, daß ich zurückstecken und meine Verpflichtungen und Prioritäten neu bewerten mußte. Sollte ich meine Studien fortsetzen, meine Aufmerksamkeit ganz dem Wirken des Heiligen Geistes zuwenden, oder beide Bereiche weiterhin miteinander zu verbinden suchen? Ich war nicht von jener Natur, daß ich eine halbherzige Verpflichtung eingehen konnte, und es war unmöglich, das Stipendium fortzusetzen und zugleich engagiert zu bleiben. Ich war bereit, meine Studien aufzugeben, aber alle Zeichen deuteten darauf hin, daß ich sie fortführen sollte. Ich kehrte daher wegen meiner Studien nach New Orleans zurück und nahm später eine Position an der Loyola Universität an. Seitdem bin ich dort. So haben sich die Zeichen, daß ich ein theologischer Lehrer sein sollte, in den folgenden Jahren bestätigt.
Der Herr hat beständig in meinem Leben und meiner Familie gehandelt. Ich kann nur jubeln, daß ich damals Seinen Ruf hörte, so wie ich jubeln kann, daß er mich jeden Tag mehr und mehr ruft, mit Ihm in diese Arbeit einzutreten.

# Besuch des Heiligen Geistes

## Ein Zeugnis von Eileen Karl

*Eileen Karl, die Schwester von Fr. Edward O'Connor CSC, war zusammen mit ihrem Mann aktiv in der Christlichen Familienbewegung und im Cursillo in der Gegend um Pittsburgh tätig, bevor die Charismatische Eneuerung begann. Sie erzählt hier über die Kontakte mit den Leuten von Duquesne, die sie zur Taufe im Heiligen Geist führten.*

Mein Mann und ich trafen in den späten fünfziger Jahren ein anderes Pittsburgher Ehepaar, das einen tiefen Einfluß auf unser Leben hatte. Der Mann war Professor für Geschichte an der Duquesne Universität, und seine Frau sorgte sich eifrig um die Familie. Wir waren zusammen in der CFM (Christliche Familienbewegung) aktiv. Unser Freund ermutigte uns und andere Ehepaare, Bücher über die Liturgie zu lesen. Er überredete auch meinen Mann und einige der anderen Männer unserer Gruppe, einen Cursillo mitzumachen. Aus dieser Zelle von Ehepaaren, zusammen mit anderen Leuten und Priestern aus der Region Pittsburgh, wurden Pläne geschmiedet, mit eigenen Cursillos in Pittsburgh zu beginnen.
Ich war die Leiterin des ersten Frauencursillo in Pittsburgh. Ich erinnere mich noch, wie unser Professorenfreund mir über das Duquesne-Wochenende erzählte, das genau eine Woche vor unserem Cursillo stattgefunden hatte. Er und ich fuhren gerade zu diesem Cursillo, als er mir das Wochenende beschrieb. Er meinte, es wäre gut das alles zu wissen für den Fall, daß „etwas auf dem Cursillo geschehen sollte."
Ich war sehr begeistert, darüber zu hören, denn wenige Monate zuvor war ich „vom Heiligen Geist besucht" worden. Ich war erpicht darauf, jemandem davon zu erzählen, wußte aber nicht, wen ich ansprechen sollte. Ich war nicht ganz sicher, ob er und ich über das Gleiche sprachen, und darum bat ich einige Zeit später nocheinmal um Gebet unter Handauflegung. Dort bekam ich die Gabe des Sprachengebets. Aber die Erfahrung des Geistes, die überwältigende Erregung des Heiligen Geistes hatte ich während meiner gewohnten halbstündigen Gebetszeit erlebt, die ich immer dann hielt, wenn meine Kinder schliefen oder in der Schule waren.

Trotzdem verbinde ich diese Gnade der Taufe im Heiligen Geist mit diesem befreundeten Professor aus Duquesne, denn irgendwie motivierte er uns alle aus der Gruppe. Es war seine Inspiration, oder die der Bücher und der Leute, zu denen er uns führte, die mich veranlaßten, die Dinge zu tun, die ich tat – und die mich auf den Empfang des Heiligen Geistes vorbereiteten. Ich bin ihm überaus dankbar, so wie viele in Pittsburgh und South Bend es sicherlich ebenfalls sind.
Gelegentlich saßen unsere Freunde von Duquesne am Sonntagmorgen in der Messe vor uns. Als ich so auf ihre Köpfe schaute, betete ich an mehreren hintereinanderliegenden Sonntagen, daß der uns befreundete Professor mit dem Heiligen Geist erfüllt würde. In den Gruppengesprächen war sein Verlangen nach dem Heiligen Geist so offensichtlich. Ich hoffte sogar, daß es in einer für die ganze Gemeinde sichtbaren Weise geschehen würde, wie eine Feuerzunge. Ich war enorm erfreut, als ich von seiner eigenen Taufe im Heiligen Geist hörte, insbesondere weil sie in so viele andere Leben überfloß.

*Das habe ich zu euch gesagt, während ich noch bei euch bin.*
*Der Beistand aber, der Heilige Geist,*
*den der Vater in meinem Namen senden wird,*
*der wird euch alles lehren und euch an alles erinnern,*
*was ich euch gesagt habe.*

*(Joh. 14,25f)*

## Mein Ein und Alles

### Ein Zeugnis von Christine Heller Rossmiller

*Christine Heller Rossmiller war Studentin an der Duquesne Universität und Mitglied von Chi Rho. Sie erhielt die Taufe im Heiligen Geist einen Tag nach dem Duquesne-Wochenende und war in den Anfängen der Charismatischen Erneuerung an der Universität beteiligt. Sie heiratete John Rossmiller und ist Mutter von neun Kindern.*

„Getrennt von mir könnt ihr nichts vollbringen.“[3] Das ist die Grundbotschaft. Ich habe eine lange Zeit gebraucht, um das zu lernen. Wie viele Katholiken empfing ich vor dreißig Jahren die Sakramente und versuchte, Gott zu lieben. Ich hatte Achtung vor Gott, dem Vater, und eine zärtliche Liebe zu Jesus Christus. Der Heilige Geist war für mich die unbekannte Person der Heiligen Dreifaltigkeit. Ich versuchte, in meinem Leben dem Herrn nachzufolgen.

In der Schulzeit wuchs mein Wunsch, Christus nachzufolgen. Gott war gut zu mir. Aber in meinem zweiten Studienjahr erlitt ich ein Trauma, das einen emotionalen und physischen „Dorn“ und eine bleibende Angst in mir hinterließ.

Als ich meine Studien an der Duquesne Universität begann, war Journalismus mein Hauptfach. Als die Zeit verging, wuchs mein Interesse an der Montessori Lehrmethode, und ich hätte wahrscheinlich die Studienrichtung gewechselt, wenn ich bis zur Graduierung geblieben wäre.

In meiner Zeit an der Universität ging ich einige Male in der Woche zur Messe, hatte aber in Wirklichkeit kein persönliches Gebetsleben. Während meines zweiten Jahres schloß ich mich Chi Rho an. Ich war noch immer ein Neuling während des Duquesne-Wochenendes 1967. Ich habe die Stillen Tage nicht selbst besucht, aber ich hörte alles darüber, als meine Freunde von Chi Rho zurückkamen.

Am Montag nach den Einkehrtagen, es war der 20. Februar, erzählte mir Patti Gallagher über die Gaben des Heiligen Geistes, die während des Wochenendes über die Gruppe ausgegossen worden waren. Patti und ich sprachen miteinander in einer kleinen Küche über dem Freizeitraum des St. Anna Wohnheims. Sie begann mit einer kleinen

[3] vgl. Joh 15,5

Erklärung, wie man für diese Fülle des Heiligen Geistes beten und wie man die Gabe des Sprachengebets zulassen könne. Sie legte ihre Hand auf meine Schulter und der Heilige Geist beschenkte mich mit einem großen Frieden, Freude und einem wachsenden Bewußtsein von Gottes persönlicher Liebe zu mir – dieselbe Liebe, die Er in all Seine Kinder hineinzulegen sucht. Ich empfing auch gleich dort in der kleinen Küche die Sprachengabe. Patti selber hatte noch nicht in Sprachen gebetet!

Es gab sichtbare Veränderungen bei den Mitgliedern von Chi Rho, die im Heiligen Geist getauft worden waren. Sie waren fröhlich! Unter ihnen schien es ein gemeinsames Geheimnis zu geben, Freude, Lächeln, Heiterkeit. Eins der Mädchen bezeichnete uns mit dem Namen „ODG", Abkürzung für „Orden des dummen Grinsens", weil wir alle mit einer besonderen Art von Freude strahlten. Wir freuten uns am Leben, am Lesen der Bibel und an der Liebe zu Gott. Dies sagt es am besten: WIR HATTEN FREUDE DARAN, GOTT ZU LIEBEN! Das ist vielleicht nur ein kleines Wunder, doch dazu sind wir geschaffen!

Wenn ich mich recht erinnere, wurden wir von einigen Mitgliedern des Klerus angewiesen, nicht über unsere Erfahrung zu sprechen. Ich erhielt den Eindruck, daß die Heilig Geist Padres in Duquesne dieses souveräne Wirken des Heiligen Geistes nicht ganz akzeptierten. Es gab auch Mitglieder von Chi Rho, die von dieser Gnade der Taufe im Heiligen Geist nicht persönlich berührt waren. Da ich aber ein Neuling war, ist mir ihre schlechte Stimmung nicht aufgefallen.

Nach dem Duquesne-Wochenende brach ich das Studium ab. Meine Beziehung mit John Rossmiller wurde ernsthafter und wir dachten ans Heiraten. John würde sein Studium im Dezember abschließen, und ich suchte nach einem Job. In der Zeit, die dem Wochenende folgte, interessierte mich die Heilige Schrift mehr und mehr. Ich las die Bibel wirklich häufig und viel, und konnte das sehr genießen. Gebet kostete nicht länger Mühe. Es kam leicht, natürlich und regelmäßig, wie das Atmen.

Als mir einmal ein Freund gute Neuigkeiten erzählte, brach aus mir ein Sprachengebet hervor. Sonst war die Gabe des Sprachenredens aber kontrollierbar. Ich machte mir keine großen Sorgen um die Echt-heit der Gaben. Es schien alles ein großes Abenteuer mit Gott zu sein, und wir vertrauten Ihm. Gebetstreffen waren besondere

Zeiten, in denen wir die Gaben des Heiligen Geistes gebrauchten. Die Messe gewann an Bedeutung, da ich auf die Gebete der Liturgie achtete und tiefer verstand, was die Bedeutung des Opfers Jesu auf dem Altar beinhaltete.

Nachdem wir mehrere Wochen mit Pastor Harald Bredesen in Mount Vernon verbracht hatten, heirateten John und ich im August 1967. Bis Juni des nächsten Jahres lebten wir in Pittsburgh. Von dort zogen wir für sechs Jahre nach Canonsburg, wo wir an einem Cursillo teilnahmen und Katechismusunterricht gaben. Gelegentlich besuchte ich katholische charismatische Gebetstreffen, gewöhnlich mit einem kleinen Baby im Schlepptau. Wir haben jetzt neun Kinder, so war gewöhnlich ein Baby an meiner Seite.

Eines Tages sind wir wieder nach Pittsburgh gezogen und haben mit anderen Ehepaaren und Alleinstehenden, die in der Charismatischen Erneuerung aktiv waren, eine Bund-Gemeinschaft gegründet. Die Gemeinschaft löste sich jedoch auf, ebenso die Gebetstreffen. Heute leben wir wieder auf dem Lande, wo John und ich in unserer Pfarrgemeinde aktiv sind. Ich bin Kommunionhelferin und John Lektor. John gibt auch Katechismusunterricht. Einen großen Teil unserer Energie widmen wir unserem Hof mit Schafen und der Erziehung unserer Kinder, die für uns eine große Herausforderung und ein großer Segen sind.

In der Erziehung unserer Kinder hat der Herr mir gezeigt, wie wertvoll die Kleinen sind: wenn sie krabbeln, lächeln, tapsen, – sie sind so verwundbar. Er hat mir die sympathische Nachdenklichkeit der Jugendlichen gezeigt, wie sie nach Sinn in ihrem Leben suchen, wie sie die Welt, in der wir leben, beurteilen und darüber nachdenken, wie sie es anders machen können. Mit ihrem Humor erfreuen sie mich und fordern mich heraus, selbst wenn sie mich mit ihren unaufgeräumten Zimmern ärgern. Ich bin sehr zufrieden, daß meine Kinder als Christen ihren Platz in dieser Welt einnehmen. Sie sind viel bessere Christen, als ich einer bin! Wir können für unsere Familie fasten und beten und Gottes Heilung und Führung suchen. Manchmal antwortet Er dramatisch, um Sich ihnen selbst zu zeigen.

Es wird immer Probleme und Schwierigkeiten im Leben geben. Kinder können einem manchmal das Herz brechen. Aber Gottes Frieden hängt nicht davon ab, wie unser Tag heute gewesen ist. Wenn ich in der Messe oder im Gebet bin, kommt alles wieder in die richtige Perspektive – die ewige. Manchmal schaue ich auf den Tabernakel und bete leise mit jeder Faser meines Seins: „Du bist es, Du bist es! Du bist mein Ein und Alles!"

Wenn ich sagen sollte, welche Änderungen sich aus der Taufe im Heiligen Geist in meinem Leben ergeben haben, dann würde ich dieses sagen: Gott hat mich gelehrt, von Ihm abhängig zu sein, nicht von meinen eigenen Kräften. Die konnten mir sowieso nicht helfen. Aber Er hat mir geholfen. Er ist wirklich unser Streiter, unsere Versorgung, unser Schild, und der einzig würdige Eine, den wir haben. Geld, Talente, Fähigkeiten, Status und sogar harte Arbeit können die Seele nicht mit diesem tiefgründigen, dauerhaften Frieden ausfüllen, den eine persönliche Beziehung mit unserem liebenden Vater geben kann. Sie werden alle früher oder später doch vergehen.

Die Taufe im Heiligen Geist ist eine Freisetzung von Kraft, nicht nur von Freude, Friede und Gottes Liebe. Wirkliche Kraft! Es ist die Kraft, mit der wir die Dunkelheit aus unserem Leben vertreiben, und sie durch Gottes eigenes herrliches Licht ersetzen können – standhaft, beständig und wahr. Jesus ist mein tiefster und bester Freund. Viele, viele Male hat er mich getröstet. Er ist immer an meiner Seite – es sei denn, ich habe Ihn verlassen. Er ist auch kein schwacher und kraftloser Freund. Wir beten es in der Laudes: „Der einzige Sohn des Allerhöchsten und Sohn einer reinen Jungfrau." Er führt und gibt leise Anstöße. Er zerschlägt (zumindest denken wir das manchmal) und spendet Leben.

Jesus ist mehr denn je ein Rätsel, ein Paradox, ein Geheimnis für mich, wenn ich über das Kreuz nachdenke. Er ist eine Herausforderung, die Schönheit hervorlockt. Ich zucke genau so häufig vor diesen Herausforderungen zusammen, wie ich ihnen nachgebe. Er hat die Dunkelheit meines Lebens geheilt. Irgendwann vor sechs Jahren hat Er den „Dorn" aus meiner Seite gezogen. Er befreite mich von der damit verbundenen Furcht nach dieser langen Zeit.

Was könnte ich fünfundzwanzig Jahre nach dem Duquesne-Wochenende sagen? Was es auch kosten mag, Jesus tiefer kennenzulernen, Er ist den Preis wert. Er will kein einmaliges Opfer. Er will alles! Jeder Tag ist ein tieferer Ruf, der zu mehr ganzheitlicher Hingabe einlädt. Er zeigte uns, wie wir diese Hingabe leben können, und Er wird uns niemals allein lassen.

## Gebet des Heiligen Augustinus zum Heiligen Geist

*Atme in mir, Heiliger Geist*
*damit ich das Heilige denke;*
*Wirke in mir, Heiliger Geist,*
*damit ich auch Heiliges tue;*
*Ziehe mein Herz, Heiliger Geist,*
*damit ich nur Heiliges liebe;*
*Stärke mich auch, Heiliger Geist,*
*damit ich das Heilige schütze;*
*So leite mich denn, Heiliger Geist,*
*damit ich allzeit heilig bin.*

# Verschwenderische Gnade

## Ein Zeugnis von Irene Primeau

*Irene Primeau graduierte 1968 in Duquesne im Fach Philosophie. Sie war Mitglied von Chi Rho und empfing die Taufe im Heiligen Geist nach dem Duquesne-Wochenende. Irene lebt in Bristol, Bundesstaat Rhode Island. Sie hat der Charismatischen Erneuerung in all den Jahren auf verschiedendste Weise gedient. Ihr wichtigstes Apostolat liegt im Bereich der Erziehung.*

Als Kind hatte ich Erlebnisse mit der Liebe Gottes. Im vierten oder fünften Schuljahr wurde mir bewußt, daß ich ein Kind Gottes bin, was ich als eine wunderbare Entdeckung empfand. Als ich noch in der Grundschule war, ging ich häufig täglich mit meiner Mutter zur Kirche, selbst während der Sommerferien. Nach der Schule besuchte ich gewöhnlich die Kirche, um mit Gott zu reden. Wenn ich die Kirche verließ, war ich mir der Gegenwart Gottes noch immer bewußt. Ich wußte, daß er immer bei mir war. Ein Resultat davon war, daß ich mich immer von allem angezogen fühlte, was gut war. Als ich im siebten Schuljahr war, hatte ich ein Erlebnis, bei dem ich den Herrn zu mir sprechen hörte. Das war das einzige Mal in meiner Kindheit – soweit ich mich erinnern kann –, wo der Herr sehr konkret zu mir sprach. Eine der Schwestern in der Schule bezichtigte mich, abgeschrieben zu haben, doch ich war unschuldig. Ich war sehr aufgebracht und beschämt. Da sie mich vor der gesamten Klasse anklagte, war ich sehr ungehalten. Nach der Schule lief ich schnell zur Kirche und erzählte dem Herrn, was diese Nonne getan hatte, was für eine schlimme Person sie war und wie sie die Gebote gebrochen hatte. Und nicht nur das! Sie war eine von den Seinen! Ich werde niemals vergessen, was ich den Herrn zu mir sagen spürte: „Würde ich dir jemals etwas schicken, womit du nicht umgehen könntest?“ Ich war bestürzt. Nie habe ich das Wort je vergessen. Es blieb auch in späteren Jahren in meiner Erinnerung. Der Herr stützt uns zu jeder Zeit, welche Schwierigkeiten auch immer vor uns liegen.
Im neunten Schuljahr wurde mir bewußt, daß der Herr mich stärker zu sich rief. Aber wie viele katholische Schulmädchen hatte ich Angst davor, eine Nonne zu werden. So begann ich, mich zurückzuziehen. Obwohl ich weiterhin täglich die Messe besuchte, entfernte ich mich

gefühlsmäßig langsam von Gott. Ich begann, verschiedene Dinge als meinen Besitz zu beanspruchen. „Dies ist mein, und das ist mein," sagte ich. Was wie ein kleiner Keil zwischen mir und dem Herrn begann, wuchs zu einem tiefen Abgrund. So verblaßte in mir allmählich die erfahrene Begabung, die ich einmal mit der Gegenwart des Herrn gehabt hatte.
Nach zwei Jahren am Anna Maria College wechselte ich nach Duquesne um die Fächer Philosophie und Theologie zu studieren. Ich hatte keine sehr aktive Beziehung zum Herrn, aber ich besuchte täglich die heilige Messe. In meinen zwei Jahren dort war ich Mitglied von Chi Rho. Weil ich gerade Exerzitien gemacht hatte, nahm ich auch nicht am Duquesne-Wochenende vom 17. bis 19. Februar teil. Als ich aber die Zeugnisse der Leute hörte, die im Heiligen Geist getauft worden waren, erkannte ich, daß sie über die Art von Beziehung mit Gott sprachen, die ich als Kind mit Ihm gehabt hatte.
Patti Gallagher und einige andere Chi Rho Mitglieder erzählten mir, was auf dem Duquesne-Wochenende geschehen war. Ich entschied mich, meine Firmung zu erneuern. Als ich mich wieder für den Herrn entschied, kam die ganze Intimität, die ich in der Kindheit mit Ihm gehabt hatte, zurück. Sobald ich mich Ihm wieder zuwandte, begann ich wieder Seine Gegenwart in mir zu spüren.
Nachdem ich im Heiligen Geist getauft war, machte ich viele Erfahrungen mit der Liebe Gottes. Ich erinnere mich, als ich einmal dabei war, den Briefkasten zu öffnen, hörte ich wie über die Sprechanlage das Lied „Cherish"[4] gespielt wurde, und ich hörte den Herrn sagen, „Ich hänge an dir." Das könnte als unbedeutend angesehen werden, aber es ist ein Wort, das ich nie vergessen habe. Ich wußte, daß ich Gott kostbar war.
In diesem Jahr belegte ich einen Kurs über die orthodoxen Kirchen. Es war ein weiteres Erlebnis, wie Gottes Liebe in mein Leben kam. Als ich diesen Kurs besuchte, fühlte ich mich, als ob der Herr mich neu nähren würde. Die dort dargebotene wunderbare Theologie über den Heiligen Geist half mir, neues Leben in mir zu wecken. Es war ein denkwürdiges Erlebnis.
Es gab große Veränderungen in meinem Leben nach der Taufe im Heiligen Geist. Mein Gebet veränderte sich. Ich entdeckte die Intimität mit Jesus wieder. Es wurde mir bewußt, daß ich durch die

[4] hegen, pflegen, (in Gedanken) hängen an

Gnade des Heiligen Geistes in dieser Weise mit Jesus Beziehung pflegen konnte. Ich las viel häufiger die Schrift, und die tägliche Messe war ein reiches Erlebnis. Eine Gruppe von uns traf sich jeden Abend im Wohnheim, um das Stundengebet zu beten und einander zu unterstützen. Obwohl ich erst einige Zeit später Geistesgaben wie das Sprachengebet empfing, hatte die Taufe im Geist definitiv meine Beziehung mit Gott wieder belebt.

Ich besuchte die wöchentlichen Gebetstreffen, die nach dem Duquesne-Wochenende stattfanden. Aber es wurde uns nicht sehr lange erlaubt, an der Universität zu bleiben. Ich erinnere mich, daß es Dozenten gab, einige davon in der philosophischen Abteilung, die mit der charismatischen Dimension Probleme hatten, die jetzt Chi Rho ergriff. Es mußte noch viel geschehen, was diese Erfahrung mit der Taufe im Heiligen Geist betraf. Als Organisation war Chi Rho völlig gespalten. Ich erinnere mich, daß wir kritisiert wurden, und es gab Feindschaft gegen uns. Unsere Gebetstreffen mußten dann in einer Wohnung stattfinden.

Ich bin für meine Zeit in Duquesne sehr dankbar. Ich kann nicht einmal beginnen, all die Gnaden aufzuzählen, die Gott über mich ausgegossen hat. Ich hatte eine tägliche Erfahrung von Gottes Liebe. Es war, als sei ich ein leeres Gefäß, und Er füllte mich bis zum Rand. Meine wichtigste Erinnerung ist die von der verschwenderischen Ausgießung der Gnade Gottes. Es war nicht nur ein gelegentliches Erlebnis von Gottes Liebe – Tag für Tag, Woche für Woche, Monat für Monat zeigte er mir Seine Liebe.

Ich hatte keine besonderen Pläne für die Zeit nach dem Studienabschluß. Ich schrieb Pfarrer John Randall, einem Priester, den ich von Providence her kannte, und erzählte ihm von dem, was mit uns in Duquesne geschehen war. Randall antwortete postwendend und erzählte mir von David Wilkersons Buch „Das Kreuz und die Messerhelden". Auch er war in die charismatische Dimension geführt worden. Nachdem ich Duquesne verlassen hatte, arbeitete ich im Laienapostolat in der Innenstadt von Providence im Bundesstaat Rhode Island. Im Herbst 1968 begann ich, ein Jahr lang in einer öffentlichen Schule zu lehren. Dann ging eine Gruppe von uns, die im Heiligen Geist getauft waren, nach Federal Hill, um hauptamtlich in der Charismatischen Erneuerung zu arbeiten. Viele weitere Jahre blieb ich als Lehrer in der St. Patrick Schule aktiv. Mein wichtigstes

Arbeitsfeld lag im Bereich Erziehung. Ich habe einige Materialien für Medien und Kindern erstellt. Auch heute lehre ich noch.
Wenn ich nach fünfundzwanzig Jahren meinen größten Nutzen aus der Taufe im Heiligen Geist formulieren müßte, würde ich sagen, daß sie mich in die Lebenshingabe eines Erwachsenen an Jesus geführt hat. Er hat Seine Gnade über mich reichlich ausgegossen. Den Herrn zu kennen, ein Gefühl von Intimität Ihm – dem Vater, dem Sohn und dem Heiligen Geist – gegenüber zu haben, ist ein außerordentliches Geschenk. Ich bin sehr dankbar für alles, was mir die Gnade Gottes in meinem Leben gegeben hat. Niemals werde ich vergessen, was Jesus für mich in Duquesne getan hat. Niemals! Und ich werde Ihm niemals genug danken können für all das, was Er seitdem für mich getan hat. Selbst in Prüfungen und Schwierigkeiten hat der Herr mich immer gestützt. Er ist treu.

**Gebet zum Heiligen Geist**

*Himmlischer König, Tröster, Geist der Wahrheit,*
*Der überall gegenwärtig ist und alle Dinge erfüllt,*
*Schatz der Gnaden und Geber des Lebens,*
*Komm und wohne in uns, reinige uns von aller Befleckung,*
*Und rette unsere Seelen, o gnadenreicher Herr.*

*aus der byzantinischen Liturgie*

# Lebendiges Wasser

## Ein Zeugnis von Spiritual Jim Spontak

*Jim Spontak schloß 1971 seine Studien an der Duquesne Universität im Fach Theologie ab. 1975 wurde er zum Priester der Byzantinischen Katholischen Kirche geweiht und besitzt einen Abschluß (1985) in biblischer Theologie des Angelicum in Rom. Jim Spontak ist Spiritual für die Schwestern von St. Basilius dem Großen in Uniontown, Bundesstaat Pennsylvania, und ist Exeget am St. Cyrill und Methodius Seminar der Byzantinisch Katholischen Kirche in Pittsburgh.*

„Ich danke meinem Gott jedesmal, wenn ich an euch denke; immer, wenn ich für euch alle bete, tue ich es mit Freude und danke Gott dafür, daß ihr euch gemeinsam für das Evangelium eingesetzt habt vom ersten Tag an bis jetzt."[5]
Ich bete dieses Gebet, weil die Menschen, die die Vereinigung Chi Rho in Duquesne bildeten, wirkliche Partner für mich waren, daß ich das Evangelium kennenlernen konnte, und ich bleibe ihnen sehr dankbar. Als ich im September 1967 in Duquesne eintraf, gab es eine aufregende Zeit für mich. Ich hatte Kontakt mit den Mitarbeitern der Studentenseelsorge und besuchte die Gottesdienste an der Universität. Ich überlegte bereits, Priester zu werden, und so interessierten mich die Programme, die von der Studentenseelsorge veranstaltet wurden. Ich hörte vom Antioch-Wochenende, das vom 1. bis 3. Dezember stattfinden sollte. Bis zum heutigen Tag habe ich noch Notizen von den Referaten, die ich an diesem Wochenende gehört habe. Das Antioch-Wochenende war wirklich ein entscheidender Moment in meinem Leben. Es erlaubte mir, dem Herrn in einer Weise zu begegnen, die sehr grundlegend für meine christliche Erfahrung gewesen ist.
Einige der Leute aus dem Team, welche das Antioch-Wochenende durchführten, hatten zuvor das Duquesne-Wochenende im Februar besucht. Deshalb spürte ich, daß wir Teilnehmer des Antioch-Wochenendes nur einen Schritt von jenem ursprünglichen Wochenende entfernt waren. An allen Teammitarbeitern war in der einen oder anderen Weise zu erkennen, daß sie eine tiefe Erfahrung mit

[5] vgl. Phil 1,3

dem Herrn gehabt hatten. Obwohl sie nicht speziell darüber sprachen, war es offensichtlich, daß es eine besondere Gnade gab, die alle Teammitarbeiter gemeinsam hatten. Erst später begann ich, mehr darüber zu erkennen.

Das Team, welches das Antioch-Wochenende leitete, umfaßte Pat Bourgeois, Marybeth Mutmansky, Jerry Cafardi, David Mangan, Patti Gallagher, Tom Verner, Karin Sefcik und unsern Studentenpfarrer.

Das Wochenende war sehr intensiv, und Jesus wurde sehr persönlich für mich. Zu bestimmten Zeiten wurde das Wort Gottes greifbar, konkret und persönlich, wie das nie wieder in meinem Leben geschehen ist. Es war ein einzigartiger Augenblick der Gnade. Jedes der Referate hatte einen Einfluß auf mich. Pat Bourgeois, einer der Dozenten von Duquesne, vermittelte grundlegende Einsichten, die heute einen wichtigen Teil meiner Spiritualität bilden. Natürlich mußten diese ersten Einsichten verfeinert, ausbalanciert und geklärt werden, aber sie helfen mir nach wie vor, auf Gottes Ruf zu reagieren.

Ein Vortrag wurde von Marybeth Mutmansky gegeben, welcher der wichtigste und fesselndste für mich war. Ich fühlte mich von Angesicht zu Angesicht mit dem Herrn – in einer Weise, die ehrfurchtgebietend, heilig, freudig und beängstigend war, und alles zur gleichen Zeit. Auch der Vortrag von Patti Gallagher half mir in die Gegenwart des Herrn zu finden. Sie erzählte die Geschichte einer Familie, die auf einem Ozeandampfer verreiste. Sie hatten nicht mitbekommen, daß die Mahlzeiten im Preis der Reise inbegriffen waren, und so hatten sie ihre eigenen Butterbrote mitgenommen. Sie blieben in ihrer kleinen Kabine und aßen Butterbrote, ohne zu erkennen, daß es ein feines Bankett mit sieben Gängen gab, auf das sie täglich ein Anrecht hatten. Sie rangen darum, mit ihrem eigenen Vorrat auszukommen, bis eines der Kinder das Bankett entdeckte. Es sagte: „Laßt uns da hinaufgehen und Essen. Schließlich haben wir ein Anrecht auf all dieses Essen." Ich benutze diese Erzählung häufig, um darzustellen, wie oft wir um unsere eigenen Möglichkeiten kreisen, während Gott viel üppiger für uns gesorgt hat. Es gibt eine Tiefe des Lebens im Geist, die Er uns verfügbar macht. Es ist bereits alles erkauft. Es wartet nur auf uns. Aber weil wir das nicht erkennen, ist es uns entglitten. Es ist erstaunlich, wie mir diese Geschichte in all den Jahren im Gedächtnis geblieben ist.

Wichtiger als jede Einsicht, die ich aus den Referaten gewann, war das Erlebnis, von Angesicht zu Angesicht vor dem Herrn zu sein. Der Höhepunkt war für mich der Samstagabend, als ich eine tiefe Notwendigkeit und den Wunsch verspürte, in der Kapelle zu beten. Viele aus dem Team blieben dort im Gebet bis in die frühen Morgenstunden. Ich erinnere mich an das eindringliche Gefühl, daß ich mich dem Herrn weihen wollte, was ich auch tat. Ich schlug Psalm 37 auf, und die Worte gingen mir durch und durch. Dieser Psalm ist ein Eckstein meiner Spiritualität geworden – ein Ausdruck meines eigenen Verständnisses von der Nachfolge des Herrn. „Vertrau auf den Herrn und tu das Gute, bleib wohnen im Land und bewahre Treue! Freu dich innig am Herrn! Dann gibt er dir, was dein Herz begehrt... Hoffe auf den Herrn und bleib auf seinem Weg!“[6]
Nach dem Antioch-Wochenende begann ich, regelmäßig die charismatischen Gebetstreffen zu besuchen und wurde mehr und mehr auf die Taufe im Heiligen Geist aufmerksam. Es war eine überwältigende Zeit in meinem Leben – eine Zeit, in der ich neue Freude und Enthusiasmus für Christus gewann, für das Gebet und die Schrift. Es war auch die Zeit eines ungewöhnlichen Maßes an Kampf. Die Gegenwart Gottes wurde mir deutlicher, und die Gebetstreffen halfen mir, etwas über die Erfahrung mit der Taufe im Heiligen Geist zu lernen.
Wenn ich zurückschaue, hätte ich es geschätzt, wenn ich Hilfe gehabt hätte, die verschiedenen Elemente meines Lebens auszubalancieren. Ich hätte Beratung und Führung gebraucht, damit ich eine Perspektive hätte erarbeiten können, welche ich mir nicht selber geben konnte. Ich habe den Besuch von Gebetstreffen nur bis zum Herbst 1968 fortgesetzt, hielt aber den Kontakt mit Leuten aus der Gebetsgruppe. Als die Zeit fortschritt, wuchs die Erfahrung mit der Taufe im Heiligen Geist in meinem Leben. Ich entdeckte auch, daß es da etwas sehr wichtiges in meinem eigenen Hintergrund als Katholik gab, der in der Byzantinischen Kirche aufgewachsen ist. Dies war ein sehr wichtiger Teil meiner Spiritualität und meiner ganzen Erfahrung von Kirche und Anbetung. Ich verbrachte einen großen Teil meiner Zeit an der Universität damit, diese Dinge aufzuspüren und sie besser in das zu integrieren, was ich früher beim Antioch-Wochenende und in charismatischen Gebetstreffen erlebt hatte. Das ist mir nicht leicht

[6] vgl. Ps 37,3-4;34

gefallen. Gewissermaßen ist diese Integration ein andauernder Prozess über die letzten Jahre gewesen.
Ich möchte mit einer Geschichte aus dem Evangelium schließen, die in der Byzantinischen Kirche am vierten Sonntag nach Ostern gelesen wird. Es ist der Bericht von der Samariterin. Ich betrachte sie als eine ausgezeichnete Erzählung über Evangelisation. Auch kann ich einiges darin finden, was mir hilft, die Erfahrung dieses Wochenendes, der Gebetstreffen und all der Erlebnisse dieses ganzen ersten Jahres in Duquesne zu identifizieren und auszudrücken.
Jesus sprach über die Anbetung des Vaters in Geist und Wahrheit, und daß der Vater Menschen sucht, die Ihn so anbeten. Die Erfahrung, die ich mit den Teilnehmern des Duquesne-Wochenendes gemacht habe, halfen mir zu erkennen, was es heißt, den Vater in Geist und Wahrheit anzubeten. Die Erzählung von der samaritischen Frau ist eine Erzählung über Evangelisation. Ich sehe zwei parallele Szenen.
Ich erkenne die Jünger, wie sie in die Stadt gehen und zu Jesus zurückkehren mit Brot, Vorräten und Nahrung in den Händen. Selbst als Jesus versucht, mit ihnen von „etwas anderem“ zu sprechen, bleiben sie mit dem Brot beschäftigt. Parallel dazu sehen wir die Samariterin in die Stadt gehen und mit Jüngern zurückkommen – Frauen und Männern, die Ihn kennenlernen und verstehen. Diese neuen Jünger bleiben unter sich, um für sich mehr über das „etwas andere“ herauszufinden, über das neue Leben, das zu bringen Jesus gekommen war.
Diese beiden gegensätzlichen Bilder helfen dem Evangelisten, etwas über die Kirche seiner Tage auszusagen. Er hat vielleicht die Leute daran erinnern wollen, daß sie bei ihrem Dienst in der Kirche manchmal nicht in der Lage sind, das zu sehen, wonach Jesus wirklich hungert und dürstet. Manchmal sind es die am wenigsten in Frage kommenden Menschen, die auf Jesus antworten und entdekken, wonach er sich wirklich sehnt. Dieser Kontrast könnte eine hilfreiche Erinnerung für die Kirche in den Tagen des Evangelisten gewesen sein. Auch für uns heute ist es eine Hilfe. Wir, die wir für die Kirche arbeiten, bleiben oft geschäftig und unsensibel gegenüber Jesus und dem, wonach Ihn wirklich hungert und dürstet.
Vielleicht war das Werk des Heiligen Geistes während des Duquesne-Wochenendes und in der Charismatischen Erneuerung dazu bestimmt, eine Zunahme des Bewußtseins über den Hunger und den

Durst Jesu zu bewirken. Es ist, sehr einfach ausgedrückt, das Werk der Evangelisation, das Werk, den Glauben mitzuteilen, Menschen anzuleiten, herzukommen und das Wort Gottes zu hören, es persönlich zu erfahren und in größerer Fülle. Es ist der Dienst, anderen Menschen zu zeigen, wie man den Vater im Geist und in der Wahrheit anbetet, und wie man in größerer Fülle von dieser Quelle lebendigen Wassers trinkt, dem eigentlichen Leben. Jesus ist gekommen, um dieses Leben mit uns zu teilen.

Ich richte meinen persönlichen Dank und Lobpreis an Gott, daß Seine Gnade in meinem Leben wirksam geworden ist und der Geist mich aufgerüttelt hat durch die Duquesne Gebetsgruppe. Ich schließe mit diesem Gebet aus dem Epheserbrief, das ich für alle bete, die an meinem Leben in Duquesne Anteil hatten, und für alle, die über jenes Geschehen dort lesen werden:

Daher beuge ich meine Knie vor dem Vater, nach dessen Namen jedes Geschlecht im Himmel und auf der Erde benannt wird, und bitte, er möge euch aufgrund des Reichtums seine Herrlichkeit schenken, daß ihr in eurem Innern durch seinen Geist an Kraft und Stärke zunehmt. Durch den Glauben wohne Christus in eurem Herzen. In der Liebe verwurzelt und auf sie gegründet, sollt ihr zusammen mit allen Heiligen dazu fähig sein, die Länge und Breite, die Höhe und Tiefe zu ermessen und die Liebe Christi zu verstehen, die alle Erkenntnis übersteigt. So werdet ihr mehr und mehr von der ganzen Fülle Gottes erfüllt. Er aber, der durch die Macht, die in uns wirkt, unendlich viel mehr tun kann, als wir erbitten oder uns ausdenken können, er werde verherrlicht durch die Kirche und durch Christus Jesus in allen Generationen, für ewige Zeiten. Amen (Eph 3,14-21).

*Jesus antwortete ihr:*
*Wenn du wüßtest, worin die Gabe Gottes besteht*
*und wer es ist, der zu dir sagt: Gib mir zu trinken!,*
*dann hättest du ihn gebeten,*
*und er hätte dir lebendiges Wasser gegeben.*

*(Joh 4,10)*

# Die Schwelle

## Ein Zeugnis von Jack Flanagan

*Jack Flanagan schloß 1969 sein Studium in Psychologie an der Duquesne Universität ab. Er nahm 1967 an den ersten charismatischen Gebetstreffen in Pittsburgh teil. Jack besitzt ein Diplom von der Eastern Michigan University und arbeitet heute in der Wirtschaft. Er und seine Frau Terri leben mit ihren sechs Kindern in Ypsilandi, Bundesstaat Michigan, und sie sind Mitglieder der Gemeinschaft Word of God.*

Bereits in meinem dritten Studienjahr kam ich im Herbst 1967 an die Duquesne Universität. Ich hatte gerade zwei Jahre im Seminar verbracht, und obwohl ich aufgehört hatte, für das Priesteramt zu studieren, gab ich nicht auf, mich nach Gott zu sehnen. Ich machte einen Pakt mit dem Herrn, daß ich versuchen würde, die Wochentagsmesse an der Universität so häufig wie möglich zu besuchen. Bei diesen Eucharistiefeiern traf ich einige Leute von Chi Rho, die einen großen Einfluß auf mein Leben gewannen.

Obwohl ich nie ein Mitglied von Chi Rho wurde, war ich sehr beeindruckt von jenen, die auf dem Duquesne-Wochenende gewesen waren. Im Dezember 1967 veranstaltete das Büro des Studentenpfarrers das Antioch-Wochenende, eines von mehreren, die über das ganze Studienjahr hin angesetzt waren. Es war wichtig für mich, daß mein Antioch-Wochenende am ersten Advent stattfand. Im Kirchenjahr ist der Advent eine Zeit, in der wir die Ankunft unseres Herrn Jesus feiern. Dieses Antioch-Wochenende war mit Sicherheit ein Ankunftserlebnis – die Zeit, in der der Herr Jesus und der Heilige Geist auf persönliche Weise zu mir kamen.

Das Team, welches das Wochenende geben sollte, bestand sowohl aus dem Mitarbeiterstab des Studentenpfarrers wie Mitgliedern von Chi Rho, die bereits im Heiligen Geist getauft waren. Ich kannte einige der jungen Männer und Frauen von der Universität.

Am Samstagabend des Antioch-Wochenendes war ich in der Kapelle und betete, als ich am ganzen Körper zu zittern begann. Dann begann ich zu weinen. Ich wußte nicht, was mit mir geschah. Ich fragte mich, ob ich jetzt das erlebte, was die Leute vom Duquesne-Wochenende im Februar erlebt hatten.

Als ich die Vorträge des Wochenendes hörte und mit den Mitgliedern des Teams sprach, die im Heiligen Geist getauft waren, fielen mir mehrere Dinge auf. Erstens: Wenn ich Leuten wie Marybeth Mutmansky, David Mangan und Patti Gallagher zuhörte, wurde mir sehr klar, daß Gott für sie nicht nur ein Gedankenschluß war. Er war eine Person. Gott war Wirklichkeit. Er war nicht ein Etwas, was sie sich allein durch Gebrauch ihres Intellekts ausgedacht hatten. Er war ein Jemand, der nahe war und sich ihnen offenbarte. Obwohl ich zwei Jahre lang im Seminar gewesen war und mit anderen Männern ernsthaft über das Priesteramt nachgedacht hatte, war ich diesem Grad von persönlicher Begegnung mit Gott noch nicht begegnet. Ich traf an jenem Wochenende Leute, die verkündeten, daß Gott lebt und gegenwärtig ist. Sie sprachen von ihm, als ob sie ihn wirklich kennen würden.

Zweitens konnte ich sehen, daß Gott für sie nicht nur lebendig und gegenwärtig war, sondern wirksam. Die Leute vom Duquesne-Wochenende erwarteten tatsächlich, daß Gott handeln würde. Sie erwarteten, daß er mit ihnen durch die Schrift sprechen würde. Nun hatte ich immer gehofft, daß es so sei, und ich hatte eine gewisse Erwartung, daß Gott reden würde, doch erreichte ich nicht ein solches Maß erwartenden Glaubens.

Es war erstaunlich zu sehen, wie die Schrift lebendig wurde. Gott gab Einsicht, Weisheit, Klarheit und Führung durch sein Wort. Wir lasen, „denn lebendig ist das Wort Gottes, kraftvoll und schärfer als jedes zweischneidige Schwert“[7] Nun erfuhr ich selbst, wie lebendig und kraftvoll Sein Wort sein kann.

Ich erinnere mich, daß Patti Gallagher eine Woche nach dem Antioch-Wochenende zu mir kam und fragte: „Jack, hast Du jemals 1 Korinther 12 gelesen?“ Tatsächlich hatte ich gerade am Morgen meine Bibel genommen und aufs Geratewohl aufgeschlagen. Ich war genau auf die Stelle 1 Korinther 12 über den Heiligen Geist gestoßen! „Oh,“ sagte sie, „Ich dachte nur, daß der Herr dir diese Stelle geben wollte.“ Obwohl ich im Seminar die Heilige Schrift studiert hatte, war das eher eine akademische Übung gewesen. Ich spürte ein Verlangen nach Gott in mir, den Wunsch, daß Er sich mir persönlich durch Sein Wort offenbarte. Eines Tages betete ich, „Herr, sprich zu mir, so wie Du zu Patti sprichst.“ Ich schlug aufs Geratewohl die Bibel auf und

[7] vgl. Hebr 4,12

stieß auf folgenden Vers aus Psalm 145, 18: „Der Herr ist nahe allen, die ihn anrufen, allen, die zu ihm aufrichtig rufen.“ So antwortete ich und rief zum Herrn, indem ich sagte, „Danke Herr, ich rufe Deinen Namen an. In Wahrheit rufe ich Deinen Namen an. Ich weiß, daß Du mir nahe bist, wie es auch Dein Wort sagt.“ Im Gebet antwortete ich auf die Offenbarung, die ich durch Gottes Wort empfangen hatte. Und als ich es tat, wuchs meine Beziehung zu Ihm.

Ich erinnere mich, daß ich ein anderes Mal dem Herrn im Gebet eine Frage stellte. Ich sagte: „Herr, warum bist Du gekommen?“ Wieder schlug ich die Bibel aufs Geratewohl auf und las Johannes 10,10: „Ich bin gekommen, damit sie das Leben haben und es in Fülle haben.“ Hier sprach Gott zu mir, direkt und persönlich – Er offenbarte sich, als ich mich zu Ihm ausstreckte.

Diese Erwartung, daß Gott Sein Wort zu uns sprechen würde, war in den charismatischen Gebetstreffen sehr offenkundig. Die Leute brachten ihre Bibeln mit, in der Erwartung, sie zu benutzen und daß Gott redete.

Ein Drittes beeindruckte mich bei den Leuten vom Duquesne-Wochenende: Ich konnte Anhaltspunkte dafür erkennen, daß Gott beruft. Sie glaubten, daß Gott einen Plan für unser Leben hat, und daß Er uns diesen Plan zeigt, wenn wir Ihn suchen, und daß wir vorangehen können als Antwort auf Gottes Willen. Einige dieser jungen Männer und Frauen hatten den Sommer zuvor in Mount Vernon, New York gelebt. Ich hörte Zeugnisse über Gottes Führung und Fürsorge für sie dort. Es war klar, daß Gott ein mächtiges Werk angefangen hatte durch die Ausgießung des Heiligen Geistes in der Kirche. Ich spürte den tiefen Wunsch, Anteil an diesem Werk zu haben, wenn ich ihre Zeugnisse hörte.

Was mir als viertes an meinen geisterfüllten Freunden sehr imponierte war ihre Freude. Gott zu kennen und auf Seinen Ruf zu antworten war ein freudiges Erlebnis. In den Gebetstreffen, in den Liedern, im Lobpreis und der Anbetung gab es ein Gefühl der Begeisterung. Als Studenten hätten wir eine ganze Reihe von Dingen in unserer freien Zeit tun können. Es gab natürlich eine ganze Palette von Aktivitäten an der Universität. Aber in der Gegenwart des Herrn zu sein brachte so viel Freude, daß wir dieses wählten.

Als Fünftes zeigte mir Gott durch die Gruppe vom Duquesne-Wochenende die Bedeutung von Gemeinschaft. Ich konnte in den ersten Gebetstreffen solch einen brüderlichen Geist ausmachen. Ich spürte keinen Ehrgeiz oder Rivalität. Wir waren eine Gruppe von Christen, die ein gemeinsames Erlebnis mit dem Herrn gehabt hatten, und jeder steuerte zum gemeinsamen Wohl seine Gabe bei. Später wurde meine Wohnung für die Gebetstreffen benutzt. Als Resultat wurde in mir eine aufrichtige Sehnsucht nach Gemeinschaft geboren. In den folgenden Jahren wechselte ich sogar den Wohnsitz, nur um Mitglied einer Gemeinschaft in Erie, Steubenville und schließlich Ann Arbor zu sein. Hier leben ich und meine Familie heute als Mitglieder der Word of God Gemeinschaft.

Desweiteren erstaunte mich auf dem Antioch-Wochenende die Glaubwürdigkeit der Zeugnisse. Diese Leute waren echt und ehrlich, wenn sie über den Herrn sprachen. Sie stülpten uns nicht ihr Erlebnis über. Sie gaben einfach von der Realität der Liebe Gottes Zeugnis. Ich spürte, daß das Gesagte den Herrn verherrlichen sollte, und nicht die Sprecher. Sie schienen wirklich Jesus erhöhen zu wollen, so daß er „alle an sich ziehen“ kann.[8] Sie standen auch nicht da, um für sich selbst Jünger zu sammeln. Später hörte ich von ihnen, daß sie in einigen Situationen beim Zeugnis geben an der Universität unklug gewesen waren. Aber als ich sie im Dezember 1967 traf, waren sie sensibler, wenn sie ihre Erlebnisse mit dem Herrn erzählten.

Und schließlich war ich erstaunt über die Wirklichkeit des Gebetes. Ich war immer gelehrt worden, daß Gebet zweiseitige Kommunikation ist. Aber in meinem Erleben war Gebet bis dahin immer eher einseitige Kommunikation, von ein paar wenigen Ausnahmen abgesehen. Hier aber waren Menschen, die Gott im Gebet begegneten. Es war zweiseitige Kommunikation. Es gab dem ganzen fast eine kontemplative Qualität. Es war eine tiefe Begegnung mit Gott.

Das Geschilderte sind nicht nur Wahrnehmungen dessen, was in den Leuten vom Duquesne-Wochenende vor sich ging. Diese Dinge wurden auch in meinem eigenen Leben sehr real. Für ein hungriges Herz sind das Realitäten, die attraktiv sind und anziehend. Es ist großartig, zu wissen, daß Gott real, persönlich und wirksam ist; zu wissen, daß Er durch Sein Wort spricht und Seine Pläne offenbart; daß Seine Gegenwart die Fülle der Freude ist. Es ist herrlich, die Kameradschaft von Brüdern und Schwestern, den Frieden und die Kraft persönlichen Gebetes zu kennen. Von diesen Realitäten war ich angezogen.

[8] vgl. Joh 12,32

Als ich zum Antioch-Wochenende aufbrach, befand sich auch ein Buch von Teilhard de Chardin in meinem Gepäck, das ich in der Woche vorher gekauft hatte. Ich hoffte, an dem Wochenende etwas Zeit zu finden, um einen Abschnitt aufzuspüren, den ich vor einem Jahr im Seminar für einen Bericht benutzt hatte. Ich wollte noch einmal darüber reflektieren. Es heißt darin, daß es eine Schwelle zu überschreiten gilt, und wer diese Schwelle überschritten hat, wird die Freiheit kennen, ein Sohn Gottes zu sein. Ich hatte gehofft, diese Schwelle auf dem Wochenende erkennen und überschreiten zu können. Doch der Zeitplan des Antioch-Wochenendes war zu voll, als daß ich die Zeit gehabt hätte, das Buch überhaupt aufzuschlagen, geschweige denn nach diesem Abschnitt zu suchen. Ich erinnere mich noch daran, daß ich das Buch beim Packen am Sonntagabend nahm und auf den Boden meines Wäschesacks legte, der mir in meiner Collegezeit als Koffer diente. Es war eine gebundene Ausgabe, also kam das Buch ganz unten auf den Boden, Kleider folgten, danach Papiere einschließlich einer Erinnerungskarte für die stillen Tage, die ich ganz oben hin legte. Als ich am Abend in meinen Schlafsaal zurückkehrte und den Inhalt des Wäschesacks ausschüttete, befand sich die Erinnerungskarte in dem Buch von Chardin. Ich fragte mich, „Ist dies wieder eins von Pattis Wundern?" Sorgfältig öffnete ich das Buch an der Stelle, wo die Karte jetzt lag, und natürlich war das genau die Seite, wo sich auch der gesuchte Abschnitt befand. Die „Schwelle" zur Freiheit der Söhne Gottes war für mich der Empfang der Taufe im Heiligen Geist. Eine ganz neue Ebene der Begegnung mit Gott und Seiner Gnade erschloss sich für mich.

Nach diesem Antioch-Wochenende begann ich die Gebetstreffen am Freitagabend zu besuchen, wo der Herr Sein Wirken in aufregender Weise fortsetzte. Ich erinnere mich, daß ich am Morgen meines zweiten Gebetstreffens einen interessanten Gedanken hatte. Ich sagte zu mir selber, „Wäre es nicht toll, wenn ich heute abend in Sprachen reden würde?" Da erwischte ich mich selber und sagte, „Hey, der Herr wird solche Gedanken schon hören." Und ich hatte eine zwiespältige Reaktion. Die eine war Angst: „Was wird heute Abend nur passieren?" Die andere war Erwartung und Begeisterung: „Was wird heute Abend wohl passieren?"

Was passierte war, daß drei reisende Evangelisten an diesem Abend zu unserem Gebetstreffen kamen, weil sie von der Ausgießung des Heiligen Geistes unter Katholiken gehört hatten, und es selbst sehen

wollten. Als das Treffen beendet war und ich noch immer nicht in Sprachen gesprochen hatte, war ich etwas enttäuscht und fragte mich, ob Gott wirklich mein Gebet am Morgen gehört hatte. Als ich noch darüber nachdachte, sprach mich einer der Evangelisten an und fragte, ob ich im Heiligen Geist getauft sei. Ich antwortete, „Ich denke ja." Dann fragte er mich, ob ich in Sprachen gebetet hatte. Als ich nein sagte, fragte er mich, ob ich wolle. Ich wußte, daß Gott mir die freie Wahl gab. Die Antwort war „Ja".
Wir gingen in einen Raum im Hintergrund und beteten um die Sprachengabe. Ich konnte eine Salbung in meinem Mund und auf meiner Zunge fühlen, aber ich wurde so verlegen, weil alles, was ich hatte, zwei Silben waren. Das waren „Ah" und „ba", „Ah-ba", „Ahba". Ich begann, sie auszusprechen, und das begeisterte diese Evangelisten und sie dankten dem Herrn für diese Gabe.
Später erkannte ich, daß ich „Abba, Abba" betete, was im Aramäischen „Vater, Vater" bedeutet. Dann erinnerte ich mich an den Abschnitt im Galaterbrief (4,6), in welchem Paulus sagt, „Weil ihr aber Söhne seid, sandte Gott den Geist seines Sohnes in unser Herz, den Geist, der ruft: Abba, Vater. Daher bist du nicht mehr Sklave, sondern Sohn; bist du aber Sohn, dann bist du auch Erbe, Erbe durch Gott." Und in Römer 8,14 heißt es: „Denn alle, die sich vom Geist Gottes leiten lassen, sind Söhne Gottes. Denn ihr habt nicht einen Geist empfangen, der euch zu Sklaven macht, so daß ihr euch immer noch fürchten müßtet, sondern ihr habt den Geist empfangen, der euch zu Söhnen macht, den Geist, in dem wir rufen: Abba, Vater! So bezeugt der Geist selber unserem Geist, daß wir Kinder Gottes sind."
Als ich diese Leute von Duquesne kennenlernte und die Taufe im Heiligen Geist empfing, führte Gott mich über diese Schwelle, damit ich die Freiheit kennenlernen würde, Sein Sohn zu sein. Als Er mir das Sprachengebet schenkte, machte Er mir noch einmal klar, daß ich tatsächlich Sein Kind war, indem er mich ausrufen ließ: „Abba, Vater!". Ich danke Ihm für all Seine Güte in meinem Leben.
Die Taufe im Heiligen Geist und mein Wachstum im Geist haben seither nicht alle meine Probleme gelöst. Ich habe nach wie vor Versuchung zu bekämpfen und von Sünde umzukehren. Aber dieses Erlebnis hat mich in eine enge Beziehung mit dem Herrn gebracht, und in ihr gibt es Mut und Hoffnung. Ich habe eine Grundlage, die mich befähigt, den Herrn täglich anzusprechen, um mich Ihm hinzugeben und von Ihm zu empfangen. „Glücklich das Volk, dessen Gott

der Herr ist." Weiterhin ist Er es, der mein Verlangen nach Ihm zutiefst stillt. Und ich erfahre weiterhin eine große Einheit mit dem Herrn, wenn ich grundlegende Wahrheiten des Evangeliums überdenke: Er starb und wurde auferweckt für mich. Er bezahlte meine Schuld. Er nahm meine Sünde auf sich, um mich zu befreien und mich zum Leben zu führen. Er vergoß Sein Blut, um mich zu reinigen und zu befreien, wenn ich meine Sünde bekenne. Seine beständige Liebe und Treue ist für jede Generation da. Dies sind Wahrheiten und Realitäten, die ein Fundament bilden, auf das wir unser Leben gründen können. Ich preise und danke Ihm für all die Güte und Barmherzigkeit, die Er mir erwiesen hat.

## Komm Heiliger Geist

*Komm, Heiliger Geist, seliger Schöpfer*
*In unserem Herzen nimm Deine Wohnung*
*Komm mit Deiner Gnade und himmlischer Hilfe*
*die Herzen zu füllen, die Du gemacht*

# „Sucht Mich“ spricht der Herr

## Ein Zeugnis von Jim Cavnar

*Jim Cavnar beendete seine Studien in Notre Dame im Jahre 1967. Von Anfang an hat er als Leiter in der Charismatischen Erneuerung gedient. Er arbeitet gegenwärtig als Direktor der Entwicklungsabteilung bei Servant Ministries in Ann Arbor, Bundesstaat Michigan. Jim und seine Frau Betsy haben fünf Kinder.*

Als ich das erste Mal über das heute historische Duquesne-Wochenende hörte, stand ich in meinem letzten Studienjahr an der Universität Notre Dame und nur vier Monate vor meinem Abschluß in Theologie. Ich hoffte, schon bald in einer Karriere zu stecken, die sich auf das Feld der Evangelisation erstrecken sollte. Ich hätte nie die leiseste Vermutung gehabt, daß Ereignisse, die Hunderte von Meilen entfernt geschahen, diesen Traum zur Wirklichkeit werden lassen würden. Zugleich war es eine Wirklichkeit, die ich mir nie erträumt hätte. Es war schon erstaunlich genug, daß ich Notre Dame überhaupt mit Glauben verlassen würde, geschweige denn in einem Glauben, der die zentrale Wirklichkeit in meinem Leben geworden war. Nur zwei Jahre zuvor hätte ich mich selbst als Agnostiker beschrieben, der die Tünche des Katholizismus in der Überzeugung abgestreift hat, daß dieser für einen vernünftigen Humanismus keine Bedeutung hat.
Ich stamme aus einer katholischen Familie und kam nach zwölf Jahren katholischer Erziehung nach Notre Dame. Ich hatte die Universität genau deshalb gewählt, weil es eine katholische Institution war. Ich kam in der Erwartung, daß das Christentum eine meiner höchsten Prioritäten bleiben würde. Aber als ich in die sozialen Bewegungen der frühen sechziger Jahre verwickelt wurde, plagte mich eine fundamentale Frage: „Gibt es einen Unterschied zwischen einem Christen und einem Humanisten?“ In der Civil Rights Bewegung begegneten mir sowohl Christen wie Nichtchristen, welche dieselben Überzeugungen zu haben und auf gleiche Art zu handeln schienen. Fügte das Wort „Christsein“ mehr als nur eine alternative Terminologie zum progressiven Humanismus? Die Antwort war häufiger nein als ja, selbst wenn ich die Frage gegenüber Priestern und Nonnen stellte. Schließlich ließ ich das Aushängeschild „Christ“ fallen.

Zuerst schien dieser Schritt befreiend zu sein, so wie ein Schiff, das seine Taue abgestreift hat und jetzt frei ist, ungehindert dem endlosen Horizont entgegenzusegeln. Aber schließlich produzierte das Fehlen eines Ankerplatzes eine gegenteilige Angst – wenn es da keine letzte Wahrheit, keinen Sinn mehr gab, dann schien es schließlich keinerlei letztes Ziel mehr im Leben zu geben.
Ich warf mich in einen Wirbelwind von akademischer Arbeit und Studentenpolitik. Aber unter meiner Geschäftigkeit stahl eine heimtückische Leere mein Leben. Ein sichtbares Symptom davon war ein kompromißloser Zynismus. Dann lud ein Freund mich am Ende meines zweiten Jahres in Notre Dame ein, an einem Cursillo teilzunehmen. Alles, was ich über Cursillo wußte, war, daß einige Leute von sich sagten, daß das Wochenenderlebnis ihr Leben verändert habe. Das war alles, was ich an Herausforderung brauchte – ich würde einen Cursillo mitmachen und diese Behauptungen als hohl entlarven. Nichts würde mein Leben ändern!
In den drei Tagen des Cursillo hörte ich einige Männer aus der Umgebung über das Leben als Christen und über ihr eigenes Leben reden. Fast vom ersten Moment des Wochenendes an war ich von der Vision, die sie vermittelten, gefangengenommen. Zuerst konnte ich es mir nicht erklären. Aber im Laufe des Wochenendes sah ich plötzlich auf eine unwiderstehliche und lebenserschütternde Weise, was einen Christen anders machte. Es ist Christus!
Ein Christ zu sein hieß, eine persönliche Beziehung mit einer anderen Person zu haben – Jesus Christus selber. Es hieß, in Einheit mit Ihm und in Einheit mit denen zu leben, die diese Beziehung gemeinsam hatten. Was das Christentum zu bieten hatte, war kein Ideal, keine Ethik oder Doktrin, sondern den lebendigen Jesus von Nazareth – das hatte keine Philosophie zu bieten.
Über Nacht änderte sich mein Leben radikal. Verzweiflung verschwand vor der Freude und Sinnhafigkeit, Christus zu kennen. Ich begann, täglich zu beten, las die Schrift und nutzte jede Gelegenheit, mit anderen über Christus zu reden. Ich schloß mich mit anderen an der Universität zusammen, die ähnliche Erfahrungen gemacht hatten, und gemeinsam arbeiteten wir daran, andere in eine tiefere Beziehung mit dem Herrn zu bringen. Nach viel Gebet und Beratung mit meinen Dekanen änderte ich meine Fachrichtung von Physik zu Theologie. Ich hoffte, daß es mich auf ein Leben vorbereiten würde, das dem christlichen Apostolat gewidmet sein würde.

Trotz dieser dramatischen Umorientierung wollte ich in meinem letzten Jahr in Notre Dame zuerst nichts damit zu tun haben, als ich vom Duquesne-Wochenende und der Taufe im Heiligen Geist erfuhr. Für jemanden, der so eifrig Gott dienen wollte und schon in einer damals ungewöhnlichen Erneuerungsbewegung aktiv war, mag das als eine sonderbare Reaktion erscheinen. Das scheint noch mehr so, wenn ich mich daran erinnere, daß ich zuvor die Nachricht von einer neuen pfingstlichen Bewegung willkommen geheißen hatte, die durch die großen protestantischen Kirchen zu fegen begann. Den Sommer 1966 hatte ich mit Steve Clark und Ralph Martin in East Lansing verbracht. Steve und Ralph waren Mitarbeiter des Nationalen Cursillosekretariats, das seinen Hauptsitz in der Nähe hatte. Beide waren Studenten in Notre Dame gewesen, und ich kannte sie durch die Cursillobewegung. Sie dienten auch als Mitarbeiter der dortigen Hochschulgemeinde, und ich hoffte, nach dem Studienabschluß mit ihnen arbeiten zu können.

In diesem Sommer traf sich Steve mit einem anderen Ehemaligen und Cursillista, Peter Collins. Peter beschrieb eine bemerkenswerte Begegnung mit einer kleinen pfingstlichen Kirche in Toronto. Begeistert hatte er seine Besuche in der Kirche beschrieben, wo er ein Zeuge lebendiger Anbetung geworden war und von wunderbaren Heilungen gehört hatte. In seinem Koffer trug er ein die Augen öffnendes Buch: „Sie sprechen in anderen Zungen".

Wir lasen geschwind dieses Buch, und weil der Erzählungen aus erster Hand eines vertrauenswürdigen Freundes die Geschichten aus diesem Buch erhärteten, hielten wir unseren Zweifel und Skeptizismus zurück. Diese Dinge sind im Leben der Heiligen geschehen, überlegte ich, warum nicht auch heute? Es schien möglich, ja sogar wahrscheinlich, daß diese Erzählungen echt waren. Ich war bereit, sie zu akzeptieren und hoffte, daß jemand anderer(!) sie untersuchen würde. Für jemanden, der sein Leben lang Katholik ist und außerdem einen theologischen Titel anstrebte, war die Aussicht, eine pfingstliche Kirche zu besuchen, beängstigend. Ich hatte Geschichten von den „holy rollers" aus meines Vaters Kindheit gehört. Wie konnte ich eine Möglichkeit finden, mit dieser neu entdeckten Welt in Kontakt zu kommen, ohne in eine bizarre Sekte verwickelt zu werden? Ich hoffte, daß jemand alles untersuchen und mich anschließend unterrichten würde, was er herausgefunden hatte. Das geschah innerhalb weniger Monate.

Beim nationalen Cursillotreffen im August gaben Steve und Ralph das Buch an zwei Professoren von der Duquesne Universität. Diese trauten sich mehr zu, als wir. Nachdem sie das Buch gelesen hatten, suchten sie ein Gebetstreffen in Pittsburgh auf, das Presbytherianer und andere aus etablierten protestantischen Kirchen besuchten. Bald schon sickerte durch gute Freunde die Nachricht zu uns nach Notre Dame durch, daß durch ihren Kontakt mit jener Gruppe etwas dramatisches passiert war. Wir bekamen Wind von außergewöhnlichen Geschehnissen bei einem Einkehrwochenende, das sie geleitet hatten. In einem Brief schrieb einer von ihnen: „Ich hoffe, das hört sich jetzt nicht zu rätselhaft an, aber die ganze Erfahrung war eigentlich eher so, als seien all unsere Spekulationen über die Wahrheit des Christentums plötzlich bestätigt worden.“ Wir waren neugierig geworden. Einer der Männer werde in Kürze an unsere Universität kommen, teilte er uns mit, und würde uns die ganze Geschichte erzählen.

Als er eintraf, fanden sich etwa zwanzig von uns im Wohnzimmer von Kevin und Dorothy Ranaghan ein, nicht weit von der Universität. Da saßen wir und staunten, als wir von den ungewöhnlichen Geschehnissen des Duquesne-Wochenende erfuhren. Studenten waren im Geist getauft worden, einige beteten in Sprachen. Sie hatten stundenlang gebetet, ja sogar tagelang, in inbrünstiger Leidenschaft. Heilungen waren eingetreten und wunderbare Gebetserhörungen. Der Mann, der uns diese Ereignisse erzählte, war offensichtlich selbst vom Geist entflammt und kühn im Glauben.

Ich saß auf dem Teppich ihm gegenüber und dachte bei mir, „Das ist wirklich wahr.“ Doch mein nächster Gedanke war, „Laßt mich raus hier!“ Ich wollte nicht ein bißchen damit zu tun haben. Ich saß dort in steinernem Schweigen.

Ich war von einem intensiven Kampf gefangengenommen. Ich glaubte das, was ich hörte und sehnte mich danach, Anteil an dem Glauben und der Kraft zu haben, die dort für uns beschrieben wurden. Zur gleichen Zeit fühlte ich in mir einen immensen Widerstand. Es war kein Widerstand, der von dieser Begegnung ausging, bemerkte ich. Er hatte mich Monate verfolgt.

Tatsächlich hatte ich seit etwa zwei Monaten eine zunehmende Last der Entmutigung und der Trockenheit in meinem Leben als Christ gespürt. Obwohl ich in meinen Bemühungen um das tägliche Gebet und Evangelisation durchgehalten hatte, bekannte ich meinem geist-

lichen Leiter, daß ich mich zu hilflos fühlte, um dieses Hindernis zu überwinden.
Jetzt kämpfte ich wieder und fühlte mich sowohl inspiriert wie abgestoßen von der lebendigen Erzählung des Besuchers über das Duquesne-Wochenende. Am Ende des Abends schloß er mit einem Gebet für uns. Als er begann, war ich erstaunt über die Kraft und Überzeugung, die aus seinem Gebet sprach. „Hier spricht ein Mann mit Autorität," dachte ich. „Das muß die Fähigkeit gewesen sein, die die Leute in Jesus gesehen haben." Ich rang um eine Antwort.
Als er betete, wiederholte ich jedes seiner Worte langsam und bewußt in meinen Gedanken. Er betete um zwei Dinge: Erstens, daß wir alle frei vom Einfluß Satans sein würden, und zweitens, daß wir mit dem Heiligen Geist erfüllt würden. Das kann nicht mehr als zwei Minuten gedauert haben.
Ich erwachte am nächsten Morgen und fühlte mich wie eine andere Person. Die Belastung der letzten Monate war vollkommen verschwunden. Ich fühlte mich gut aufgelegt und wohl, voller Glauben an Gott. Die widerstreitenden Gefühle der vorhergehenden Nacht waren verflogen und ich war begierig, dieses Erlebnis mit dem Heiligen Geist weiter zu verfolgen. Vor allem fühlte ich mich, als ob durch irgendeine Handlung des Heiligen Geistes eine Änderung in mir vorgegangen war. Später am Abend fand ich heraus, was geschehen war.
Neun von uns kamen wieder mit dem Professor von Duquesne zusammen, und baten um Gebet. Er ging im ganzen Raum umher zu jeder Person, legte seine Hände auf und betete für jeden einzelnen kurz um Erfüllung mit dem Heiligen Geist. Niemand sagte ein Wort. Jeder schien in leises und tiefes Gebet zu versinken. Es gab kein anderes Geräusch außer seiner Stimme. Ich war der letzte.
Er stand vor mir und befahl – wie zuvor bei jedem der anderen acht auch –, daß in Jesu Namen jeder böse Geist von mir weichen solle. Ein Schütteln ging durch meinen Körper, und für kurze Zeit roch ich den unverwechselbaren Geruch von brennendem Schwefel. Ich erkannte ihn sofort, von den Experimenten im Chemielabor her.
Ich wußte sofort, daß es ein Zeichen von Gott war, daß ich durch das Gebet dieses Mannes von der Last eines bösen Geistes befreit worden war. Das war das Hindernis, mit dem ich so lange vergeblich gekämpft hatte. Ich fühlte mich sehr erleichtert und dankbar. Als er mir seine Hände auf den Kopf legte und für mich um die Erfüllung mit

dem Heiligen Geist betete, versuchte ich mich darauf zu konzentrieren, Glauben an Gott zu haben. Ich habe weder in Sprachen gebetet, noch hatte ich irgendein anderes Empfinden. Aber das war mir egal. Ich hatte verstanden, daß der Schlüssel zur Taufe im Heiligen Geist die Bitte im Glauben war, und daß nicht jedermann eine dramatische Reaktion hatte. Außerdem war das Befreiungserlebnis erstaunlich genug.

Indem wir kurz darüber austauschten, was wir gerade erlebt hatten, schlossen wir den Abend. Keiner von uns hatte in Sprachen gebetet, aber alle schienen zu glauben, daß Gott etwas getan hatte. Wir wollten abwarten und sehen, welche Auswirkungen sich einstellen würden.

Als wir an diesem Abend, Anfang März, nach draußen gingen, war es kalt und frisch. Die Nacht war klar, und es lag noch immer etwas Schnee auf dem Boden. Einige Leute begannen, die Bäume hochzuklettern und sich von den Ästen zu schwingen, einander Schneebälle zuzuwerfen und sich generell wie eine Schar berauschter Studenten zu benehmen. Wir lachten, als wir uns in die Autos drängten und machten Witze über die Jünger an Pfingsten. Hatten nicht auch sie sich so benommen, als seien sie betrunken von süßem Wein?[9]

In den folgenden Tagen hielten wir öfters Rücksprache miteinander. „Ist dir irgendetwas passiert? Hast du von irgendwem aus der Gruppe gehört?“ Eines Morgens erwachte ich, um Gerry Rauch, meinen Stubenkameraden, im Schlafanzug auf dem Fußende seines Bettes in die Bibel vertieft zu finden. „Wow!“ sagte er, „das ist ja fantastisch! Ich werde dieses ganze Ding durchlesen.“ Innerhalb weniger Wochen hatte er es geschafft.

Andere berichteten über dasselbe Phänomen. Die Schrift schien lebendig zu werden. Sie konnten nicht genug davon bekommen. Das gleiche mit dem Gebet. „Hast du gehört, daß Tom fünf Stunden lang in der Kapelle gebetet hat?“ wurde ich gefragt. „Er will einfach nicht aufhören.“

Ich hatte das gleiche Erlebnis, wenn ich zum Gebet ging. Die Stunden verflogen einfach nur. Das Gefühl der Gegenwart Gottes war überwältigend. Ein Besucher der Kapelle hätte sich sicher gefragt, was mit dem Kerl in der letzten Reihe los ist, der so lange nur da saß mit einem breiten Grinsen auf seinem Gesicht.

[9] vgl. Apg 2,13

Ich stieß auf Bert Ghezzi an der Snack Bar, die sich im Erdgeschoß der Bibliothek befand. „Hast du etwas erlebt?" fragte er. „Nein," sagte ich, „aber ich fühle mich, als wenn mein ganzes Leben sich geändert hätte."

Sehr verblüffend war für mich die Episode mit einigen Freunden, die ich schon das ganze Jahr versucht hatte zu evangelisieren. Oft hatten wir bis in die Nacht miteinander über ihre Zweifel am Christsein diskutiert. Jetzt war ich über mich selbst überrascht, als ich mich mit innerer Sicherheit Zeugnis geben sah, und immer genau das richtige zu sagen schien. Schließlich beteten wir miteinander – ein Ende, das noch vor wenigen Tagen undenkbar gewesen wäre. Hatte Jesus nicht gesagt, wir müssen uns keine Sorgen machen, was wir sagen sollen, der Heilige Geist werde uns schon die Worte geben? Andere hatten dasselbe Erlebnis.

Eine Woche später trafen wir eine Gruppe Pfingstler und hatten unsere Begegnung mit dem Sprachengebet. Bald empfingen wir unsere ersten Prophetien und später sahen wir Heilungen. Aber jetzt war es uns klar – der Heilige Geist war tatsächlich als Antwort auf unsere Gebete gekommen. Unsere Herzen waren feurig, unsere Leben verändert.

Sowohl damals wie heute, fünfundzwanzig Jahre danach, scheint mir die wichtigste Veränderung, die in unserem Leben durch die Taufe im Heiligen Geist eingetreten ist, eine grundlegende Verschiebung der Dynamik zu sein. Ich würde sagen, in der Zeit vor diesem Erlebnis mit dem Heiligen Geist war unser Leben als Christen von einer Dynamik der Hingabe und des Idealismus geprägt. Gott hatte uns durch den Cursillo und unser gemeinsames Apostolat berührt, und wir hatten die große Vision Seines Rufes verstanden. Wir taten unser Bestes, um unser Leben seiner Erfüllung zu widmen. Die andere Seite dieses Ansatzes ist, daß sie sehr anfällig ist für die Versuchung, sich auf sich selbst zu verlassen. Man kann sehr schnell in die Haltung verfallen, daß wir arbeiten und beten müssen, weil alles von uns abhängt.

Mit der Taufe im Geist fand eine Revolution statt. Plötzlich erfuhren wir Gottes Wirken als die erste Kraft. Jetzt waren wir in der Position der Kooperation und der des Antwortenden.

Steve Clark verglich diese Veränderung einmal mit dem Versuch, ein Auto den Berg hinaufzuschieben. Solange du weiterschiebst, bleibt das Auto in Bewegung. Aber sobald du für einen Moment aufhörst, wird der Wagen wieder zurück zum Ausgangspunkt rollen. So sah viel in unserem christlichen Dienst aus. Die Vorwärtsbewegung schien von unserem beständigen Bemühen abhängig zu sein.

Jetzt schien es, als ob der Wagen durch seine eigene Schwere den Berg herabrollte und im Laufe der Bewegung schneller wurde. Wir schoben nicht mehr, wir wurden mitgetragen bei zunehmender Geschwindigkeit, festgehalten durch das uns anziehende Leben. Der Heilige Geist war nun die Quelle dieser Dynamik, die über Alles hinaus war, was wir zuvor erlebt hatten.

Tatsächlich wurde sehr schnell klar, daß wir viel über den Gehorsam gegenüber dem Heiligen Geist lernen mußten, anstatt unseren eigenen Visionen und Terminplänen nachzugehen. Ich erinnere mich noch lebhaft an eine frühe Lektion vom Herrn, die mir dieses neue Prinzip einschärfte.

Steve, Ralph, Gerry Rauch und ich verbrachten den Sommer 1967 gemeinsam in East Lansing. Wir waren erst weniger als drei Monate im Heiligen Geist getauft, aber unsere Zusammenkunft war schon vor zwei Jahren geplant worden. Es war unser Plan gewesen, zusammen in der Studentenseelsorge zu arbeiten. Unser Problem war, daß wir keine Universität hatten, wo wir hätten arbeiten können. Zusätzlich zu der Möglichkeit, den Sommer im Gebet und mit verschiedenen Schreibprojekten zu verbringen, hatten wir einen wichtigen Programmpunkt: Herauszufinden, was wir ab Herbst tun sollten.

Gleich zu Beginn beteten wir zusammen und fragten den Herrn, zu welcher Universität er uns schicken wollte. Es gab eine Prophetie: „Sucht mich. Zieht mich vor in allen Dingen. Legt alle Sorgen an die Seite und sucht mich mehr als alle anderen Dinge." Fünf Minuten lang beteten wir alle intensiv und versuchten, „den Herrn zu suchen". Dann beteten wir wieder um Führung. Und wieder sagte der Herr, „Sucht mich. Stellt mich an die erste Stelle."

Eine Woche später versuchten wir es noch einmal. „Herr, wohin sollen wir gehen? Was ist der nächste Schritt? Wir können nicht für immer hier bleiben. Der Mietvertrag für unsere Wohnung läuft am Ende des Sommers aus! Wo sollen wir hin?" Doch der Herr antwortete nur, „Sucht mich."

Schließlich begriffen wir langsam die Botschaft. Wir versuchten, Gott zu finden, Ihm im Gebet nahe zu kommen, um eine Möglichkeit zu haben, wodurch wir herausfinden konnten, was wir tun sollten. Aber Gott sagte, daß das allerwichtigste war, Ihm nahe zu kommen.

Er war nicht nur ein Mittel zu einem anderen Zweck! Wir begannen, den Herrn ernst zu nehmen und konzentrierten uns darauf, unserer Beziehung zu Ihm den Vorzug zu geben, vor unserem Dienst für Ihn.
Als der Sommer zu Ende ging, hatten wir noch immer keine Entscheidung für die Zukunft getroffen. Der Mietvertrag endete, und wir packten unsere Sachen, um nach Notre Dame zu fahren, wo wir eine Konferenz über den Dienst der Studentenseelsorge abhielten.
Als die Wochenendkonferenz zu Ende war, halfen wir anderen, ihre Autos zu packen und winkten ihnen zu, als sie abfuhren. Als alle gegangen waren, schlossen wir die Türen des Zentrums ab, warfen unser Gepäck ins Auto und stutzten: „Hey, sag mal, wo gehen wir eigentlich hin?“ Langsam wurde es uns klarer, daß wir weder einen Ort hatten, wo wir leben konnten, noch einen Plan, und außerdem hatten wir den Schlüssel zum Zentrum nicht mehr. Wir stiegen durch ein Fenster, um einen Ort zum Sitzen und Beten zu finden.
„Herr,“ fragten wir in größter Aufrichtigkeit, „wohin sollen wir gehen?“ Wieder kam das prophetische Wort, „Sucht zuerst Mich. Kümmert euch nicht darum. Sucht Mich einfach.“ Dieser Ansatz verursachte eine Krise!
Wir gingen in der nächsten Woche ein paar Freunde aus Michigan zu besuchen. Zum Ausgleich für ein Bett und Vollpension halfen wir beim Ausschachten einer neuen Abwasserleitung. Wir setzten unsere Diskussionen und Gebete über die Woche hinweg fort, die schließlich in eine Nachtvigil mündeten.
Der Morgen graute, als wir uns auf den Boden setzten und darüber sprachen, was Gott von uns wollte. Am Ende wurde es uns nun klar. Er sagte uns, „Es ist in Ordnung, wenn ihr die Einladung an die Universität von Michigan in Ann Arbor annehmt. Das ist ein guter Ort. Aber es kommt Mir nicht so sehr darauf an, wohin ihr geht. Was wirklich zählt ist, daß ihr Mich sucht, vor allem anderen. Daß ihr Mich an die erste Stelle setzt, über eure Arbeit, über eure Entscheidung, über eure Zukunft.“
Ich verstand nun, daß Gott uns kein Wort für eine kurze Zeitspanne gab. Er gab uns ein Gebot für unser Leben. Im Erlebnis mit der Taufe im Heiligen Geist hatten wir gesehen, wie mächtig Gott handeln konnte. Auch hatten wir gesehen, wie wenig durch menschliche Mühe allein bewerkstelligt werden konnte, – selbst wenn es hingebungsvolle und idealistische Mühe war – es sei denn Gott „bevollmächtigt“ sie durch Seinen Geist.

Keine menschliche Handlung kann den Heiligen Geist produzieren. Wir konnten Ihn und Seine Kraft nur empfangen, wenn wir uns in die Nähe Gottes selbst begaben. Und wenn wir in die Versuchung gerieten, auf unsere eigene Mühe und Kraft zu bauen, erlaubte uns Gott, Scheitern und Frustration zu erleben, bis wir wieder zu Ihm zurückkamen und uns Seinem Geist beugten.
In den Jahren, die dem Duquesne-Wochenende und der Ausgießung des Heiligen Geistes in Notre Dame folgten, entwickelte sich eine weltweite Bewegung. Ich reiste durchs Land, bezeugte Gottes Handeln und führte andere in die Taufe im Heiligen Geist hinein. Die „Karriere", die ich mir im College erhofft hatte – mich der Evangelisation zu widmen – konkretisierte sich in Form von Diensten, die aus der Charismatischen Erneuerungsbewegung erwuchsen. Ich traf meine Frau durch eine charismatische Gebetsgruppe, und mein gesamtes Erwachsenenleben ist durch das tiefe Erleben des Heiligen Geistes geformt worden, das 1967 begann. Und es stimmt, ich kämpfe noch immer mit der Tendenz, den „Ball zu nehmen und zu laufen", anstatt der Führung des Heiligen Geistes zu folgen und mich auf Seine Kraft zu verlassen.
Kurz nach meiner ersten Begegnung mit dem Heiligen Geist und den Geistesgaben fand ich eine Möglichkeit, anderen zu beschreiben, welchen ungeheuren Einfluß sie auf meinen christlichen Glauben gehabt hat. Ich sagte dann gewöhnlich, und würde es auch heute noch sagen, „Ich glaube nicht mehr einfach an Pfingsten. Ich habe Pfingsten erlebt!"

*Doch ich sage euch die Wahrheit:*
*Es ist gut für euch, daß ich fortgehe.*
*Denn wenn ich nicht fortgehe, wird der Beistand nicht zu euch kommen;*
*gehe ich aber, so werde ich ihn zu euch senden... Noch vieles habe ich euch zu sagen, aber ihr könnt es jetzt nicht tragen.*
*Wenn aber jener kommt, der Geist der Wahrheit,*
*wird er euch in die ganze Wahrheit führen.*
*Denn er wird nicht aus sich selbst heraus reden,*

*sondern er wird sagen, was er hört, und euch verkünden, was kommen wird.*
*Er wird mich verherrlichen;*
*denn er wird von dem, was mein ist, nehmen und es euch verkünden.*
*Alles, was der Vater hat, ist mein;*
*darum habe ich gesagt: Er nimmt von dem, was mein ist,*
*und wird es euch verkünden.*

*(Joh 16,7; 12-15)*

# VIERTER TEIL

# Erneuere das Angesicht der Erde

*Komm, Heil'ger Geist,*
*erfülle die Herzen Deiner Gläubigen*
*und entzünde in ihnen das Feuer Deiner Liebe.*
*Sende aus Deinen Geist,*
*und alles wird neu geschaffen,*
*und Du wirst das Angesicht der Erde erneuern*

## Das größte Bedürfnis der Kirche

Sie haben gerade die Zeugnisse von Menschen gelesen, die sagen, daß sie ein persönliches Pfingsten erlebt haben. Der Heilige Geist hat ihre Leben dramatisch berührt, indem Er ihnen neue Liebe und neue Kraft gab. Für den Fall, daß Sie daraus schließen, daß diese pfingstliche Gnade, diese Ausgießung des Heiligen Geistes, nur für wenige privilegierte Seelen bestimmt ist, möchte ich eines noch sehr klar machen: Die Gabe und die Gaben des Heiligen Geistes sind für die ganze Kirche bestimmt! Die Kirche braucht den Heiligen Geist. Die Kirche braucht auch die Gaben des Heiligen Geistes. Lesen Sie einmal, was Papst Paul VI. auf einer Generalaudienz am 29. November 1972 als das größte Bedürfnis der Kirche bezeichnet hat:
„Zu verschiedenen Anlässen sind wir schon gefragt worden, was die größten Bedürfnisse der Kirche sind... Was glauben wir ist das erste und letzte Bedürfnis dieser unserer gesegneten und geliebten Kirche? Wir müssen es sagen, fast zitternd und betend, denn wie Sie sehr gut wissen, ist dieses der Kirche Geheimnis und Leben: Der Geist, der Heilige Geist. Er ist es, der die Kirche belebt und heiligt. Er ist ihr göttlicher Atem, der Wind in ihren Segeln, das Prinzip ihrer Einheit, die innere Quelle ihres Lichts und ihrer Kraft. Er ist ihre Unterstützung und Ratgeber, ihr Quell der Gaben und Lieder, ihr Friede und ihre Freude, ihre Bürgschaft und ihr Auftakt zu heiligem und ewigem Leben.
Die Kirche braucht ihr beständiges Pfingsten, sie braucht das Feuer im Herzen, Worte auf ihren Lippen, Prophetie in ihrem Blick. Sie muß der Tempel des Heiligen Geistes sein, das heißt von völliger Reinheit und innerem Leben...
Ihr Lebenden, ihr jungen Leute, ihr hingegebenen Seelen, und ihr Brüder in der Priesterschaft – hört ihr auf uns? Dies ist es, was die Kirche braucht: sie benötigt den Heiligen Geist! Den Heiligen Geist in uns, in jedem von uns und in uns allen zusammen, in uns, die wir die Kirche sind... Er ist es also, den die Kirche heute nötig hat, vor allem! Und so sollt ihr alle immer zu Ihm sagen: „Komm!“[1]

[1] Papst Paul VI. in seiner Ansprache während der Generalaudienz am 29. Nov. 1972. Zitiert nach „Pope Paul and the Spirit: Charisms and Church Renewal in the Teaching of Paul VI“ von Edward D. O`Connor CSC, Notre Dame, Indiana: Ave Maria Press, Seite 183.

Papst Paul macht klar, daß es das größte Bedürfnis der Kirche ist, „Pfingsten zu leben."[2] Wir alle sollten uns – um mit seinen Worten zu sprechen – „Gegen den Wind in den Atem des Heiligen Geistes stellen."[3] Er erinnerte seine Zuhörer bei einer Gelegenheit daran, wie häufig das zweite Vatikanische Konzil den Heiligen Geist erwähnt hat - zweihundertachtundfünfzig Mal.[4] Mit welcher Beständigkeit sollten wir den Heiligen Geist anflehen, da wir doch wissen, daß wir es niemals vergeblich tun werden. Papst Paul VI, der sehr wohl der Papst des Heiligen Geistes genannt werden kann, ermutigte die Kirche zu diesem Gebet, „Komm, Heiliger Geist; Komm, Schöpfer Geist; Komm, Tröster Geist."[5]

## Was ist die Taufe im Heiligen Geist?

Nur wenige Menschen werden das Bedürfnis eines jeden Christen nach dem Heiligen Geist in Frage stellen, insbesondere, wenn die Lehre der Kirche so eindeutig darüber ist. Aber wie steht es mit dieser Taufe im Heiligen Geist? Jedes Zeugnis in diesem Buch, und das Zeugnis jeder Person, die in der Charismatischen Erneuerung aktiv geworden ist, bezieht sich auf ein spezifisches Erlebnis, das mit diesem biblischen Begriff bezeichnet ist. Was ist aber nun diese Taufe im Heiligen Geist, was müssen wir darunter verstehen? Da es über das Ziel dieses Buches hinausgehen würde, eine theologische Erklärung abzugeben, würde ich gern folgende Gedanken anbieten.

Die Taufe im Heiligen Geist ist eine lebensverändernde Erfahrung mit der Gegenwart Gottes. Mein guter Freund Fr. Jim Ferry erzählte mir einmal eines der kürzesten Zeugnisse über die Taufe im Heiligen Geist, die ich je gehört habe. Es kam von den Lippen Pater Raniero Chantalamessas OFMCap, dem Prediger des Papstes. Pater Cantalamessa sagte einfach dieses: „Ich hatte zwei Leben; eins vor der Taufe im Heiligen Geist und das andere danach." Oder wie es Pater Harold Cohen ausdrückte: „Im Alter von vierzig Jahren kniete ich

[2] Papst Paul VI in seiner Ansprache während der Generalaudienz am 12. Okt. 1966, Zitiert in O,Connor, wie oben, Seite 142

[3] Papst Paul VI in seiner Ansprache während der Generalaudienz am 23. Mai 1973, Zitiert in O,Connor, wie oben, Seite 190.

[4] wie oben, Seite 191

[5] wie oben, Seite 191

mich hin und bat ein Collegekind, für mich um die Taufe im Heiligen Geist zu beten. Damals fühlte ich mich etwas dümmlich, aber mein Leben ist nicht dasselbe geblieben. 'Das Leben beginnt mit vierzig' beschreibt es für mich."

Ich hörte die Geschichte über einen Professor der Theologie, der spaßeshalber seinen Studenten erzählte, er werde ihnen eine wirklich ausgeklügelte theologische Beschreibung der Taufe im Heiligen Geist geben. Er sagte, „Nehmen sie ihren Stift und schreiben sie: Es ist eine große Gnade!" Obwohl es tatsächlich theologische Beschreibungen dieser großen Gnade gibt, sind die meisten von uns, die im Heiligen Geist getauft worden sind, nicht dafür ausgerüstet, sie darzulegen. Aber was wir haben ist ein Wissen aus Erfahrung über eine neue Liebe, einen neuen Frieden, eine neue Freude im Herrn... über eine Kraft aus der Höhe. Das Leben als katholischer Christ ist anders als vorher.

Meine Freunde A. P. und Pat Guizerix haben aus einer kürzlich erlebten Erfahrung eine treffende Analogie für die Taufe im Heiligen Geist gegeben. Jahrelang hatten sie beobachtet, daß die Teile für ihren gebrauchten Wagen gewöhnlich teuer waren. Eines Tages entdeckten sie, daß ihr Gefährt den Motor eines Polizeiautos eingebaut hatte, der stärker war, als sie gedacht hatten. Wenige Wochen später war Pat allein unterwegs, als ein mies aussehender Kerl in einem LKW mit ihrem Auto gleichzog. Über einige Kilometer hinweg fuhr er abwechselnd sehr nah auf oder machte sich lustig über sie, indem er wieder mit ihr gleichzog. Pat fühlte sich nicht mehr wohl, bis ihr aufging, daß sie in ihrem Wagen genau die Kraft hatte, die sie brauchte. Sie mußte sie nur gebrauchen! Also drückte Pat nur das Gaspedal nieder, und der starke Motor brachte sie in Sicherheit. Der lästige LKW war in wenigen Minuten ein kleiner Fleck in ihrem Rückspiegel, um dann ganz zu verschwinden. Als sie nach Hause kam und es ihrem Mann erzählte, meinte er, „Es ist das gleiche wie mit der Taufe im Heiligen Geist. Die Kraft war immer schon da. Wir mußten nur glauben und sie benutzen." Und er hatte Recht.

P. Cohen benutzt gelegentlich folgende Geschichte, um zu verdeutlichen, was in der Taufe im Heiligen Geist geschieht. Eines Abends bereitete er sich und einem Jesuitenbruder ein Glas Schokolade. Pater Cohen goß etwas Schokoladensirup in die Milch, der direkt auf den Boden des Glases sank. Er reichte seinem Freund einen Löffel und sagte: „Du mußt umrühren!" Sogleich fiel ihm auf, daß er gerade

eine einfache Illustration der Taufe im Heiligen Geist vor sich hatte. Der Heilige Geist ist bereits gegenwärtig, sozusagen ausgegossen, aber wir müssen ihn „umrühren“, heraufholen. Wenn das Schokoladenpulver nicht aufgerührt wird, bleibt es am Boden des Glases, und es scheint keinen Unterschied im Geschmack zu geben. Aber wenn es aufgerührt ist, durchdringt und verändert es alles. Ebenso ist es mit der Kraft des Heiligen Geistes in unserem Leben.
Das am weitesten verbreitete Verständnis von der Taufe im Heiligen Geist unter Katholiken ist, daß es eine „Freisetzung“ der Gnaden ist, die bereits in Taufe und Firmung empfangen worden sind. Wenn eine Person im Heiligen Geist getauft worden ist, dann hat er ein entschieden neues Bewußtsein von der allmächtigen Gegenwart Gottes, was gewöhnlich mit einer oder mehreren geistlichen Gaben einhergeht.
Für diejenigen, die gern auf Schriftstellen über die Taufe im Heiligen Geist zurückgreifen – bitte schauen sie nach unter: Matthäus 3,11; Markus 1,8; Lukas 3,16; Johannes 1,33; Apostelgeschichte 1,5 und 11, 16. Lesen sie auch 1 Kor 12-14.

**Was sind die Wirkungen?**

Jedes Zeugnis in diesem Buch beschreibt die Wirkungen der Taufe im Heiligen Geist. Diese sind vielfältig:

- ein vertieftes Bewußtsein der Gegenwart und der Liebe Gottes, sowie der Herrschaft Jesu Christi
- ein Wachstum in der Intimität mit Gott
- Hunger nach dem Wort Gottes und den Sakramenten
- Liebe zur Kirche
- neue Kraft Zeugnis zu geben und den Wunsch dazu
- Wachstum in der Frucht des Geistes... Friede, Liebe, Freude
- sichtbare charismatische Gaben wie z. B. das Sprachengebet
- Erfahrungen mit den Eingebungen und der Führung des Heiligen Geistes
- ein Bewußtsein von der Realität des geistlichen Kampfes
- ein Ruf zur Reinigung und Heiligung
- die Sehnsucht nach Einheit unter den Christen
- der Ruf, den anderen in ihren Nöten zu dienen

In einem Wort, dies ist normales christliches Leben, das durch die Kraft des Heiligen Geistes möglich wird! Es ist die Art von Leben, zu dem wir alle als Seine Jünger von Jesus gerufen sind. In einer Rede, die Kardinal Suenens 1973 in Milwaukee gehalten hat, macht er folgende Äußerungen, die diesen Punkt ansprechen:

„Wir sind alle durchschnittliche Christen. Aber das bedeutet nicht, daß wir normale Christen sind. Wir sind unnormale Christen, behinderte Kinder Gottes, denn wir haben dem Heiligen Geist nicht erlaubt, Sein volles Wirken in uns zu entfalten.
Wir vertrauen Ihm nicht genug. Wir sagen, 'Ja, Heiliger Geist, wir sind offen für Dich, aber nicht für alles. Gib mir bitte nicht diese Gnade, und gib mir auch nicht jene, ich werde selber wählen, welche Gnaden Du mir geben sollst...' Wir bitten darum, geöffnet zu werden, und dann legen wir unsere Taufe und alles was sie bedeutet in den Kühlschrank... Aber wenn wir ein normales, volles Leben als Christen führen, muß die Kraft, die wir in der Taufe erhalten haben, aus dem Kühlschrank herausgeholt werden. Wir brauchen eine Freisetzung des Heiligen Geistes in uns. Wir müssen sagen, ‚Herr, wenn Du darauf wartest, daß Du Dein Werk in uns tun kannst, dann nehmen wir es an. Du sollst Deine Wege mit uns gehen können, Herr.'"[6]
Viele haben den Vergleich des Kardinals weitergeführt: Zwei Männer besitzen zwar die gleiche Art Steak, aber wenn ein Steak im Gefrierschrank liegt und das andere auf dem Feuer, wie groß ist da doch der Unterschied! Durch sein Aroma erregt das Steak auf dem Feuer Aufmerksamkeit und nährt den Mann, der es besitzt. Aber das Steak im Gefrierschrank ist schnell vergessen und bleibt ein Versprechen, daß irgendwann einmal etwas Gutes daraus werden könnte. Raus aus der Kühltruhe und rauf aufs Feuer... genau das ist es, was der Heilige Geist in den letzten fünfundzwanzig Jahren seit dem Duquesne-Wochenende mit der Glaubenserfahrung von Millionen Katholiken in der ganzen Welt getan hat.

[6] Leon Josef Kardinal Suenens in einer Ansprache in Milwaukee, Bundesstaat Wisconsin, vom März 1973. Zitiert in „New Covenant", Ausgabe Oktober 1973, Seite 8

## Es gibt keine Furcht in der Liebe

Wenn die Wirkungen der Taufe im Heiligen Geist so erstrebenswert sind, warum unterlassen es dann Katholiken, danach zu suchen? Eine gute Frage. Selbst nach fünfundzwanzig Jahren Charismatischer Erneuerung in der Kirche gibt es noch immer unzählige Katholiken, die nicht einmal erkennen, daß so eine Erfahrung für sie möglich ist. Es ist meine Hoffnung, daß dieses Buch die Herzen und Gedanken vieler öffnen wird für die wunderbare Gnade Gottes in der Taufe im Heiligen Geist.

Einige unterlassen die Suche nach einer Erfüllung mit dem Geist, weil sie sich nicht wohl fühlen bei dem, was sie als eine ungewöhnliche Zurschaustellung von Emotionen in Gebetstreffen betrachten. In seinem Buch „Ein neues Pfingsten?“ kommentiert Kardinal Suenens, daß es sehr gut die tiefe personale Qualität des Gebetes sein könnte, die jemand fürchtet, der dieses Argument erhebt. Er schreibt, „Tiefes persönliches Gebet kann eine Herausforderung an unsere Hemmungen darstellen.“[7] Charismatiker lachen, klatschen in die Hände, erheben ihre Hände im Lobpreis, beten laut und spontan, und in der Meinung einiger Beobachter tun sie etwas überaus fremdes: Sie beten in Sprachen.

Obwohl es richtig ist, daß diese Dinge für fast alle Katholiken neu sind, kann man sie dennoch alle in der Heiligen Schrift finden. Man muß nur die Psalmen lesen, um bewiesen zu sehen, daß es das gibt: Lachen, Tränen, Gebet mit ausgestreckten Armen, lautes Gebet, und sogar Tanz. Und in den Evangelien sehen wir Jesus, wie er „jubelte im Geist“, über Jerusalem weinte und in Gethsemane am Boden ausgestreckt betete. Das offene Zeigen von Emotion und Körpersprache im Gebet ist eindeutig angebracht und zutiefst menschlich.

Wenn ich das jetzt gesagt habe, muß ich hinzufügen, daß der Heilige Geist großen Respekt vor jeder Person hat. Er wird sich nicht in solcher Weise offenbaren, daß er das normale Verhalten einer Person mißachtet. Ich kenne Charismatiker aus allen möglichen Schattierungen von Temperamenten, die alle im Heiligen Geist getauft worden sind. Der milde, aber doch kraftvolle Heilige Geist kann sich sehr leicht anpassen, um durch jeden von uns auf unsere spezielle

[8] Léon-Joseph Kardinal Suenens in „A New Pentecost“,1974 bei Seabury Press, New York, Seite 97.

Weise wirken zu können, wenn wir Ihm nur die Erlaubnis geben. Sie können im Geist getauft sein und nicht in die Hände klatschen – aber wahrscheinlich werden Sie es selber wollen. Sie können im Geist getauft sein und Ihre Arme nicht in die Luft strecken – aber wahrscheinlich werden Sie es selber tun wollen. Sie können im Geist getauft sein und nicht in Sprachen beten – aber wahrscheinlich werden Sie es sich wünschen – zumindest werden sie sich wünschen, Gott mehr als je zuvor loben und anbeten zu können.

Was die Gabe des Sprachengebets betrifft, glauben Katholiken nicht an die pfingstliche These, die besagt, daß eine Person nicht wirklich im Heiligen Geist getauft ist, es sei denn, sie betet in Sprachen. Aber, diese bestimmte Gabe wird so häufig von jenen empfangen, die im Heiligen Geist getauft sind, daß sie fast als Tor zu anderen charismatischen Gaben angesehen werden kann. Sie ist eine großartige Hilfe, um in ein tieferes Leben im Heiligen Geist einzutreten. Es ist so, wie Pater Harold Cohen SJ bei seiner Pfingstpredigt in New Orleans gesagt hat, „Unsere Frage sollte nicht lauten, ob WIR die charismatischen Gaben mögen, sondern ob GOTT die charismatischen Gaben mag, und ob er sie heute in einer neuen Fülle gibt, damit eine heidnische und säkularisierte Welt evangelisiert wird."

Eine Angst vor der charismatischen Dimension kann – obwohl verständlich – überwunden werden, wenn man auf die Früchte dieses Lebens in der Kraft des Heiligen Geistes schaut. Die Geistesgaben werden zum Aufbau der Kirche gegeben. Sie sind keine Verzierungen oder „Orden für geistliche Verdienste". Sie sind Werkzeuge zum Aufbau des Reiches Gottes. Sie gehören zu Ihm und Er erlaubt uns, Seine Instrumente zu sein, indem wir uns dem Wirken des Heiligen Geistes ausliefern. 1974 sagte Papst Paul VI, „Wie wunderbar wäre es doch, wenn der Herr erneut seine Gaben ausgießen würde in wachsender Fülle, damit Er die Kirche fruchtbar mache."[8] Genau das hat der Herr getan. Er begnadete die heutige Kirche mit einer verschwenderischen Fülle charismatischer Gaben, die uns helfen, Seine große Liebe und Seine Sorge für Sein Volk zu spüren.

[8] Papst Paul VI in der Ansprache während der Generalaudienz am 16. Okt. 1974, Zitiert in O'Connor, wie oben, Seiten 210-212

## Die Wiederbelebung aller Dienste

Die katholische Charismatische Erneuerung ist bekannt geworden durch ihre Betonung auf Gebet und Evangelisation. Aber einige Menschen benutzen dies als eine Ausrede, um die Taufe im Heiligen Geist nicht suchen zu müssen. Wenn sie einen Ruf zum sozialen Apostolat spüren, schließen sie daraus, daß ihnen die Erneuerung nichts zu bieten hat. Im Gegenteil, die Gnade der Taufe im Geist, die in der Erneuerung so zentral ist, kann sämtliche Dienste um vieles steigern. Ein erstaunliches Beispiel dafür ist die Arbeit von Pater Rick Thomas SJ unter den Armen von El Paso, Texas und Juarez, Mexiko. P. René Laurentin hat über den Dienst von P. Thomas in seinem Buch „Wunder in El Paso?“[9] geschrieben. Es gibt fast keinen Bereich des Dienstes in der Kirche, der von der Bewegung des Heiligen Geistes nicht wiederbelebt worden wäre. Menschen, die im Geist getauft wurden, sind in der Bewegung für das Leben aktiv geworden, im Dienst für die Armen, in der Kinderpflege, im Erziehungsbereich, in Diensten an Gefangenen oder im ständigen Diakonat, um nur ein paar Dienste aufzuzeigen.

Unglücklicherweise sind einige Katholiken zu der irrigen Annahme gekommen, daß die Taufe im Heiligen Geist nur eine Frage der persönlichen Frömmigkeit sei. Sie glauben, daß sie eine Möglichkeit ist, keine Notwendigkeit. Ein Durchbruch in dieser Frage stellt die theologische Arbeit von P. George Montague SM und P. Kilian McDonnell OSB dar, die zu einem anderen Schluß kommen. Ihre intensiven Forschungen in der Schrift und bei den Kirchenvätern haben gezeigt, daß die Taufe im Heiligen Geist nicht in den Bereich der persönlichen Frömmigkeit gehört, sondern in die öffentliche Liturgie der Kirche. Sie haben zwei Bücher geschrieben: das wissenschaftliche Werk „Christliche Initiation und die Taufe im Heiligen Geist: Belege aus den ersten acht Jahrhunderten“, und ein kleines Begleitbuch mit dem Titel „Die Flamme neu entfachen: Die Beziehung zwischen der Taufe im Heiligen Geist und der Eingliederung in die Kirche“ (erschienen im Vier-Türme-Verlag, Münsterschwarzach). Diese Bücher sollten helfen, die Taufe im Heiligen Geist an die Stelle zu bringen, wo sie hingehört – ins Herz der Kirche![10]

[9] Erschienen bei Servant Books. 1982.

[10] Die amerikanischen Titel der Bücher: Kilian McDonnell and George T. Montague:

## Der Herr ist nahe

Bisher habe ich mich mit den intellektuellen Hindernissen befasst, die aufkommen, wenn Menschen mit der Taufe im Heiligen Geist konfrontiert werden. Aber wenn ich mir einmal einen Hinweis erlauben darf darüber,welches das größte Hindernis für die meisten Katholiken ist, dann würde ich sagen, es ist die Angst. Wir haben Angst, Gott zu nahe ran zu lassen. Kardinal Suenens beschreibt diese Furcht in seinem Buch „Ein neues Pfingsten?“:

„Instinktiv haben wir die Furcht, daß Gott in unsere Belange eingreifen könnte, selbst dann, wenn sie schlecht laufen. Wir verhärten uns angesichts jeder Einmischung von außen. Wir halten das für befremdlich, und wir fürchten eine Weisheit, die unseren Gesetzen nicht gehorcht. Gerade die Idee, daß Gott eingreifen könnte, macht uns unruhig. Gewöhnlich gehen wir diesen Bibelstellen, die nicht in unsere Kategorien passen, geflissentlich aus dem Weg. Gottes Nähe stört uns. Wir entschuldigen uns immer, wenn uns Sein Tun zu nahe kommt und unsere tägliche Routine unterbricht. *Unsere wirkliche Furcht sollte aber sein, daß wir Gottes Kommen nicht rechtzeitig erkennen könnten, daß wir womöglich nicht daheim sind, wenn Er an unsere Türe klopft.*[11]“

Ich habe den letzten Satz des Kardinals hervorgehoben, weil ich denke, daß es auf ihn ankommt. Es ist für viele gute Leute durchaus möglich, daß sie Gottes Besuch verpassen, weil sie zu viel Angst davor haben, Ihn willkommen zu heißen, wenn Er kommt ... so, wie Er wirklich ist... daß Er Gott sein kann.[12] Die Taufe im Heiligen Geist ist eine Erfahrung der Liebe Gottes, und es gibt nichts von der Liebe Gottes zu befürchten. Er hat nur Gutes für uns im Sinn. Johannes hat das gut ausgedrückt: „Furcht gibt es in der Liebe nicht, sondern die vollkommene Liebe vertreibt die Furcht. Denn die Furcht rechnet mit Strafe, und wer sich fürchtet, dessen Liebe ist nicht vollendet. Wir

„Christian Initiation and Baptism in the Holy Spirit: Evidence from the first eight Centuries“, und: Kilian McDonnell and George T. Montague, Herausgeber: „Fanning the Flame: What Does Baptism in the Holy Spirit Have to do With Christian Initiation?“, beide erschienen 1991 bei The Liturgical Press in Collegeville, Bundesstaat Minnesota

[11] Léon-Joseph Kardinal Suenens in „Ein neues Pfingsten?“, Seiten 90-91

[12] vgl. Lk 19, 41-44

wollen lieben, weil er uns zuerst geliebt hat."[13] Die Person, die die Taufe im Heilige Geist empfängt, erfährt ein Eintauchen in Gottes Liebe, die bedingungslos ist... voll Erbarmen und Milde. Ja, es ist wahr, „Es ist furchtbar, in die Hände des lebendigen Gottes zu fallen."[14] Aber solange wir umkehrbereite Herzen haben, kann ein in die Nähe Gottes Kommen nur insofern beängstigend sein, als daß es wunderbar und ehrfurchterregend ist.

**Leben im Geist**

Alles, was ich seit der Taufe im Heiligen Geist vor fünfundzwanzig Jahren mit dem Herrn erlebt habe, bestätigt diese Aussage: Gott ist Liebe! Er ist die Quelle alles Guten, und für die, die Ihn lieben, läßt er alles in ihrem Leben mitwirken zum Guten – selbst in Zeiten von Verfolgung und Leiden.[15] In der Kraft des Heiligen Geistes zu leben ist ein großartiges Abenteuer. Nein, deine Probleme werden nicht automatisch alle gelöst. Es gibt auch Zeiten der Trockenheit im Gebet, Schwierigkeiten mit anderen, Enttäuschungen und zerbrochene Träume, sogar Tragödien. Aber der Unterschied ist, daß wir jetzt fähig sind, uns bewußter der Herrschaft Jesu über unser Leben auszuliefern und der Kraft Seines Geistes zu vertrauen, der uns durch alle Höhen und Tiefen tragen wird, was auch immer kommen mag. Im Geist zu wachsen heißt, meine Freude daran zu haben, Gottes Willen zu tun. In gewisser Weise macht es nicht mehr so viel aus, ob wir in einem bestimmten Moment vom Herrn getröstet oder diszipliniert werden. Allein die Tatsache, daß Er derjenige ist, der an uns handelt und sich uns offenbart, ist bereits genug. Es ist so, wie der hl. Paulus in Philipper 3,8 schreibt, „ich sehe alles als Verlust an, weil die Erkenntnis Jesu Christi, meines Herrn, alles übertrifft." Der Herr selbst wird unser Schatz.
Ich habe meine Erfahrungen mit dem „Leben im Geist" in meinem Buch „More of God" noch detaillierter geschildert.[16] Es ist eine Sammlung von „Notizbuchartikeln", die ich seit 1985 für das New

[13] vgl. 1 Joh 4,18f
[14] vgl. Hebr 10,31
[15] vgl. Röm 8,28
[16] erschienen 1991 bei Franciscan University Press.

Covenant Magazin geschrieben hatte. Die meisten Lektionen, die mich der Heilige Geist gelehrt hat, kommen aus meinem Leben als Frau und Mutter, sind also in den tagtäglichen Aktivitäten und Sorgen entstanden. Eine der großen Segnungen der Taufe im Heiligen Geist ist, daß jede normale Person wie Sie und ich inmitten des alltäglichen Lebens die Gegenwart Gottes kennenlernen kann. Manchmal frage ich den Herrn zum Spaß im Gebet, ob er sicher ist, daß er an der richtigen Adresse haltgemacht hat, wenn Er zu mir redet. Ich hatte doch immer gedacht, daß ein Leben der Intimität mit Gott für Kontemplative reserviert war. Mein Leben ist jedoch weit entfernt vom Kontemplativen, wenn ich für meinen Mann sorge, vier Kinder aufziehe, in meinen eigenen vier Wänden arbeite und zusätzlich noch einem säkularen Job nachgehe. Aber der Herr ist so demütig, daß Er willentlich und gern die Freude Seiner Gegenwart mit jedem teilt, der Ihn empfangen will. Jesus sagt uns in Seinem Wort, „Ich stehe vor der Tür und klopfe an. Wer meine Stimme hört und die Tür öffnet, bei dem werde ich eintreten, und wir werden Mahl halten, ich mit ihm und er mit mir."[17] In der Intimität mit Jesus durch die Kraft des Heiligen Geistes zu wachsen kann im Leben jedes Menschen wahr werden, der die Tür öffnet. Wenn es mir geschehen ist, kann es auch Ihnen geschehen.

Das Folgende kann vielleicht illustrieren, wie es ist, wenn man im Geist lebt und sich in den Dimensionen der charismatischen Gaben bewegt. Im Juni 1991, als ich für dieses Buch Informationen sammelte, telefonierte ich mit Miss Flo Dodge, in deren Wohnung die interkonfessionellen Gebetstreffen von Pittsburgh vor fünfundzwanzig Jahren stattgefunden hatten. Von diesen hatte ich nur eins im März 1967 besucht, und hätte daher nie erwartet, daß sich Flo an mich erinnern würde. Sie erinnerte sich nicht nur an mich, sondern sie fragte mich etwas erstaunliches: „Was tun Sie so in der letzten Zeit, Patti? Der Herr hat Sie mir aufs Herz gelegt, ich habe für Sie gebetet." Der Herr hatte ihr mein Bedürfnis für Gebet spürbar gemacht, als ich an diesem Buch arbeitete, obwohl wir fünfundzwanzig Jahre lang keinen Kontakt miteinander gehabt hatten. Nun, für mich ist das „Amazing Grace", erstaunliche Gnade! Genau wie Flo 1967 eine Gebetslast für Gottes Werk unter Katholiken trug, hat Er sie wiederum gerufen, Fürbitte zu tun für das, was der Herr durch das

[17] vgl. Offb 3,20

Weitererzählen der Geschichte vom Duquesne-Wochenende heute tun will. Der Heilige Geist wirkt auf geheimnisvolle und wunderbare Weise.

## Nur ein Vorspiel

Im Verlauf unserer wunderbaren Wiederbegegnung am Telefon sagte Flo etwas, was in mir tiefen Widerhall fand. Nachdem sie uns das einzigartige Werk des Heiligen Geistes in Einnerung gerufen hatte, sagte Flo, „Patti, ein Vorspiel ist nichts im Vergleich zu dem, was noch kommen muß; aber wir sind noch nicht bereit." Das Vorspiel ist nichts im Vergleich zu dem, was noch kommen muß! Es erinnerte mich an ein Zitat, das der späten Kathryn Kuhlmann zugeschrieben wird, die so mächtig in der Gabe der Heilung gebraucht worden ist. Als sie schon viele Jahre lang von Gottes Wundern Zeugnis abgelegt hatte, sagte sie, „Da ist mehr. Da ist so viel mehr."
Ich glaube fest, daß der Herr sich wünscht, Seinen Heiligen Geist in noch weit größerem Maße auszugießen, als wir es bisher miterleben konnten. Doch wir sind noch nicht bereit. Ich habe mir diese Frage gestellt: Wenn wir noch nicht bereit sind, Ihn zu empfangen, wie können wir es werden? Was wird es erfordern? Was will Gott von uns? Ich glaube, Er möchte Reinheit. Diese Worte aus Psalm 24 beschreiben diejenigen, die sich bereitgemacht haben, den König der Herrlichkeit einzulassen:

*„Wer darf hinaufziehn zum Berg des Herrn,*
*wer darf stehn an seiner heiligen Stätte?*
*Der reine Hände hat und ein lauteres Herz,*
*der nicht betrügt und keinen Meineid schwört.*
*Er wird Segen empfangen vom Herrn und Heil von Gott, seinem Helfer.*
*Das sind die Menschen, die nach ihm fragen, die dein Antlitz suchen, Gott Jakobs.*
*Ihr Tore, hebt euch nach oben, hebt euch, ihr uralten Pforten;*
*denn es kommt der König der Herrlichkeit."*

*(Ps 24,3-7)*

Ich glaube, daß Gott die Reinheit des Herzens, der Gedanken und des Körpers sucht. Er möchte uns reinigen, damit wir das sind, was Paulus an Timotheus schreibt, ein „Gefäß für Reines... geheiligt, für den Herrn brauchbar, zu jedem guten Werk tauglich."[18]
Wie können wir uns auf eine neue Zeit der Begegnung vorbereiten? Indem wir gewillt sind, unsere eigenen Pläne zu überprüfen und Seinen Plänen zu folgen, indem wir einen „Räumungsverkauf" für Ihn machen, um alles das loszulassen, was ein Hindernis für das Werk Seines Heiligen Geistes sein könnte. „Denn die Augen des Herrn schweifen über die ganze Erde, um denen ein starker Helfer zu sein, die mit ungeteiltem Herzen zu ihm halten."[19] Was wünscht sich Gott? Er wünscht sich ungeteilte Herzen. Er möchte Reinheit.

## Eine neue Welle

Ich möchte nicht den Anschein erwecken als verstünde ich die Materie völlig, aber ich glaube, daß der Herr Sein Volk auf eine neue Welle Seines Heiligen Geistes vorbereitet. George Kosicki CSB und Gerald Farrell MM haben ein kenntnisreiches Buch über diese neue Welle des Geistes geschrieben, das den Titel trägt: „Der Geist und die Braut sagen: ‚Komm!'."[20] In diesem Buch diskutieren sie die Rolle Mariens in einem neuen Pfingsten. Mein eigenes Verständnis über den Inhalt von Gottes Ruf ist von ihren Überlegungen tief beeinflußt worden.
Zum Abschluß dieses Buches werde ich noch erzählen, was der Herr mich persönlich zur Vorbereitung auf den neuen Besuch des Heiligen Geistes lehrte. Wenn ich auf diese Lektionen antwortete, hat mich der Herr mit Gnade überschüttet. Ich glaube, daß dieses „Überschüttet werden mit Gnade" nicht für mich allein gedacht war. Genau wie unser Erlebnis von Duquesne als Segen für die gesamte Kirche gedacht war, glaube ich, daß das, was mir der Herr heute zeigt, viel Erneuerung bringen kann unter Seinem Volk.
Im Juli 1987 war ich besorgt um den Zustand der Charismatischen Erneuerung in den Vereinigten Staaten, die – meiner Meinung nach

[18] vgl.: 2 Tim 2,21
[19] vgl.: 2 Chronik 16,9
[20] Originaltitel: „The Spirit and the Bride say 'Come!': Mary's Role in the New Pentecost", erschienen 1981 bei AMI Press, Asbury, New Jersey

– Reinigung, innere Einheit und Stärkung bitter nötig hatte. Ich betete, daß der Herr mich in irgendeiner Weise benutzen würde, um Erneuerung für die Charismatische Erneuerung zu bringen. Der Herr beantwortete meine Gebete auf eine Weise, die ich nicht erwartete. Statt mir zu zeigen, was ich tun könnte, um andere zu motivieren und ihr Verhalten zu ändern, erlaubte er mir, unter einem Geist der Überführung meine eigene Sündhaftigkeit und meinen Stolz zu erkennen. Er führte mich in eine Periode tiefer Umkehr wegen der häufigen Fälle, wo ich Ihn über die ganzen Jahre im Stich gelassen hatte. Die Verse im Psalm 51,11f drücken sehr gut meine Gefühle von damals aus: „Erschaffe mir, Gott, ein reines Herz, und gib mir einen neuen, beständigen Geist! Verwirf mich nicht von deinem Angesicht, und nimm deinen heiligen Geist nicht von mir!" Bevor ich überhaupt hoffen konnte, mit den Gedanken Gottes Fürbitte tun zu können für die Nöte, die ich in der Charismatischen Erneuerung wie auch in der gesamten Kirche sah, mußte ich – und muß es noch immer – für meine eigene Sünde die Verantwortung übernehmen, in einem Geist der Buße leben, zuerst den Balken aus meinem eigenen Auge ziehen.

Einige Zeit danach hatte ich ein geistiges Bild, in dem ich unter einer Art von Laken stand, das in der Luft schwebte. Als ich mich mit einem langen Stock dahin ausstreckte und das Laken wegzog, regnete es eine große Menge Gegenstände herab. Ich konnte nicht sehen, was es war. Als sie aber wie ein Wasserfall herabstürzten, verletzten sie mich nicht und sammelten sich auch nicht zu meinen Füßen, sondern sie schienen genau durch mich hindurch zu fallen. Es war, als wenn ich eine lebendige Rutschbahn war, durch die all diese Dinge hindurch mußten. Als ich über das Bild nachdachte, deutete ich den langen Stock als das Gebet des Glaubens, und die Güter, die durch mich hindurchfielen, waren die Lektionen, die ich jetzt mitteilen möchte. Ich erhebe nicht den Anspruch, all diese Lehreinheiten schon ganz gelernt zu haben. Aber ich bete, daß sie durch meine Erzählung Fleisch annehmen werden in uns allen, die sich danach sehnen, diese Pfingstgnade heute zu leben, und die sich nach einem erneuten Besuch des Heiligen Geistes in der Zukunft ausstrecken.

## Demut

Der beste Weg, wie wir für Ihn bereit werden können, ist, sich zu demütigen. Der Herr lehrt es mich so. Nichts ist so anziehend für die Gnade Gottes als die Demut! Es scheint für mich das einzige zu sein, was Er unwiderstehlich findet. „Das Gebet des Demütigen durchdringt die Wolken, und er wird nicht getröstet werden, bis es den Herrn erreicht; er wird nicht ablassen, bis der Allerhöchste ihn besucht.“[21] „Bis der Allerhöchste ihn besucht“ – das ist es, was wir wollen, nicht wahr? Ein demütiges Gebet, das mit Glauben erfüllt ist, entlockt Gott eine Antwort. Wenn wir für diese neue Woge des Heiligen Geistes bereit sein wollen, müssen wir uns vor dem Herrn demütigen.

Sich selbst zu demütigen heißt, unser Vertrauen in uns selbst – was eine Form von Stolz ist – aufzugeben und uns in vollkommener Ergebung Gott zuzuwenden, indem wir unsere Nichtigkeit Ihm gegenüber anerkennen. Es bedeutet, unsere Sünden zu bekennen, Seine Vergebung und Barmherzigkeit anzuerkennen, mit unseren Brüdern und Schwestern Frieden zu schließen. Wir dürfen keine „Wurzel der Bitterkeit“ in uns eitern lassen, damit nicht „durch sie alle vergiftet werden.“[22] Wie können wir Instrumente Seiner Liebe und Seines Friedens sein wenn wir uns gegenseitig in Stücke reißen. Für mich als Katholik wäre ein konkreter Ausdruck dieser Art von Demut die regelmäßige Nutzung des Bußsakramentes.

Die Hl. Theresa von Avila lehrt in ihrer Autobiographie, daß je mehr sich eine Seele im Gebet erniedrigt, desto mehr richtet Gott sie auf. Auch Petrus macht diese Lektion in seinem Brief deutlich:

„Sodann, ihr Jüngeren: ordnet euch den Ältesten unter! Alle aber begegnet einander in Demut! Denn Gott tritt den Stolzen entgegen, den Demütigen aber schenkt er seine Gnade. Beugt euch also in Demut unter die mächtige Hand Gottes, damit er euch erhöht, wenn die Zeit gekommen ist. Werft alle eure Sorgen auf ihn, denn er kümmert sich um euch.“ (1 Petr 5,5-7)

Der Herr hat mir gezeigt, daß ein Demütiger immer bereit ist, vom Meister belehrt, korrigiert oder diszipliniert zu werden. Wieviel

[21] vgl.: Sirach 35,21(bzw.17). Die deutschen Übersetzungen treffen nicht, was sie im Englischen ausdrücken will. Daher ist dieses Bibelzitat aus dem Englischen übertragen.

[22] vgl.: Hebr 12,15

Aufmerksamkeit widmen wir unseren eigenen Meinungen. Gott möchte, daß wir uns mehr Sorgen um Seine Meinung, Seine Perspektive, Seine Bewertung machen als um die der Welt oder sogar unserer Freunde. Wenn wir bereit sind für eine neue Welle des Heiligen Geistes, müssen wir uns demütig unter der mächtigen Hand Gottes beugen – um zu lernen, Ihn zu fürchten, das heißt, eine ehrerbietene Furcht vor Seiner eifersüchtigen Liebe zu haben.
Als ich ein Buch über die Azusa Street Erweckung von 1906 las, war ich beeindruckt, wie kraftvoll Frank Bartleman über die Notwendigkeit von Demut und Gebet schreibt. Diejenigen, die entscheidenden Anteil am Beginn dieser Ausgießung des Heiligen Geistes zu Beginn dieses Jahrhunderts hatten, verbrachten viel Zeit „auf ihrem Angesicht" vor Gott. Sie stöhnten buchstäblich unter der Last des Gebetes um Erweckung. Gott erwartete von Bartleman und denjenigen, die bei ihm waren, einen tiefen Geist der Buße. Er schrieb, „Wir müssen in unseren eigenen Augen demütig und klein bleiben. Wenn wir von einem Gespür über unserer eigenen Wichtigkeit aufgebaut werden, sind wir verloren... Die Tiefe einer jeden Erweckung wird genau von dem Geist der Umkehr bestimmt, der zu gewinnen vermag."[23]

## Hunger

In ihrem Magnifikat ruft Maria aus, „Er beschenkt mit seinen Gaben die Hungrigen, die Reichen aber schickt er mit leeren Händen fort."[24] Gott verspricht, die zu füllen, die demütig und hungrig nach Ihm sind. Vom ersten Pfingsten bis in die heutigen Tage ist der Ausgießung des Heiligen Geistes eine Periode des Hungerns und des Sehnens vorausgegangen. Erinnern Sie sich an die Geschehnisse, die am Anfang dieses Buches beschrieben worden sind – die Dorfbewohner in der Tschechoslowakei, die selige Elena Guerra, die Studenten der Bethel Bible School, die Professoren von Duquesne. In allen Fällen gab es großen Hunger nach Gott, der im inbrünstigen Gebet seinen Ausdruck fand.

[23] Frank Bartleman, „Another Wave Rolls In", erschienen 1962 bei Voice Christian Publications, Northrige, California, Seite 24.
[24] vgl.: Lk 1,53

Eines Tages betete ich vor dem Allerheiligsten, als ich spürte, wie der Herr in die Stille meines Herzens sprach. Ich war erschrocken über seine Worte. Er schien zu sagen, „Erbettle dir mehr von meinem Geist. Erbettle dir mehr von meinem Geist." Ich war verdutzt über das Wort „erbetteln". Warum sollte ich betteln, wunderte ich mich. Sagt uns Jesus nicht in Lukas 11,9–11, daß sich der Vater im Himmel daran freut, Seinen Geist an jeden zu geben, der Ihn darum bittet? Ganz deutlich sagt Er, „Bittet, und euch wird gegeben werden." Da erkannte ich, daß das Wort „erbetteln" unsere wirkliche Position hervorhebt. Wir haben gar nichts, Er hat alles. Wir leben in purer Bedürftigkeit, Er hat unschätzbare Reichtümer. Zu betteln bedeutet, daß ich anerkenne, wer ich vor Ihm bin: ein Sünder ohne Anspruch auf irgendetwas in und außerhalb meiner selbst, der aber dennoch alles erhält aufgrund der Verdienste Jesu Christi.
Gott möchte ein Volk, das demütig und hungrig ist, Menschen, die mit Beständigkeit, Durchhaltevermögen, Sehnsucht und mit Lust beten werden. Ich bin beeindruckt von der Wichtigkeit, an Gebete mit großen Wünschen heranzugehen, sich nach dem Kommen von Gottes Königreich zu sehnen, nach der Rettung der Welt, nach der Ausgießung des Heiligen Geistes auf alles Fleisch.
Unsere Gebete können Gottes Willen nicht ändern. Sie ändern uns. Wenn wir auf die Dinge Gottes hungrig sind, wenn wir um mehr Heiligen Geist betteln, wird unsere innere Gemütsverfassung besser darauf vorbereitet, das ganze Maß an Segnungen zu empfangen, das Gott uns so sehnsüchtig geben will. Es ist, als wenn unsere Herzen durch Gebet erweitert werden. Wir werden geweitet, damit wir Seine Schätze bergen können. Im Dialog der hl. Katharina versichert ihr der Herr, daß er bewegt ist von beständigem, demütigem und heiligem Gebet – daß Er durch die Kette heiliger Wünsche gefesselt ist, denn Er selbst hat diese Kette gegeben.[25] Es ist geheimnisvoll. Gott ruft uns, im Gebet zu ringen, um das hervorzubringen, was Er schon zu tun wünscht. Er zieht uns in Seine Sehnsüchte, die Menschheit zu segnen, indem Er uns eine Bitte um Erbarmen und um mehr vom Heiligen Geist in unsere Herzen legt.
Kürzlich haben mich diese Verse aus der Schrift gefangengenommen: „Aller Augen warten auf dich, und du gibst ihnen Speise zur rechten

[25] Katharina von Siena: „The Dialogue", erschienen 1980 bei Paulinist Press, Mahwah, New Jersey, Seiten 54 und 57

Zeit. Du öffnest Deine Hand und sättigst alles, was lebt, nach deinem Gefallen."[26] Du öffnest Deine Hand! Gott ist in Seinen Handlungen mit uns nicht geizig. Seine Freizügigkeit ist über unsere Vorstellungen verschwenderisch. In Johannes 3,34 lesen wir, „Gott gibt den Geist nicht nach Maß."[27] Es gibt eine grenzenlose Qualität Seiner Liebe, die für uns schwierig zu verstehen ist, weil wir so begrenzt sind. Aber die Heiligen haben uns darüber unterrichtet. Alle die in die Nähe Gottes gezogen werden, erfahren es. „Sie laben sich am Reichtum deines Hauses; du tränkst sie mit dem Strom deiner Wonnen. Denn bei dir ist die Quelle des Lebens, in deinem Licht schauen wir das Licht."[28] Die hl. Theresa schrieb in ihrer Autobiographie, „Er wird niemals müde, zu geben, noch kann Er Seine Gnaden erschöpfen. Laßt uns nicht müde werden, zu empfangen."[29] Es gibt eine enorme Macht in unseren Gebeten. Gottes Gnade verändert uns nicht nur, wenn wir beten, sondern Satans Pläne werden vereitelt. Corrie ten Boom, die Überlebende eines Konzentrationslagers und großartige Vagabundin für den Herrn, schrieb einmal, „Der Teufel lächelt, wenn wir Pläne machen. Er lacht, wenn wir zu geschäftig werden. Aber er zittert, wenn wir beten, besonders wenn wir gemeinsam beten.[30] Das Gebet macht uns siegreich gegen die Macht des Bösen. Es setzt Gnade frei. Gebet öffnet das Schloß zum Herzen Gottes. Im Gebet offenbart uns Gott Seine Gedanken und Seine Ziele. Wir können einen Blick auf die Herrlichkeit werfen, die noch kommen wird. Ein Geist des Gebetes und der Fürbitte wird in Gottes Volk erweckt, damit wir uns auf Sein erfrischendes Kommen vorbereiten.

## Komm Heiliger Geist

Und worum müssen wir beten? Wonach sollen wir Hunger haben? Wir müssen um den Heiligen Geist beten, der größten aller Gaben

[26] vgl. Ps 145, 15f
[27] zitiert nach der Elberfelder Übersetzung
[28] vgl. Ps 36, 9f
[29] In: „The Collected Works of St. Teresa of Avila", Vol I, erschienen 1976 bei ICS Publications in Washington DC, Seite 128
[30] Corrie ten Boom in „Don't Wrestle, Just Nestle", erschienen 1978 bei Flemming H. Revell Comany in Old Tappan, New Jersey, Seite 71.

Gottes! An diejenigen, die bisher noch nicht im Heiligen Geist getauft worden sind, richte ich diesen Appell: Bitten Sie Gott, Ihnen diese Gnade zu schenken. Suchen Sie danach! Finden Sie andere, die mit Ihnen um eine Freisetzung des Heiligen Geistes und der charismatischen Gaben beten. Solchen, die bereits im Heiligen Geist getauft sind, würde ich sagen: Der Herr ruft Sie zu einer größeren Sensibilität, einer größeren Fügsamkeit gegenüber den Eingebungen Seines Heiligen Geistes. Ich glaube, wenn wir uns selbst demütigen und im Gebet unseren Hunger nach Ihm ausdrücken, werden wir erfahren, daß Seine Gaben mit einer Natürlichkeit und Reinheit durch uns hindurchfließen werden, die wir vorher nicht gekannt haben. Ich beginne, dies in meinem eigenen Leben zu erleben. Da ist eine neue Milde in der Art, wie ich in diesen Tagen die Führung des Heiligen Geistes empfange. Wenn ich nicht sehr genau hinhören würde, könnte ich sehr leicht Seine Inspiration überhören. Aber wenn ich diesem leisen Flüstern nachgebe, sehe ich geistliche Frucht geboren werden. Das bestätigt mich, daß tatsächlich die Eingebung des Heiligen Geistes am Werke war und nicht meine eigene Phantasie.

Gott möchte uns mit Seiner Stimme in Einklang bringen, möchte uns an dieses leichte Flüstern, dieses subtile Anstoßen gewöhnen. Erinnern Sie sich an die Erzählung in 1 Könige 19, als Elija darauf wartete, die Stimme des Herrn zu hören? Sie kam nicht im Sturm, der die Berge zerreißt und die Felsen zermalmte. Sie kam nicht im Erdbeben oder dem Feuer. Es war im leichten Windhauch, dem kleinen flüsternden Geräusch, in dem der Herr dem Elija begegnete. Und in Ehrfurcht verbarg Elija sein Geischt in seinem Mantel. Wenn ich spüre, daß der Heilige Geist in einer frischen Salbung kommt, fühle auch ich mich häufig gedrängt, mein Gesicht zu verbergen, um buchstäblich vor Seiner Gegenwart niederzufallen, still zu sein und zu wissen, daß Er Gott ist.[31]

Die beste Analogie, die ich mir denken kann für das, was ich sagen will, ist die der Ehe. Wenn ein Ehepaar seit einigen Jahren glücklich verheiratet ist, kommen die Partner in eine besondere Einheit der Liebe. Alles was sie brauchen ist ein flüchtiger Blick, ein Nicken, die Berührung am Ellenbogen, und die eine Person versteht die Intention der anderen. Zu einer solchen Art von Fügsamkeit möchte der Herr

[31] vgl. Ps 46,11

uns leiten. Wir müssen sehr treu und sehr gehorsam gegenüber jeder Eingebung des Heiligen Geistes sein, jedem Impuls folgen, das Gute zu tun oder Gottes Namen die Ehre zu geben. Das wird bedeuten, Gottes Willen gehorsam zu sein, und nicht unserem eigenen, Seine Ehre zu suchen, und nicht unsere eigene, Sein Königreich aufzubauen, und nicht mein eigenes, kurz: Ihn in uns herrschen und regieren zu lassen, so daß wir Seine Instrumente werden.

## Maria, Braut des Heiligen Geistes

Als der Herr mir diese Lektionen eindrücklich gemacht hat, war es nur natürlich für mich, meine Reflexionen auf Maria, Seine Mutter zu richten – die Eine, die ein Leben der vollkommenen Hingabe an Gott lebte. Wir Christen können uns freuen, denn wir haben jemanden, der ein Beispiel der Heiligkeit, der Demut, des glühenden Gebetes, der Fügsamkeit gegenüber dem Heiligen Geist und der Bereitschaft für die Gaben des Geistes ist. Wir haben Maria.

Vom Kreuz herab vertraute Jesus den Johannes der Sorge Mariens an mit den Worten, „Frau, siehe, dein Sohn!“ Dann vertraute Er Seine Mutter Maria Johannes an: „Siehe, deine Mutter!“[32] Johannes, der geliebte Jünger, hieß Maria in seinem Heim willkommen. Er empfing sie als Abschiedsgeschenk von Jesus und er liebte Maria mit kindlicher Verehrung.

Wir Katholiken sehen in dieser Szene den Ruf, uns selbst der mütterlichen Liebe Mariens anzuvertrauen, sie als eines der kostbaren Gaben anzunehmen, die Jesus uns geschenkt hat, und sie um ihre wirksame Fürbitte zu bitten. Genau wie Maria zu Kana für Leute in Not zu Jesus sprach, glauben wir, daß sie weiterhin für die Kirche heute Fürbitte tut.

Nur wenige Christen würden die Tatsache leugnen, daß Maria ein Vorbild ist für alle, die den Herrn suchen. Aber sie ist viel mehr als das. Vom Kreuz herab sagte Jesus nicht, „Siehe, dein Vorbild.“ Er sagte, „Siehe deine Mutter.“ Maria hat eine bleibende Rolle als Mutter aller Kinder Gottes, Mutter der Kirche. Und ihre geistliche Mutterschaft ist Intimität, verbunden mit dem Werk des Heiligen Geistes.

[32] vgl. Joh 19,26 f

In seiner Predigt vom 13. Mai 1982 in Fatima machte Papst Johannes Paul II diese Beziehung deutlich. „Maria umarmt uns alle mit besonderer Sorge im Heiligen Geist. Denn, so wie wir es in unserem Credo bekennen, Er ist der 'Spender des Lebens.' Er ist es, der die Fülle des Lebens gibt, das zur Ewigkeit hin offen ist. Marias geistliche Mutterschaft ist daher ein Teilen in der Kraft des Heiligen Geistes, dem Spender des Lebens."
In meinem eigenen Leben im Geist der letzten fünfundzwanzig Jahre ist Maria sowohl Modell wie Mutter für mich gewesen, die mich lehrt, Gott zuzulassen, „Ja" zu sagen. In welchem Maß ich auch dem Herrn treu sein konnte – es ist ihrem Vorbild und ihrer Fürbitte zu verdanken. Ich glaube, daß ein wichtiges Element in der Vorbereitung auf eine neue Ausgießung des Heiligen Geistes unsere Beziehung mit Maria als Mutter ist. Wir müssen auf die Worte Jesu, unseres Meisters hören: „Siehe, deine Mutter." Wenn wir uns dem Herzen Mariens anvertrauen, wird sie uns treu zum Herzen Jesu, ihres Sohnes führen, der Quelle der Gnaden.

## Ein Strom der Gnade

Es war am Fuße des Kreuzes, wo der Herr Jesus uns das erste Mal Maria als Mutter anvertraute. Wenn wir ihr erlauben, Mutter für uns zu sein, wird sie uns wieder an diesen bevorzugten Ort der Gnade führen – zum Kreuz. Dort am Kreuz werden wir unseren Blick wieder klar auf den Sohn Gottes heften können, der für unsere und der Welt Sünden geschlachtet wurde.
Für mich ist der Ruf zu Demut, Umkehr, Reinheit des Herzens, zu Hunger nach mehr vom Heiligen Geist eigentlich ein Ruf, in der Begleitung von Maria, meiner Mutter zum Kreuz Jesu zu kommen. Durch ihr Gebet und ihre Gegenwart gestärkt kann ich beginnen, in das Geheimnis dieses Kreuzes einzutreten – um mich mit Jesus in größerer Einheit zu verbinden – um die Wahrheit der Worte von Paulus zu erkennen: „Ich bin mit Christus gekreuzigt worden; nicht mehr ich lebe, sondern Christus lebt in mir. Soweit ich aber jetzt noch in dieser Welt lebe, lebe ich im Glauben an den Sohn Gottes, der mich geliebt und sich für mich hingegeben hat."[33]

[33] vgl. Gal 2,20

Ich muß von der Tatsache Zeugnis ablegen, daß mein Vertrauen zu Maria als meiner Mutter meine Hingabe an Gott, Vater, Sohn und Heiliger Geist vertieft hat. Mich dem Herzen Mariens anzuvertrauen hat mich an die durchbohrte Seite Christi gestellt und mir eine Tür zu größerer Intimität mit Gott geöffnet. Ich sehne mich danach, andere mit mir durch dieses Tor zu bringen.

Ich sehe heute klarer als zuvor, daß wir an der durchbohrten Seite Christi, aus der Blut und Wasser flossen, Erbarmen finden. Dort können wir um Erbarmen bitten und um mehr vom Heiligen Geist. Als Katholiken sehen wir in dem Wasser und dem Blut einen Bezug zu den Sakramenten der Taufe und der Eucharistie. Das durchbohrte Herz Jesu ist die Quelle dieser sakramentalen Gaben sowie weiterer geistlicher Reichtümer, die unermeßlich sind.

In dem wunderbaren Gebet „Anima Christi" sagen wir zu Jesus, „In Deinen Wunden würde ich gern mich bergen, um niemals von Deiner Seite zu scheiden." Dies sind mehr als Worte. Es ist geistliche Realität. Sich in den Wunden Christi zu bergen, in Seinem Blut gebadet zu werden, bringt Frieden und stiftet Vertrauen. Wenn wir zum Kreuz kommen, über Jesu Passion und Tod meditieren, über die Liebe Seines Herzens nachdenken, das für unsere Erlösung geöffnet wurde, werden wir Leben finden.

Es gibt eine Stelle im Buch des Propheten Sacharia, die den Segen voraussagt, der auf Gottes Volk kommen wird, wenn sie auf den Gekreuzigten schauen:

*Doch über das Haus David und über die Einwohner Jerusalems werde ich den Geist des Mitleids und des Gebets ausgießen. Und sie werden auf den blicken, den sie durchbohrt haben. Sie werden um ihn klagen, wie man um den einzigen Sohn klagt; sie werden bitter um ihn weinen, wie man um den Erstgeborenen weint. (Sach 12,10)*

Wenn ich auf den einzigen Sohn Gottes schaue, der die Gestalt eines Sklaven annahm, kommt „ein Geist der Gnade und Fürbitte" auf mich, und ich sehne mich danach, daß alle Männer und Frauen Seine Erlösung kennen. Schaue ich auf Jesus, der für unsere Sünden durchbohrt worden ist, wächst mein Vertrauen in Gottes Liebe, und ich kann mit größerem Glauben für die Rettung der Welt Fürbitte tun. „Denn Gott hat die Welt so sehr geliebt, daß er seinen einzigen Sohn hingab, damit jeder, der an ihn glaubt, nicht zugrunde geht, sondern das ewige Leben hat."[34]

Als Jesus am Kreuz starb, gab Er Seinen Geist auf. Es ist wieder am Kreuz, wo Jesus heute Seinen Geist gibt. Wenn wir mehr vom Heiligen Geist wünschen, müssen wir zu Seinem durchbohrten Herzen kommen. Was ich selber erfahre ist dieses: Wenn ich dem Spalt im Felsen näherkomme, von dem das lebendige Wasser fließt, fühle ich mich selber vom Strom mitgezogen. Es ist der Fluß des Heiligen Geistes. Am Kreuz Jesu erfahre ich, was ich beschreiben würde als einen rasch fließenden Strom der Gnade und Barmherzigkeit, der mich zu Gott zieht. Jesus sagte, „Und ich, wenn ich über die Erde erhöht bin, werde alle zu mir ziehen.“[35] Dies geschieht nicht, weil wir so gut sind, sondern weil Er gut ist – nicht, weil wir würdig sind, sondern weil Er würdig ist. Es ist reine Gabe. Man kann nicht anders, als sich wünschen, daß jeder an jedem Ort der Welt dieser Quelle des Lebens nahekommt, dem durchbohrten Herzen des Herrn Jesus, um in diesem Strom der Gnade und Barmherzigkeit mitgezogen zu werden.

Wenn ich denen ein Wort mitgeben sollte, die bereits im Heiligen Geist getauft sind, würde ich folgendes sagen: Wir sind nicht die Quelle des geistlichen Lebens und der Erneuerung. Gott ist es. In Ihm sind Rettung, Heilung und Gnade für die ganze Welt. Der Heilige Geist ist nicht unser Eigentum und Besitz. Wir sollten nicht versuchen, Meister über das Handeln des Geistes zu sein. Stattdessen sollten wir uns Ihm hingeben und uns erlauben, von diesem rasch fließenden Strom der Gnade und Barmherzigkeit erfaßt zu werden, der dazu bestimmt ist, das Angesicht der Erde zu erneuern.

Wenn ich diesen Fluß der Gnade und Barmherzigkeit, die Ausgießung des Heiligen Geistes beschreibe, erinnert mich das an die Worte von Kardinal Suenens in seinem Buch „Geistliche Reise“:

Die (Charismatische) Erneuerung als eine „Bewegung“ unter anderen Bewegungen zu verstehen hieße, ihre Natur mißzuverstehen. Es ist eine Bewegung des Geistes, der für die gesamte Kirche gegeben ist, und der dazu bestimmt ist, jede Facette des kirchlichen Lebens zu verjüngen. Die Seele der Erneuerung, die „Taufe im Heiligen Geist“ ist eine Gnade der pfingstlichen Erfrischung, die allen Christen angeboten ist... Es ist nicht die Frage eines „Golfstroms“, der hier und da einen Küstenstreifen aufwärmt, sondern die eines kraftvollen

[34] vgl. Joh 3,16
[35] vgl. Joh 12,32

Stroms, der dazu bestimmt ist, in das Zentrum eines Landes durchzustoßen... Meinen Freunden in der Erneuerung auf der ganzen Welt möchte ich sagen, daß die Erneuerung für die gesamte Kirche bestimmt ist, und daß es ihre beständige Sorge sein sollte, daß die Wasser des Flusses in den See der Loyalität gegenüber seiner Quelle fließt."[36]

**Sende aus Deinen Geist!**

Am Schluß meines Buches bin ich noch einmal an Worte von Papst Paul VI erinnert, der sagte: „Wenn wir wirklich die Kirche lieben, ist das wichtigste, was wir tun müssen, in ihr eine Ausgießung des göttlichen Beistandes, des Heiligen Geistes zu fördern."[37] Ich bete, daß das hier Geschriebene auf seine eigene, bescheide Weise genau das tun wird: die Ausgießung des Herrn, des Spenders allen Lebens, dem Heiligen Geist zu fördern!
Ich hoffe, daß die Zeugnisse in diesem Buch Sie überzeugt haben, daß die Taufe im Heiligen Geist für jede Person verfügbar ist, die sie sich wünscht. Der Herr Jesus möchte einerseits den Heiligen Geist senden, um unser persönliches Leben zu erneuern, doch Er möchte viel mehr als das. Er möchte die ganze Kirche erneuern! Er möchte alle Männer und Frauen überall erneuern! Er möchte das Angesicht der Erde erneuern! Gott bereitet uns auf eine neue Evangelisation vor. Diese ist ein immer wiederkehrendes Thema des Heiligen Vaters Johannes Paul II. In Redemptoris Missio schrieb er:
„Gott öffnet vor der Kirche die Horizonte einer Menschheit, die besser für die Saat des Evangeliums vorbereitet ist. Ich spüre, daß der Augenblick gekommen ist, alle Energien der Kirche einer neuen Evangelisation und der Mission ad gentes zu widmen... Während das dritte Jahrtausend der Erlösung näher rückt, bereitet Gott einen großen Frühling für die Christenheit vor, und wir können bereits seine ersten Zeichen sehen."

[36] Léon-Joseph Kardinal Suenens in „Spiritual Journey", erschienen 1990 bei F.I.A.T. Publications in Ertvelde, Belgien, Seiten 39 und 41.
[37] Papst Paul VI in seiner Ansprache in der Generalaudienz vom 12. Oktober 1966, zitiert in O,Connor, wie oben, Seite 143.

Wenden wir uns mit großer Zuversicht unserem Vater im Himmel zu, wenn wir um eine frische Ausgießung des Heiligen Geistes beten. Erinnern Sie sich an das Versprechen Jesu:

*„Darum sage ich euch: Bittet, dann wird euch gegeben; sucht, dann werdet ihr finden; klopft an, dann wird euch geöffnet. Denn wer bittet, der empfängt; wer sucht, der findet; und wer anklopft, dem wird geöffnet. Oder ist unter euch ein Vater, der seinem Sohn eine Schlange gibt, wenn er um einen Fisch bittet, oder einen Skorpion, wenn er um ein Ei bittet? Wenn nun schon ihr, die ihr böse seid, euren Kindern gebt, was gut ist, wieviel mehr wird der Vater im Himmel den Heiligen Geist denen geben, die ihn bitten." (Lk 11,9-11)*

AMEN.

*Und mein Geist bleibt in eurer Mitte. Fürchtet euch nicht!*
*Denn so spricht der Herr der Heere:*
*Nur noch kurze Zeit, dann lasse ich den Himmel und die Erde,*
*das Meer und das Festland, erbeben,*
*und ich lasse alle Völker erzittern.*
*Dann strömen die Schätze aller Völker herbei,*
*und ich erfülle dieses Haus mit Herrlichkeit, spricht der Herr der Heere.*
*Mir gehört das Silber und mir das Gold – Spruch des Herrn der Heere.*
*Die künftige Herrlichkeit dieses Hauses wird größer sein als die frühere,*
*spricht der Herr der Heere.*
*An diesem Ort schenke ich die Fülle des Friedens –*
*Spruch des Herrn der Heere.*

*(Haggai 2, 5-9)*

# Nachwort

Was Gott am 18. Februar 1967 im Leben von fünfundzwanzig jungen Menschen im „The Ark and the Dove" Exerzitienhaus getan hat, ist die Fortsetzung Seines Plans der Erlösung und Heiligung, der Evangelisation und Mission. Gott hat wieder einmal souverän demonstriert, daß Jesus für alle gestorben ist und alle durch Sein Blut versöhnt hat. Der Vater hat wieder durch die Kraft des Heiligen Geistes Seine Liebe manifestiert. Indem Er es tat, offenbarte Er heute, daß Seine Pfingstgnade für alle da ist, nicht nur für die Hundertzwanzig im Obergemach, nicht nur für die Christen des ersten Jahrhunderts, nicht nur für ein paar anerkannt heilige Männer und Frauen.

Das Leben dieser Menschen vom Duquesne-Wochenende wurde durch die Kraft des Heiligen Geistes verändert, damit Gottes Plan in Seiner Kirche heute erfüllt wird. Die Zeichen und Wunder, von denen wir in den Seiten der Schrift und zu unterschiedlichen Zeiten in der Geschichte der Kirche lesen, sind durchlebte Realitäten im Leben von ganz normalen Menschen, ja manchmal von solchen, von denen wir so etwas nie erwartet hätten. Gute Nachrichten wie diese können und dürfen nicht geheim gehalten werden. Wie beim ersten Pfingsten erzählten diese neu, in größerem Ausmaß geisterfüllten Christen und Katholiken anderen, was Gott in ihrem Leben getan hat. Diese Botschaft ist in der ganzen Welt gehört worden. Als Folge davon haben die Zungen von Pfingsten und das Feuer des Geistes von Duquesne die Herzen von Millionen innerhalb der Kirche buchstäblich in Brand gesteckt.

Patti Gallagher Mansfield hat auf sehr bewegende Weise die Ereignisse dieses bedeutenden Wochenendes von vor fünfundzwanzig Jahren geschildert. Sorgfältig sammelte sie die verschiedenen Zeugnisse derer, die an diesem begnadeten Moment Anteil hatten, und auf prägnante Weise hat sie das heute berühmte Duquesne-Wochenende in die historischen Wurzeln des Gebetes und Lebens der Katholischen Kirche seit der Jahrhundertwende eingebettet.

Wie geht es weiter? Wenn wir in die Vergangenheit zurückschauen, wenn wir in Tuchfühlung mit unseren Wurzeln und unserem rechtmäßigen Erbe gelangen, tun wir das nicht nur der Nostalgie wegen. Wenn wir dieses Buch lesen, müssen wir uns einige ernsthafte Fragen stellen. Welche Vision hat Gott der Kirche an diesem Pfingsten vor

2000 Jahren gegeben? Welche Vision hat Er seitdem viele Male gegeben, das Duquesne-Wochenende inbegriffen?

Diese Vision ist deutlich in den Worten Jesu offenbart worden:

*„. . . wieviel mehr wird der Vater im Himmel den Heiligen Geist denen geben, die ihn bitten."* (Lk 11,13)

*„Amen, amen, ich sage dir: Wenn jemand nicht aus Wasser und Geist geboren wird, kann er nicht in das Reich Gottes kommen."* (Joh 3,5)

*„Amen, amen, ich sage euch: Wer an mich glaubt, wird die Werke, die ich vollbringe, auch vollbringen, und er wird noch größere vollbringen, denn ich gehe zum Vater."* (Joh 14,12f)

*„Der Beistand aber, der Heilige Geist, den der Vater in meinem Namen senden wird, der wird euch alles lehren und euch an alles erinnern, was ich euch gesagt habe."* (Joh 15,26f)

*„Aber ihr werdet die Kraft des Heiligen Geistes empfangen, der auf euch herabkommen wird; und ihr werdet meine Zeugen sein in Jerusalem und in ganz Judäa und Samarien und bis an die Grenzen der Erde."* (Apg 1,8)

Diese Vision ist von Petrus und Paulus durch die Kraft des Heiligen Geistes verkündigt worden:

*„Kehrt um, und jeder von euch lasse sich auf den Namen Jesu Christi taufen zur Vergebung seiner Sünden; dann werdet ihr die Gabe des Heiligen Geistes empfangen."* (Apg 2, 38)

*„. . . denn die Liebe Gottes ist ausgegossen in unsere Herzen durch den Heiligen Geist, der uns gegeben ist."* (Röm 5,5)

*„Jedem aber wird die Offenbarung des Geistes geschenkt, damit sie anderen nützt."* (1 Kor 12,7)

*„Wenn wir aus dem Geist leben, dann wollen wir dem Geist auch folgen."* (Gal 5, 25)

*„. . . laßt euch vom Geist erfüllen! Laßt in eurer Mitte Psalmen, Hymnen und Lieder erklingen, wie der Geist sie eingibt."*

(Eph 5,18f)

*„Löscht den Geist nicht aus! Verachtet prophetisches Reden nicht! Prüft alles, und behaltet das Gute!"* (1 Tess 5,19-21)

Ist das die heute gültige Vision? Sie ist es an einzelnen Orten, aber nicht überall. Leben wir diese Vision individuell in unserem Leben und als Kirche? Manche ja, aber nicht alle. Wir müssen auf die Worte von Paulus an Timotheus hören und danach handeln: „Darum rufe ich dir ins Gedächtnis: Entfache die Gnade Gottes wieder, die dir durch die Auflegung meiner Hände zuteil geworden ist. Denn Gott hat uns nicht einen Geist der Verzagtheit gegeben, sondern den Geist der Kraft, der Liebe und der Besonnenheit." (2 Tim 1,6f)
Behüten wir diese Vision in rechter Weise, so daß kommende Generationen diese Gnade von Pfingsten nach Gottes offenbartem Plan erfahren werden? „Umsonst habt ihr empfangen, umsonst sollt ihr geben." (Mt 10,8) „Denn euch und euren Kindern gilt die Verheißung und all denen in der Ferne, die der Herr, unser Gott, rufen wird." (Apg 2,39)
Die Kraft des Heiligen Geistes war die Grundlage für Jesu Spiritualität, und daher muß sie die Grundlage der Spiritualität eines jeden Christen sein. Die Kraft des Heiligen Geistes war der Zusammenhang, in dem Jesus diente, und es muß der selbe sein für alle, die heute seine Jünger sind. Was in der Schrift offenbart, von vielen Kirchenvätern des Ostens wie des Westens in den ersten fünf Jahrhunderten bestätigt, im Leben vieler Heiliger erfahren und in den Dokumenten der Kirche wiederholt worden ist, muß von ihren gegenwärtigen Mitgliedern ganz in Besitz genommen werden.
„Taufe im Heiligen Geist gehört zu keinem Lager, ob liberal oder konservativ. Noch ist sie identisch mit einer einzelnen Bewegung, mit einem bestimmten Stil des Betens, der Anbetung oder der Gemeinschaft. Im Gegenteil, wir glauben, daß diese Gabe der Taufe im Heiligen Geist zum christlichen Erbe all derer gehört, die eine sakramentale Eingliederung in die Kirche empfangen haben."

Das Fest des fünfundzwanzigsten Jahrestages des Duquesne-Wochenendes sollte eine Zeit sein, in der wir uns auf Gottes Plan zurückbesinnen, um die bereits klar vorgegebene Vision wieder ins Gedächtnis zurückzurufen und neu zu entfachen. Es ist eine Zeit, in der wir unsere Bemühungen erneuern sollten, diese Vision in die Realität umzusetzen, indem sie in allen Teilen der Welt in die Glaubenspastoral der Pfarrgemeinden kreativ implementiert wird. Es ist an der Zeit, erneut zu erkennen und anzuerkennen, daß diese Vision auszuleben bedeutet, in der Mitte des Herzens der Kirche zu leben.

Dr. Sam G. Jacobs
Bischof von Alexandria, Lousiana
Vorsitzender des nationalen Dienstkommittees der
Charismatischen Erneuerung in den Vereinigten Staaten

# Anhang

## Geschichte der Charismatischen Erneuerung in Deutschland

Angeregt durch einige, die die Charismatische Erneuerung (CE) außerhalb Deutschlands kennengelernt hatten, bildeten sich anfang der 70er Jahre die ersten Gruppen.

1972: Erstes europäisches Leitertreffen auf Schloß Craheim („Lebenszentrum für die Einheit der Christen"). Neun Leiter aus verschiedenen Kirchen kamen an diesem Ort zusammen. Dieser ökumenische Anfang war von großer geistlicher Dichte in Austausch und Gebet geprägt.

1973: Zweites ökumenisches Leitertreffen in Craheim; ca. 60 Teilnehmern aus ganz Europa. Die Anwesenden katholischen Leiter vereinbarten ein Treffen der Katholiken aus der Charismatischen Erneuerung für das kommende Jahr.

1974: Etwa 80 Katholiken kamen in Würzburg erstmals zusammen. Es stellte sich sehr stark das Bewußtsein ein: Wir gehören zusammen. Ein erstes Koordinationsteam (später „Koordinationsgruppe" oder kurz „KG") wurde gewählt. Als Name für diesen Aufbruch wurde „Charismatische Gemeindeerneuerung" (CGE) vorgeschlagen.

1976/77: 1. und 2. Nationaltreffen jeweils zu Pfingsten in Königstein; ca. 800 bzw. 1000 Teilnehmer. Die ersten Zeitschriften erscheinen.

1978: Eine erste „Vorläufige Ordnung" wurde erstellt, die die Strukturen der katholischen CGE in Deutschland (Diözesansprecher, Rat, KG, Theologischer Ausschuß) regeln sollte. Die heute geltende Ordnung entstand 1981.

1982: Ökumenisches europäisches Leitertreffen in Straßburg; ca. 25000 Teilnehmer; Thema: „Pfingsten über Europa".

1983: Nationaltreffen in Würzburg. Thema: „Auf dein Wort hin", etwa 3000 Teilnehmer. Ein erstes größeres Treffen der CGE, die damit auch erstmals stärker an die Öffentlichkeit trat.

1984: Ein erstes Grundlagenpapier zur katholischen CGE wurde veröffentlicht. Es wurde 1987 von dem Grundlagenpapier „Der Geist mach lebendig“ abgelöst.

1987: Nationaltreffen in Friedrichshafen. Thema: „Das Reich Gottes ist mitten unter euch“; 4000 Teilnehmer. Die gesellschaftliche Dimension des Christseins wurde stärker in den Blick genommen. Das „Herz der CE“, die Taufe im Heiligen Geist, wurde vielen neu bewußt, zum Gebrauch der Gaben des Geistes wurde ermutigt.

1988: Jugendkongreß der CGE in Essen. Thema „Ihr werdet meine Zeugen sein“. Der Kongreß ermutigt die 1200 Teilnehmer zum Zeugnis für Jesus. Parallel zum Kongreß werden von verschiedenen Gruppen Straßenevangelisationen durchgeführt.

1990: Organisatorischer Zusammenschluß mit der katholischen CGE in Ostdeutschland. Schon vor der „Wende“ gab es gute Kontakte und einen regelmäßigen Austausch zwischen den Verantwortlichen.

1991: Deutschlandtreffen in Augsburg. Thema „Jesus Christus ist der Herr“; 5000 Teilnehmer. Es ging um die Herrschaft Jesu in allen Lebensbereichen. Kinder, Jugendliche und junge Familien wurden verstärkt beim Treffen miteinbezogen. Die in Friedrichshafen begonnene Rückbesinnung auf die Grundberufung der CE wurde fortgeführt.

1993: Rückbenennung der „Charismatischen Gemeindeerneuerung“ (CGE) in „Charismatische Erneuerung in der Katholischen Kirche“ (CE). Deutschlandtreffen in Augsburg; Thema „Dein Reich komme“.